中国小型微型企业发展报告

THE DEVELOPMENT REPORT OF
SMALL AND MINIATURE ENTERPRISES IN CHINA

全国小型微型企业发展报告课题组 编著

中国工商出版社

责任编辑/张欣然　付伟光
封面设计/慧　子

图书在版编目(CIP)数据

中国小型微型企业发展报告 / 全国小型微型企业发展报告课题组编著.
——北京：中国工商出版社，2014.3
ISBN 978-7-80215-693-7

Ⅰ.①中… Ⅱ.①全… Ⅲ.①中小企业—企业发展—研究报告—中国
Ⅳ.①F279.243

中国版本图书馆 CIP 数据核字(2014)第 044405 号

书　名/中国小型微型企业发展报告
编著者/全国小型微型企业发展报告课题组

出版·发行/中国工商出版社
经销/新华书店
印刷/北京翌新工商印制公司
开本/880 毫米×1230 毫米　1/16　印张/22.5　字数/360 千字
版本/2014 年 3 月第 1 版　2014 年 3 月第 1 次印刷

社址/北京市丰台区花乡育芳园东里 23 号(100070)
电话/(010)63730074，83610373　电子邮箱/zggscbs@163.com
出版声明/版权所有，侵权必究

书号/ISBN 978-7-80215-693-7/F·852
定价:58.00 元

（如有缺页或倒装，本社负责退换）

目 录

序言 ·· (1)

主报告

全国小型微型企业发展情况报告 ·· (3)
  全国小型微型企业发展报告课题组

专题报告

北京市小型微型企业发展情况报告 ······································· (21)
  北京市工商行政管理局
天津市小型微型企业发展情况报告 ······································· (30)
  天津市工商行政管理局
河北省小型微型企业发展情况报告 ······································· (35)
  河北省工商行政管理局
山西省小型微型企业发展情况报告 ······································· (44)
  山西省工商行政管理局
内蒙古自治区小型微型企业发展情况报告 ······························ (49)
  内蒙古自治区工商行政管理局

辽宁省小型微型企业发展情况报告 ··· (58)
  辽宁省工商行政管理局

吉林省小型微型企业发展情况报告 ··· (67)
  吉林省工商行政管理局

黑龙江省小型微型企业发展情况报告 ·· (74)
  黑龙江省工商行政管理局

上海市小型微型企业发展情况报告 ··· (83)
  上海市工商行政管理局

江苏省小型微型企业发展情况报告 ··· (97)
  江苏省工商行政管理局

浙江省小型微型企业发展情况报告 ··· (112)
  浙江省工商行政管理局

安徽省小型微型企业发展情况的报告 ·· (119)
  安徽省工商行政管理局

福建省小型微型企业发展情况报告 ··· (130)
  福建省工商行政管理局

江西省小型微型企业发展情况报告 ··· (149)
  江西省工商行政管理局

山东省小型微型企业发展情况报告 ··· (157)
  山东省工商行政管理局

河南省小型微型企业发展情况报告 ··· (166)
  河南省工商行政管理局

湖北省小型微型企业发展情况报告 ··· (176)
  湖北省工商行政管理局

湖南省小微企业发展情况报告 ·· (184)
  湖南省工商行政管理局

广东省小型微型企业发展情况报告 ·· (193)
 广东省工商行政管理局

广西壮族自治区小型微型企业发展情况报告 ························· (202)
 广西壮族自治区工商行政管理局

海南省小型微型企业发展情况报告 ·· (214)
 海南工商行政管理局

重庆市小型微型企业发展情况报告 ·· (223)
 重庆市工商行政管理局

四川省小型微型企业发展情况报告 ·· (233)
 四川省工商行政管理局

贵州省小型微型企业发展情况报告 ·· (241)
 贵州省工商行政管理局

云南省小型微型企业发展情况报告 ·· (253)
 云南省工商行政管理局

西藏自治区小型微型企业发展情况报告 ··································· (263)
 西藏自治区工商行政管理局

陕西省小型微型企业发展情况报告 ·· (272)
 陕西省工商行政管理局

甘肃省小型微型企业发展情况报告 ·· (280)
 甘肃省工商行政管理局

青海省小型微型企业发展情况报告 ·· (290)
 青海省工商行政管理局

宁夏回族自治区小型微型企业发展情况报告 ··························· (300)
 宁夏自治区工商行政管理局

新疆维吾尔自治区小型微型企业发展情况报告 ······················· (310)
 新疆自治区工商行政管理局

附 录

关于印发中小企业划型标准规定的通知 …………………………………（323）
  工信部联企业[2011]300号

国务院关于进一步支持小型微型企业健康发展的意见 …………（327）
  国发[2012]14号

国务院办公厅关于印发进一步支持小型微型企业健康
 发展重点工作部门分工方案的通知 ………………………………（335）
  国办函[2012]141号

工业和信息化部 财政部 国家工商行政管理总局关于大力
 支持小型微型企业创业兴业的实施意见 …………………………（346）
  工信部联企业[2012]347号

小微企业发展仍有"拦路虎" …………………………………………（349）
  郭顺姬 朱菲娜 赵海娟

后记 ………………………………………………………………………（355）

序 言

小型微型企业是小型企业、微型企业、家庭作坊式企业、个体工商户的统称。成千上万的小型微型企业是就业的主要吸纳器,支持小型微型企业发展就是创造社会就业岗位,对于服务民生和推进经济增长具有重要意义。为全面了解小型微型企业发展的基本情况,深入分析发展中遇到的困难和问题,研究提出促进发展的对策建议,2012 年 11 月,工商总局成立了"全国小型微型企业发展报告"课题组,成员由总局有关司局、工业和信息化部中小企业司、财政部企业司、有关专家学者以及 31 个省(区、市)工商局个私处有关人员组成。2012 年 11 月,课题组在山东青岛召开了"全国小型微型企业发展"课题研究座谈会,就研究目标、重点内容进行了讨论,对具体研究任务进行了分工。2013 年 3 月,工商总局印发了《工商总局办公厅关于请报送小型微型企业发展情况的通知》,各省(区、市)工商局按照《通知》要求,对照《中小企业划型标准规定》,依托 2011、2012 年度工商年检数据对本地区小型微型企业发展情况进行分析研究,完成了 31 个分报告并上报课题组。2013 年 8 月,课题组完成《全国小型微型企业数量测算表》和《全国小型微型企业发展情况报告》初稿。9 月,在上海召开会议对《报告》进行了进一步深入讨论和论证,修改完善后于 2013 年 10 月底定稿。通过这次课题研究,基本摸清了全国小型微型企业的数量和结构情况。统计显示,截至 2013 年底,全国各类企业总数为 1527.84 万户,其中,小型微型企业 1169.87 万户,占到企业总数的 76.57%;将 4436.29 万户个体工商户纳入统计后,所占比重达到 94%。

为发挥好课题成果作用,课题组将有关内容汇编成册,出版了这本《中国小型微型企业发展报告》。内容分三个部分:第一部分为课题主报告。主要内容是全国小型微型企业发展基本情况、存在的困难和问题以及促进发展的对策建议。第二部分为课题分报告。主要内容是31个省（区、市）小型微型企业发展情况报告，以及各省小型微型企业数量测算表。第三部分收录了近年来国务院及有关部门促进小型微型企业发展的相关文件。

本书作为第一部依托工商年检数据对全国小型微型企业发展情况进行全面系统研究分析的专题报告，主要有以下三个显著特点：一是内容相对全面系统。主报告对全国小型微型企业发展的基本情况、特点、面临的困难及解决对策等进行了深入研究和论述，从不同视角分析了小型微型企业的发展情况。各省（区、市）的专题报告立足本地区小型微型企业实际情况进行剖析，提出了不少好的经验做法和政策建议。二是数据采集相对科学准确。课题组在全国范围内收集了大量的数据和资料，并严格按照《中小企业划型标准规定》对小型微型企业数量和市场占比进行统计分析，为进一步做好支持小型微型企业发展工作提供了重要的基础数据支撑。三是信息量较为丰富。本书收集了近年来国务院和有关部门出台的相关文件，便于读者了解国家扶持小型微型企业发展的政策规定，具有一定的参考价值。

需要说明的是，由于小型微型企业统计涉及不同行业企业的资产总额、营业收入、从业人员等诸多复杂因素，本次研究只是一次初步尝试，有些问题还难以给出全面准确的答案。希望通过《报告》的出版，能够推动社会各界从各自领域和宏观、微观等诸多层面加强对小型微型企业发展问题的关注，为支持、鼓励和引导小型微型企业发展提出更多更好的对策建议，提供更高水平的服务。

2014年3月5日

主报告
GENERAL REPORT

全国小型微型企业发展情况报告

全国小型微型企业发展报告课题组

为了贯彻落实《国务院关于进一步支持小型微型企业健康发展的意见》(国发[2012]14号)、《国务院办公厅关于印发进一步支持小型微型企业健康发展重点工作部门分工方案的通知》(国办函[2012]141号)文件精神,2012年年底至2013年5月,国家工商总局对全国31个省、自治区、直辖市小型微型企业发展情况开展了普查和调研,并在江苏、山东、重庆、广东、浙江等5省市进行了抽样调查和实地考察。课题组同志深入调查本地区小型微型企业发展现状、存在的问题,了解中央和省级小型微型企业优惠扶持政策落实情况,广泛听取关于小型微型企业发展的对策建议。课题组对调查收集的相关数据进行了统计分析,对小型微型企业发展存在的相关问题及服务发展对策建议进行了系统分析和研究。

一、全国小型微型企业发展的基本情况

(一)小型微型企业占市场主体的绝对多数,在国民经济中占有十分重要的地位。

2011年6月18日,工业和信息化部、国家统计局、国家发展和改革委员会、财政部联合印发《中小企业划型标准规定》(以下简称《划型标准》),将中小企业划分为中型、小型、微型三种类型,具体标准根据企业从业人员、营业收入、资产总额等指标,结合行业特点制定。具体行业划分包括16个行业类别。对照《划型标准》的行业划分,我们对2012年3—6月份全国1200万户实际年检企业进

行分析，综合利用企业年检数据中企业营业收入、资产总额和从业人员三项指标，采集分析数据2100万条，分别测算出16个行业小型微型企业占1200万户实检企业的比重（见表一），汇总得出全国小型微型企业占各类企业的比重为76.57%。

表一　各行业小型微型企业占实检企业的比重统计表

行业类别	本行业小型微型企业占实检企业比重%	行业类别	本行业小型微型企业占实检企业比重%
(1)农、林、牧、渔业	2.47	(9)住宿业	0.76
(2)工业(包括采矿业、制造业、电力、热力、燃气及水生产和供应业)	14.16	(10)餐饮业	0.81
(3)建筑业	3.85	(11)信息传输业(包括电信、互联网和相关服务)	1.93
(4)批发业	16.78	(12)软件和信息技术服务业	1.61
(5)零售业	11.12	(13)房地产开发经营	1.91
(6)交通运输业(不含铁路运输业)	1.72	(14)物业管理	0.95
(7)仓储业	0.33	(15)租赁和商务服务业	7.60
(8)邮政业	0.52	(16)其他未列明行业	10.05
汇总各行业小型微型企业占实检企业的比重		76.57%	

截至2012年年底，全国市场主体数量为5494.77万户，其中，全国企业总数为1349.16万户，按照小型微型企业占全国各类企业76.57%比重测算，全国小型微型企业约为1033.03万户，如参照《划型标准》将个体工商户(4059.27万户)全部划为小型微型企业，我国小型微型企业总数达到了5092.3万户，占各类市场主体(不含农专社)的94.15%。到2013年底，全国市场主体数量达6062.38万户，小型微型企业(含个体工商户)总数为5606.16万户。

国家发改委发布的数据显示，我国小型微型企业创造的最终产品和服务价值相当于国内生产总值(GDP)总量的60%，纳税占国家税收总额的50%。2012年全年国内生产总值为51.93万亿元，全国税收总收入完成10.06万亿元。

据此测算，2012年，小型微型企业创造的最终产品和服务价值约达31万亿元，纳税达5万亿元左右。另根据国家知识产权局的统计，中小型微型企业完成了65%的发明专利和80%以上的新产品开发。小型微型企业不论对于解决民生问题还是推进经济增长，都起到了不可替代的作用。

（二）小型微型企业提供了就业岗位的半壁江山，是缓解就业压力保持社会稳定的基础力量。

我国有劳动力人数近8亿，就业人数已达7.67亿。全国的小型微型企业，仅企业主自身一项就解决了几千万人的就业问题，加上企业雇用员工，已经解决我国数亿人口的就业。《2012年度人力资源和社会保障事业发展统计公报》显示，2012年年末全国就业人员7.67亿人，其中城镇就业人员3.71亿人，全年城镇新增就业1266万人，城镇失业人员再就业人数552万人，就业困难人员就业人数182万人，2012年全国农民工总量达到2.63亿人，比上年增加983万人。新增就业和再就业的70%以上集中在小型微型企业。小型微型企业成为社会就业的主要承担者，主要表现在三个方面：

一是从资产净值人均占有份额上来看，同样的资金投入，小型微型企业可吸纳就业人员数倍于大中型企业。小型微型企业单位投资的劳动力（就业容量）和单位产值使用劳动力（就业弹性）都明显高于大中型企业。也就是说，相同资本投入，微型企业的就业岗位单位产出最高。同样的资金投入，小型微型企业可吸纳就业人员平均比大中型企业多4～5倍以上。

二是从绝对份额来看，小型微型企业是解决我国城镇就业和农村富余劳动力向非农领域转移就业问题的主渠道。相对大中型企业，微型企业创业及就业门槛较低，创办微型企业所使用的资源少，对环境的适用性更强，微型企业创办速度更快，从而使得数目众多的微型企业在总量上提供社会的就业机会更多些。目前中国70%的城镇居民和80%以上的农民工都在小型微型企业就业。

三是从容纳就业人数的空间上来看，大型企业扩大就业的能力与资本的增长呈反比例的变化。随着大企业技术构成和管理水平的不断提高，加上企业的优化重组，大中型企业特别是大型企业能够提供的新的就业岗位将越来越有限，劳动密集型的特征正在迅速淡化，集中在轻工业和服务业的小型微型企业，成为新成长劳动力就业和失业人员再就业的主要承担者。

（三）小型微型企业与大中型企业互动、互补，构成市场经济体系的微观基础。

现代经济是一种系统经济，或者说是生态经济，大中型企业与小型微型企业是一种特定的结构功能关系。小型微型企业在市场与产业互动中产生，与大中型企业一起形成较完善的产业链条和产业规模。我国经济体系脱胎于计划经济体制，以重工业为代表的资源密集、资金密集型产业往往由国有大中型企业主导。改革开放以来，轻工业和服务业快速发展，小型微型企业顺应时代潮流，利用自身灵活性特点迅速在这一领域展现出蓬勃的活力，弥补了大中型企业和社会服务的缺位与不足，对完善产业结构布局，保障经济持续增长发挥着不可或缺的作用。截至2012年年底，全国企业第一产业实有37.86万户，第二产业实有356.24万户，第三产业实有972.5万户，其中第三产业企业占全国企业实有户数的71.16%。按比例测算，全国第一产业实有小型微型企业33.32万户，第二产业实有小型微型企业242.98万户，第三产业实有小型微型企业756.74万户，其中第三产业小型微型企业户数占小型微型企业总量的73.25%，与全国企业产业结构比例基本相同。

二、全国小型微型企业的显著特点

（一）投资主体和所有制结构多元，私营小型微型企业是小型微型企业的主体。

小型微型企业涵盖城乡各类企业所有制形式，但国有集体、外资、私营企业中，小型微型企业比例各不相同，反映了我国国有集体、外资、私营三种不同所有制性质的企业类型的规模、资产及营业情况。外资企业中小型微型企业的比重最低，外资企业规模相对较大，仅53.94%的企业符合小型微型企业标准。国有集体企业主要存在于关系国家经济命脉的主导行业，投资规模较大，小型微型企业占61.39%。私营企业中小型微型企业的比重最高，80.72%的私营企业均为小型微型企业，构成了我国小型微型企业的主体。国家工商总局数据显示，截至2013年3月底，我国实有企业1374.88万户，其中私营企业1096.67万户，占企业总数的近80%，据此测算，全国私营小型微型企业885.23万户左右。而在小型微型企业内部结构中,微型企业占据绝对份额,小型企业占14.88%,微型企业占85.12%,小型与微型企业的比例约为1:5.72。小型微型企业特别是私营小型微型企业的蓬勃发展说明,我国市场经济体系日益完善,民营经济生存成长环境得到有效改善。

(二)劳动密集度高,两极分化明显,产业结构性矛盾突出。

小型微型企业一方面敢于创新,各类新兴行业和新型业态不断涌现,另一方面又大多集中于以资源开发型、产品初加工型、服务低层次型为主的传统行业,呈现出"锄头与卫星齐飞,高端与低端并存"的现象。从小型微型企业的行业分布来看,小型微型企业行业相对集中。工业(包括采矿业、制造业、电力热力燃气及水生产和供应业)小型微型企业约为191.04万户,占各类小型微型企业的18.49%;批发业和零售业小型微型企业约为376.42万户,占各类小型微型企业的36.44%;租赁和商务服务业小型微型企业约为102.54万户,占各类小型微型企业的9.93%。这几大行业中的小型微型企业共670万户,占小型微型企业总数的近三分之二(64.86%)。科技型小型微型企业的数量约为47.76万户(此处仅指信息传输业、软件和信息技术服务业小型微型企业),占各类小型微型企业的比重为4.62%。

小型微型企业低价格、低技术、低收益、低附加值的传统发展路径依赖,直接制约了其投入产出效益水平的提高。产业层次普遍不高导致转型升级意愿不高、难度较大。此类行业显著特点是技术要求低,竞争充分,市场趋于饱和,利润微薄,从行业本身发展前景分析,相关企业不具备迅速扩张的条件。部分企业虽然由于经营压力,转型升级的愿望较强,但在资本、技术、人才、管理等转型升级的关键因素方面积累不足,相当数量的小型微型企业转型升级较为困难,小型微型企业的发展后劲和活力不足。

(三)发展不平衡,优势地区集中,具有明显的地域集群特色。

从整体上看,小型微型企业的行业分布广泛,散见于各行各业。但是由于各地经济社会发展水平、产业布局和产业政策导向等存在区域差异,不同地区小型微型企业的发展水平和产业特点也呈现很大的差别。

首先,小型微型企业区域分布不均衡。从小型微型企业的地域分布来看,东部11省市小型微型企业占全国小型微型企业的比重为60.40%,中部8省小型微型企业占比为 20.74%，西部 12 省市区（广西和内蒙古因享受西部大开发政策，纳入西部地区统计）比重仅为 18.58%。同时，产业分布也表现出地域性差异。如东部地区集中了三分之二的小微工业企业。2011 年年末，东部地区拥有小微工业企业 89.8 万家，从业人员 1887.5 万人，全年主营业务收入 34053.8 亿元，分别占全国小微工业企业的 66.4%、64.8% 和 65.7%。中部地区拥有小微工业企业 29.2 万家，从业人员 636.2 万人，全年主营业务收入 10815.7 亿元，分别占全国的 21.6%、21.8% 和 20.9%。西部地区拥有小微工业企业 16.3 万家，从业人员 389.8 万人，全年主营业务收入 6966.8 亿元，分别占全国的 12.1%、13.4% 和 13.4%。浙江、江苏、广东、山东、河南、河北、福建 7 省集中了我国 62.4% 的小微工业企业数量，63.5% 的从业人员和 63.6% 的主营业务收入。上述 7 省除河南外，其他 6 个省均在东部地区。

其次，小型微型企业产业集群的地区分布极不均匀。这一特点既表现在国内不同地区之间，特别是沿海与内地之间，也表现在不同省份之间，甚至还表现在城乡之间。总体来看，小型微型企业产业集群程度与区域经济发展水平呈正相关性，市场经济发达、市场机制健全的地方，产业集群更加容易出现，而经济欠发达地区小型微型企业则比较分散，"散兵游勇单兵作战"较多。中国社科学院发布的 2009 年中国百佳产业集群名单显示，浙江、广东、江苏、山东、福建 5 个省占到全国百佳产业集群的 80%。具体到某个地市区域，小型微型企业和当地的经济环境、支柱产业或者特色产业息息相关，以产业集群形式分布，具有明显的地域集群特色。此类小型微型企业的快速发展已成为区域经济发展的最大动力来源和最具活力的增长点。这些产业集群多以一个或数个龙头企业带动，以众多小型微型企业构成主体，辅以多种周边服务机构，组成了完整的产业链和生态链。随着近年来经济形势变化和市场高速发展，产业集群效应对小型微型企业的发展形成了深刻影响。

最后，区域间分布不平衡呈缩小趋势。从近两年发展情况看，东部发达省市企业户数增长速度明显回落，西部地区企业实有户数发展速度相对较快，小型微型企业发展贡献了增量部分的四分之三以上。2012 年东部地区实有企业户数为 885.95 万户，比上年底增长 8.7%，占全国企业总户数的 62.63%；中部地区实有企业 298.17 万户，比上年底增长 8.37%，占全国企业总户数的 21.82%；西部地区实有企业212.48万户,比上年底增长11.5%,占全国企业实有总户数的15.55%。这说明我国区域发展差距逐渐缩小,区域发展趋于协调。中西部一些地区也出现了产业集群化的趋势,或者说具有了产业集群的雏形和发展潜力。例如,中部地区有湖北武汉光电子产业集聚,湖南浏阳花炮产业集群,江西赣州稀土新材料集中区等;西部地区有陕西户县纸箱产业集群,四川夹江陶瓷产业集群,重庆摩托车产业也有集群化的趋势;东北地区长春汽车产业、光电子信息产业,大庆石化产业等也出现了较明显的集群化趋势。不过,从总体上看,目前中西部地区还没有充分发挥产业集群的优势,企业之间的联系还比较少,同类或相关企业没有形成有机的整体,地方产业配套能力较低。

（四）敏感脆弱,易受外部环境变化直接影响,但具有较强的生命力和进取精神。

小型微型企业因其自身规模小,抗风险能力弱,对外部经济、政策环境的敏感程度普遍较高。相对大中型企业,小型微型企业更容易直接受到外部环境变化的冲击。近年来我国经济增速放缓、结构调整和国际经济下行,小型微型企业的发展受到很大影响。调查显示,仅有12%的小型微型企业表示在近几年营业额快速或高速增长(增长率30%以上),其余大多数企业经营发展缓慢。此外,小型微型企业在发展过程中仍旧面临大企业的挤出效应,尤其是宏观经济环境不景气的背景下,各种社会资源向大中型企业倾斜倾向更加明显。社会资源分配向已发展壮大的企业集聚,进一步挤压小型微型企业生存空间,问卷调查显示,46.84%小型微型企业反映市场需求不足、产品销售困难,58.08%反映市场竞争压力加大,23.74%反映订单不足。

另一方面,虽然小型微型企业发展面临种种困难,但小型微型企业主普遍对未来的发展前景抱以积极乐观的态度,表现出锲而不舍的奋斗精神和顽强的生命力。小型微型企业的一大特点是退出成本相对较低,允许小型微型企业从头再来,调查中发现,有超过三分之一的小型微型企业主曾经有过多次创业经历,最终经过不懈的努力实践,才找寻到最适合的发展平台。小型微型企业一旦找到合适机会,会展现顽强生命力和进取精神。这种进取的创业精神正是国家进步、经济飞跃的力量源泉。

三、影响小型微型企业发展壮大的环境因素

（一）宏观经济形势下行，生产要素制约矛盾进一步凸显。

"三难三缺"（融资难、用地难、用工难，缺技术、缺管理、缺人才）问题长期困扰小型微型企业发展，当前宏观经济环境下，生产要素方面的矛盾更加突出。

1. 融资难融资贵，企业资金链趋紧程度加大。当前银企之间信息不对称、资源不匹配是小型微型企业融资的最大障碍。同时，小型微型企业规模小，缺少有效抵押物，内控制度不健全，议价能力比大中型企业差，在信贷竞争中落后于大企业。小型微型企业在资金紧缺时或转向民间借贷和地下钱庄，成本之高不言自明；即便是向银行融资，也被要求以存款、还贷保证金、购买金融理财产品或定存银行等多种方式推高实际借款成本，据统计，目前小型微型企业的融资成本在15%左右，而不少小型微型企业的盈利能力已不堪如此高的融资成本。此外，小型微型企业短贷长投现象突出，这进一步加大了经营风险。

2. 生产成本上涨加剧经营困难。受国际上大宗原辅材料价格波动及国内CPI持续高位运行等因素共同影响，企业普遍面临原材料、水电油价格不断上涨，终端产品却由于市场竞争激烈，提价能力有限的困境，因此小型微型企业成本压力增加、实业利润低，其创新转型进一步受阻。

3. 招工难、用工贵、留人难，成为许多小型微型企业持续发展的重大障碍。小型微型企业用工成本增长成为绝对趋势，部分企业每年员工收入以20%以上增速上升。中西部劳动密集型产业逐渐增加，东南沿海劳动力成本不断上升，劳动密集型企业操作工人缺口大、技术工人难招、管理和科技型人才难留。同时，小型微型企业员工流动性大，新《劳动法》对员工责任约束较少，劳资纠纷时有发生，进一步增加了企业的用工成本。劳动力缺口的背后已经不再仅仅是企业能否招到工人的问题，产业布局、薪资水平、社会保障等一系列深层次的矛盾开始在"用工荒"的大背景下逐渐显现。

4. 用地难制约影响发展空间。地方各级都建立了严格的用地审批制度和土地监管体系，有限的土地指标多用于城市建设、重要基础设施建设和大型项目发展，小型微型企业用地指标很难安排。同时，伴随城市化进程加快，很多城区

内小型微型企业现有用地面临拆迁，企业拆迁后用地问题很难得到解决，严重影响和制约企业生存发展。

（二）政府小型微型企业管理服务体系不健全，政策效应未能充分显现。

1. 缺乏统一完善的统计体系，地方政府对小型微型企业认识存在偏差。国家中小型微型企业划型标准，主要涉及企业营业收入、用工人数和资产规模等指标，这些指标分属统计、税务、工商、人社等不同的职能部门统计，鉴于实践经验，相关部门对小型微型企业认定内涵表述不尽一致，各个部门对小型微型企业又有自己的认定标准，如税务部门称"小型微利企业"，统计部门称"规模以下企业"等。同时，我国现行的统计数据分析，主要是从宏观角度反映社会、行业等生产发展状况，小型微型企业的发展状况和社会贡献往往被大中型企业掩盖掉。统计指标难以全面、客观、准确地反映小型微型企业实际情况，在一定程度上影响了扶持政策的落实。

2. 政府的扶持机制有待完善，小型微型企业政策受惠不足。主要表现为政策门槛高、税负重、配套不足，可操作性差。调研表明，目前实际接受国家相关政策扶持的小型微型企业不到20%。目前从中央到地方都出台了许多支持小型微型企业方面的政策措施，但是由于多方面的原因，很多政策缺乏具体实施细则。加之各项扶持政策散落在众多政府部门，小型微型企业缺少足够的人力与精力去解读和利用各种产业政策和优惠政策。问卷调查中，对相关政策表示了解的小型微型企业占比不超过50%，将近四分之一的被调查企业表示对相关政策完全不了解。同时，针对小型微型企业的税收政策惠及面窄，力度不够，效果不明显，部分优惠政策存在不合理之处。如新的增值税和营业税起征点上限为月收入2万元，远低于微型企业划分上限标准，小型企业更无法享受此政策；目前税法规定小规模纳税人年应征增值税销售额在50万元以下的按3%征税，50万元以上的按一般纳税人17%或13%征税。由于两者之间悬殊过大，很多小型微型企业转为一般纳税人后又无可抵扣项，极大地增加了企业的负担。而且，部分税务部门征收标准和方式随意，征管过程不严谨，重复征税、补税之类临时性税负安排直接指向小型微型企业。一些地方执法部门、业务部门还存在以罚代管现象，各种不合理收费现象依然存在，小型微型企业名义上的税费负担与实际税负差距较大。此外，一些行业准入门槛较高，小型微型企业想进入该领域从事生产经营活动存在很大困难。许多行业如建筑行业有注册资本的行业准入门槛，虽然在工商登记注册方面没有明确的限制，但企业成立以后拿不到相关资质，实际很难开展经营活动。众多部门的前置审批是小型微型企业设立过程中的另一大阻力。前置审批不同程度上对小型微型企业进入特定领域存在歧视。

3. 社会化、网络化的服务平台尚未形成，公共服务体系有待进一步健全。小型微型企业体量大、规模小，政府的产业职能部门较难深入其中管理和服务，而小型微型企业本身既没有支付能力，也往往没有主动意愿依靠中介机构提升其经营管理能力。与市场经济相适应的社会化、网络化服务体系不健全，培育中介组织、整合社会资源，为小型微型企业提供服务的办法不多。

4. 社会信用系统体系不健全，社会信用成本高。社会信用体系缺位，金融机构与企业之间存在着严重的信息不对称，小型微型企业违约风险高，金融机构了解企业及其所有人信用状况的成本也非常高，从而造成了金融机构普遍不愿贷款给小型微型企业的现实。金融机构和小型微型企业之间严重的信息不对称和获取信息的高成本，是小型微型企业融资难最主要原因。

(三) 小型微型企业内功不足，实力不强，市场开拓和抵御风险的能力较差。

首先，多数小型微型企业都以粗放式的经营方式为主，大量集中在传统制造业和服务业领域。这些企业的经营者往往文化素质偏低、经营理念落后、信用意识不强，主要依赖廉价劳动力和低成本原材料获取利润，普遍存在"三个单一"的问题，即销售渠道单一、销售模式单一、订单来源单一；加之本身产品的品牌知名度较低，产品同质化情况严重，不具有绝对的价值优势，当市场发生波动时，一笔订单的丢失往往使企业陷入困境。

其次，小型微型企业普遍缺乏规范的公司治理结构，财务数据透明度低，风险管理能力严重不足。相当一部分小型微型企业的管理表面看是公司制企业，但内部管理仍然是传统的工厂制管理模式，个体私营企业基本上以家族式管理为主，缺乏健全的制度与科学的法人治理机构，难以适应市场经济发展要求。

最后，受经营者自身专业水准的限制，部分小型微型企业只顾生产经营，缺乏对行业内部整体情况的认识，将资金投入已近饱和的行业或是盲目跟风图求做大，对企业发展缺乏明确的规划和准确的定位，创新意识和开拓能力不强，在战略性新兴产业、先进制造业、现代服务业和文化概念产业等国家大力支持的领域涉入偏少。

小型微型企业由于自身不足和弱点,在外部环境平和的时期,还可以维持,甚至发展得很好,一旦外部环境发生变动,特别是几方面都出现不利因素,陷入困局也就难免了。

四、促进小型微型企业健康发展的对策建议

解决小型微型企业困难必须从国家战略高度出发,充分体会小型微型企业所发生的重大环境变化,从中央到地方形成多层次的小型微型企业发展的政策支撑体系,立足全局和长远考虑,给予小型微型企业合适的引导、扶持和鼓舞,促进小型微型企业健康发展。

(一)转变发展观念,理顺现有政策,营造良好经济发展环境。

各级政府部门要切实转变政府职能,从思想上真正重视小型微型企业的发展,既要"抓大"更要"扶小"。进一步贯彻国家支持小型微型企业发展战略部署,将散落在各个部门的优惠政策进行集成,并结合各地方实际情况出台具体可操作的实施细则,配套完善为小型微型企业服务的制度、机制、流程。特别是要加大扶持政策信息公开力度,把政策交给群众,让社会共同监督;要建立科学的绩效考评机制,强化服务意识,尽可能避免出现在经济增速放缓的情况下,政府相关部门为完成任务而随意变更征收标准增加小型微型企业实际负担的现象;坚持依法行政,营造公平、公正的法制环境。

(二)建立健全小型微型企业信用体系。

首先,明确小型微型企业统计、认定和管理部门。加速出台小型微型企业认定标准,明确小型微型企业统计与认定的职能部门,制定系统的、操作性强的统计与认定办法,并在操作层面推进扶持小型微型企业发展各项政策的落地实施。工商部门作为唯一对市场主体准入行为、经营行为和退出行为全过程监管的政府职能部门,应积极争取、主动承担相关工作。

其次,建立小型微型企业的信用信息平台。依托政府电子政务网络和企业信用信息联合征信系统,建设省、市、区、县各级共享交换平台。工商与其他相关行政审批部门应实时或定时通过平台上传、接收、反馈市场主体相关信息,构成

全市统一的市场主体信用信息数据库,实现各部门的信息共享和协同配合,从而有效掌握小型微型企业发展动态,实现小型微型企业信息归集、整理、评价、公示、咨询等功能,形成完整的社会服务和监管机制。

再者,建立微型企业的信用信息公示制度。按照《中华人民共和国政府信息公开条例》以及其他相关规定,运用互联网和其他网络技术,依法向社会公众公示小型微型企业相关信息,提供综合查询服务,实现小型微型企业信用管理监督社会化,解决信息不对称问题,降低融资成本,使信用信息成为小型微型企业优胜劣汰的标准之一。加强企业信用体系重要性的宣传力度,加大微型企业对于征信工作的配合力度,增强整个社会对于信用体系的认知。做好小型微型企业相关数据分析发布,为政府各部门和投资人提供决策参考。

(三)加大财税支持力度,减轻小型微型企业负担。

财税政策适当向小型微型企业倾斜,设立小型微型企业发展专项资金,支持小型微型企业专业化发展、市场开拓、与大企业协作配套、技术创新、新产品开发及促进小型微型企业服务体系建设等。创新扶持方式,将直接给予资金资助与政府购买服务、提供贷款贴息等方式相结合。进一步提高企业所得税优惠门槛,循序渐进推动结构性减税,加快设计制定更为合理的税费优惠政策,尽量减少税收政策调控的时滞性、局限性等负面作用。建议对初创期的小型微型企业实行普惠式减税,提高小型微型企业增值税和营业税起征点,加快推进服务业营业税改征增值税向更多的服务业扩围。继续推出实质性降费措施。建议免除小型微型企业的残疾人保障金、城市建设、教育等附加费,由国家和省级财政统一支付;应允许小型微型企业在特定时期,下浮企业负担"五险一金"的支付比例。积极推进费改税,在清理不合理收费项目的基础上变费为税,减轻小型微型企业的税费负担。经济欠发达地区政府进行税费减免的费用,可考虑由省级财政适当予以补贴。

(四)丰富和创新金融服务方式,帮助小型微型企业解决现实难题。

根据小型微型企业的特点,鼓励各类金融机构积极创新融资方式和融资产品,推动民间资本进入金融领域。向小型微型企业倾斜,健全投融资担保体系,鼓励和规范发展小型微型企业信用担保服务,加快村镇银行和小额贷款公司发展,建立和完善风险分担和补偿机制。支持商会、行业协会等成立担保公司,开展互保联保。拓宽银企商沟通渠道,引导小型微型企业较多的行业商会、异地商会向银行"抱团"贷款。发展产业投资基金和股权投资基金,鼓励小型微型企业利用债券市场,提高小型微型企业集合债发行规模。健全创业投资机制,鼓励发展"天使投资",加快设立政府创业投资引导基金,扶持小型微型企业创业投资。

（五）引导产业集群发展,推动产业转型升级。

地方政府应主动将小型微型企业发展规划纳入当地产业园区规划,建立健全小型微型企业用地保障制度,实现产业园区规划与小型微型企业发展规划协调一致。针对企业发展面临的用地紧张问题,引导小型微型企业逐渐从零散走向集中、从粗放走向集约,大力发展块状经济,促进产业集聚,形成完整的区域产业链,发挥产业集群在区域经济建设中的强大活力和竞争优势。通过推动小型微型企业孵化园、产业园建设,推进小型微型企业调结构、转变增长方式。引导小型微型企业与大中型企业联盟,在共同发展过程中通过向小型微型企业提供技术、订单和进行管理技术培训,解决小企业市场开拓不足、缺技术、缺人才等问题。

（六）建立健全小型微型企业社会化服务体系,提升社会公共服务能力。

首先,引导小型微型企业组建自我约束、自我服务的自律性行业组织。推动小型微型企业互帮互助,抱团发展,维护好自身权益。其次,实行咨询服务补助制度,大力培育发展社会中介服务机构,推动建立主要面向小型微型企业的公共服务平台,为中小企业提供创业辅导、教育培训、管理咨询、市场营销、技术开发和法律支援等全方位的服务。

（七）建立健全小型微型企业法律法规体系,加强管理和服务能力。

应适时修订《中华人民共和国中小企业促进法》,积极地制定配套性的全国法规及地方性法规。《中小企业促进法》于2003年起开始生效,而2011年出台新的中小企业划型标准中增加了微型企业类型,支持小型微型企业发展是新划型标准的重要政策内涵。适时修订该法有利于各级政府针对小型微型企业实施定向政策,清理和修订现有法规中不适应小型微型企业发展的内容,加强对小型微型企业的管理和服务。

（八）引导小型微型企业提高自身素质,强化企业发展的内生动力。

鼓励和引导小型微型企业完善法人治理结构,建立健全财务制度。加强培训,提高企业经营管理者素质。建议小型微型企业规划企业短期和长期目标,主动应对环境变化;加强对有创新意愿且有创新能力小型微型企业的支持,鼓励企业技术创新、产品创新,增强市场竞争力;强化品牌建设,在同质化程度较高的市场竞争中,赋予产品品牌价值,提高产品议价能力;强化渠道建设,缩短流通环节,降低成本,提高盈利能力;运用各种新兴经营渠道和方式,弥补信息不对称情况,打开销路;发展专业市场,建立商会组织,拓展商业机会,保障自身权益。引导小型微型企业做合格企业公民,积极履行社会责任,正确处理好企业与职工、企业与环境、企业与社会的关系。

2013 年 10 月

课题组顾问:孙鸿志

课题组负责人:于法昌　马　夫　赵　刚

课题组成员:黄　健　李　毅　孙怀健　文　通

张久荣　张道阳　赵　莉　李晓林

朱宏伟　郭之祥　董　钦　聂　刚

周廷军　张　伟　吕仙芳

附件：

全国各地小型微型企业数量统计

单位：万户

地区	2011年度小微企业占比(%)	2012年年底 小型微型企业数量	2012年年底 各类企业总数	2013年3月底 小型微型企业数量	2013年3月底 各类企业总数
北京	85.6	64.19	74.99	66.46	77.64
天津	90.46	20.08	22.19	19.14	21.28
河北	68.58	25.12	36.62	26.25	38.28
山西	93.9	24.92	26.54	25.03	26.66
内蒙古	48.71	8.87	18.21	8.97	18.42
辽宁	87	42.43	48.54	41.5	47.87
吉林	78.5	15.8	20.1	15.9	20.3
黑龙江	48.64	14.21	29.22	14.35	29.51
上海	84	84.3	99.3	86.1	101.4
江苏	59.02	88.86	150.55	88.89	150.59
浙江	63.93	61.73	91.91	62.14	92.52
安徽	86.89	32.44	37.33	32.29	37.17
福建	94.63	39.77	42.0	40.66	42.89
江西	90.48	27.33	30.21	27.98	30.89
山东	86.4	70.2	81.3	70.6	81.7
河南	91.61	48.94	53.14	45.71	49.56
湖北	88.7	45.18	50.94	46.01	51.87
湖南	68.49	22.06	32.21	22.69	32.74

续表

地区	2011年度小型微型企业占比(%)	2012年年底 小型微型企业数量	2012年年底 各类企业总数	2013年3月底 小型微型企业数量	2013年3月底 各类企业总数
广东	76.7	117.4	153.0	119.5	155.8
广西	77.2	20.25	25.92	21.29	27.15
海南	84.11	10.07	11.87	10.36	12.06
重庆	79.83	26.97	33.54	27.7	34.42
四川	57.29	34.91	60.94	34.63	60.45
贵州	59.68	11.14	18.67	11.8	19.78
云南	76.4	19.45	25.46	19.58	25.63
西藏	72.32	1.18	1.64	1.23	1.70
陕西	82.76	27.83	35.61	29.53	35.67
甘肃	54.14	7.35	13.34	7.57	13.71
青海	89.99	3.46	3.69	3.55	3.87
宁夏	93.3	5.15	5.52	5.29	5.67
新疆	78	11.44	14.66	11.87	15.22
合计	76.57	1033.03	1349.16	1044.57	1362.42

注：截至2012年年底，全国企业总数为1349.16万户，以上表中各省市小型微型企业占各类企业总数76.57%为参照，全国小型微型企业总数为1033.03万户，加上个体工商户4059.27万户，全国小型微型企业（含个体工商户）总数为5092.3万户。

专题报告
SPECIAL REPORT

北京市小型微型企业发展情况报告

北京市工商行政管理局

近年来,北京市工商系统按照总局的工作部署和市委、市政府的工作要求,紧紧围绕各项工作目标,以"促发展、强监管、重服务、保安全"为重点,全面落实国务院《关于进一步支持小型微型企业健康发展的意见》(国发[2012]14号)和北京市扶持小型微型企业发展的各项政策措施,积极履职、开拓进取,全力推进小型微型企业发展。目前,我市小型微型企业呈现出良好的发展态势,对建设首都良好市场生态环境,促进首都经济社会发展做出了积极的贡献。

一、基本情况

截至今年3月底,我市实有各类市场主体(包括国有、集体企业、外商投资企业、私营企业、个体工商户、农民专业合作社)户数为144.01万户,其中各类企业77.64万户,个体工商户66.37万户。

按照工信部、国家统计局、国家发改委、财政部2011年6月联合印发的《中小企业划型标准规定》,我们利用2011年度企业年检数据,根据从业人员、营业收入、资产总额三项指标,对我市小型微型企业数量进行了分析测算。在各类企业中,小型微型企业约占85.6%,其中,在国有集体企业中,小型微型企业约占63.40%;外资企业中,小型微型企业约占51.65%;私营企业中,小型微型企业约占93.29%。2012年年底,我市小型微型企业约为64.19万户。截至今年3月底,我市小型微型企业约为66.46万户,其中,国有集体小型微型企业约为

8.95万户，外资小型微型企业约为1.37万户，私营小型微型企业约为56.79万户。2011年全市小型微型企业吸纳就业人员比上年增加95869人，占全市所有企业吸纳就业人员比上年增加数的49.45%。

我市小型微型企业主要有以下特点：一是，微型企业数量占绝对多数。在各类企业中，小型微型企业约占85.6%，其中小型企业占10.19%、微型企业占75.41%，小型与微型企业的比例约为1:7。二是私营小型微型企业是小型微型企业的主体。从我市小型微型企业的所有制结构看，私营小型微型企业的数量占我市小型微型企业数量的85.45%。三是行业分布相对集中，第三产业是主导产业。我市第一、二、三产业小型微型企业的比重为0.66:9.2:90.14。小型微型企业相对集中的行业为：租赁和商务服务业占14.5%，约为11.26万户；批发业占11.99%，约为9.32万户；零售业占8.15%，约为6.32万户；工业（包括采矿业、制造业、电力热力燃气及水生产和供应业）占各类小型微型企业的4.71%，约为3.66万户。这四大行业中的小型微型企业总计30.56万户，占小型微型企业总数的一半左右。

二、主要工作及成效

我局积极发挥职能，推进服务型工商建设；加强信用监管与自律机制建设，围绕重点领域积极探索新的监管模式；开展了一系列扶持小型微型企业发展的工作，促进了小型微型企业快速发展。

（一）支持小型微型企业发展文化创意产业。

为认真落实党的十七届六中全会精神、我市十届十次全会关于建设社会主义先进文化之都的目标以及国家工商总局《关于认真学习十七届六中全会精神积极促进社会主义文化大发展大繁荣的意见》，于2012年印发了《北京市工商行政管理局关于支持文化产业创新发展的工作意见的通知》（京工商发[2012]139号），通过支持企业股权激励、实行广告战略、开展商标建设、引导文化中介专营经营等多种形式鼓励和支持小型微型企业发展文艺演出、出版发行和版权贸易、广播影视节目制作和交易、动漫游戏研发制作、广告和会展、古玩和艺术品交易、设计创意、文化旅游、文化体育休闲等文化创意产业。

（二）鼓励小型微型企业参与科技创新领域。

按照建设"具有全球影响力的科技创新中心"的总体定位要求，深入贯彻落实《中关村国家自主创新示范区条例》、《中关村国家自主创新示范区企业登记管理办法》有关规定，进一步下放企业登记管辖权、简化内资企业验资手续，方便示范区企业登记注册；在示范区内通过股权激励、债权转股权、企业组织形式转换、许可项目筹建登记等各项先行先试措施，促进科技成果转化，支持小型微型企业参与电子信息、生物医药、新能源、节能环保、新能源汽车等高技术产业、战略性新兴产业领域。截至2012年年底，中关村示范区科技企业达到9.43万户，占全市科技企业总数的40%以上。

（三）免征小型微型企业注册登记费。

为贯彻市发改委和市财政局转发的《财政部国家发改委关于免征小型微型企业部分行政事业性收费的通知》，积极研究落实免征小型微型企业注册登记费的措施，印发了《关于印发免征小型微型企业注册登记费公告的通知》（京工商发[2012]58号），对符合标准的小型微型企业实行免收登记注册费的优惠政策，开展了以企业自行申报划型数据的方式对小型微型企业进行认定并免征注册登记费的工作。为使社会公众广泛知晓此项惠民政策，我局还指导全市各登记部门积极采取多种措施，加大宣传力度。通过在登记注册大厅明显位置张贴公告牌、在咨询窗口放置《小型微型企业减免注册费申请表》、在显示屏循环播放政策公告以及由前台工作人员在受理时主动提醒符合条件的企业准备文件减免费用等多种方式，广泛宣传免征政策。此项政策于2012年6月1日起正式执行，至2012年9月底，全市共为两万五千多家小型微型企业减免了登记注册费用，累计减免费用近1700万元，切实减轻了小型微型企业的经营负担，助其健康发展。

（四）免收小型微型企业年检费。

自2010年度对中小型微型企业较多的个人独资企业、分公司、分支机构及其他营业单位不再收取企业年检费。同时，还加大对中小型微型企业年检宣传力度，积极完善服务设施，安排专人帮助人力资源紧张的中小型微型企业录入年检信息，大力推行网上年检、预约年检、上门年检、集中申报年检等多种年检服务方式。

（五）推进小型微型企业产业转型升级。

努力转变小型微型企业的发展方式，着力推进企业创新发展、绿色发展。支持和引导小型微型企业向金融服务、信息服务、科技服务、商务服务、流通服务等生产性服务业发展；对不符合首都产业功能定位，不适应首都经济发展要求，以及高污染、高能耗、高耗水等严重影响资源环境和存在公共安全隐患的行业，在市场准入环节从严控制。

截至2012年12月底，全市完成了6400余户个体工商户转换为企业的工商登记，为小型微型企业发展注入了新的活力，进一步优化了全市市场主体的整体结构。

（六）加强对小型微型企业发展的政策法规指导。

积极开展"送法律、送服务"工作，切实从企业需求出发，强化利用信息化手段对公众提供登记政策信息服务，提高政策的公开度和透明度；进一步加大行政指导的力度，通过召开座谈会、培训等多种形式，倾听小型微型企业的意见，解决小型微型企业的实际困难，为小型微型企业发展提供更加便捷高效的服务。

三、下一步工作

我市小型微型企业保持了良好的发展态势。但还存在着诸如融资难、认定和统计存在障碍等问题，给制定扶持措施和落实优惠政策带来了困难。我局将进一步发挥职能作用，全面贯彻落实国务院和市委、市政府关于促进小型微型企业发展的政策措施，促进小型微型企业良性发展。在把近年来各项支持小型微型企业发展的工作继续推向深入的同时，重点做好以下工作：

（一）确保中关村自主创新示范区新扩区域惠及小型微型企业的政策落实到位。

根据国务院2012年关于同意调整中关村国家自主创新示范区空间规模和布局的批复，中关村国家自主创新示范区的空间规模和布局进一步扩大，全市各区县均有部分区域划入调整后的中关村自主创新示范区范围。为此，我局将加强对上述新增区域登记机关有关示范区登记注册先行先试政策的业务培训和工作指导，确保惠及小型微型企业的各项措施能够落实到位。

（二）强化安全投资环境建设，净化准入环境，发展融资担保。

鼓励和支持小型微型企业融资担保机构登记，在建立为小型微型企业和担保机构开展抵押物和出质的登记、确权、转让等工作的"一站式"优质服务机制的同时，打造安全的投资环境，净化准入环境，全面实施"登记注册自然人身份信息联网核查系统"，加强对各类投资者身份资格的审查力度，规范市场准入行为。

（三）进一步加大年检改革力度。

我局将按照有关政策继续加大对中小型微型企业的扶持力度，提供更多便利，做好年检相关工作。以网上年检为基础，推行通过数字认证证书（CA用户）等便捷方式申报年检，试行通过电子方式确认企业年检结果，不再加盖年检戳记（企业因经营活动等需要加盖的除外）；推行邮寄送达年检材料申报方式。

（四）积极做好小型微型企业党建工作。

由工商部门党组织负责小型微型企业的党建工作是一种重要的管理体制创新和完善。要充分发挥工商部门的职能、队伍、经验等优势，重点抓好小型微型企业党建工作。通过年检系统增设的小型微型企业党建调查表，全面采集小型微型企业党建相关数据，扩大党组织覆盖面、发挥党组织作用，带动小型微型企业发展。

附件：

填报单位：北京市工商局

北京市小型微型企业数量分析测算表

（一）

类型		国有集体企业（万户）	外资企业（万户）	私营企业（万户）	各类企业合计（万户）
小型微型企业占比		63.40%	51.65%	93.29%	85.60%
2011年度	2011年各类企业数量	13.25	2.42	49.01	64.69
	2011年小型微型企业数量	8.4	1.25	45.72	55.37
2012年度	2012年各类企业数量	13.78	2.65	58.55	74.99
	2012年小型微型企业数量	8.74	1.37	54.62	64.19
2013年一季度	2013年一季度各类企业数量	14.12	2.65	60.87	77.64
	2013年一季度小型微型企业数量	8.95	1.37	56.79	66.46

（二）

行业	小型微型企业标准	占各类企业的比例（%）	其中		占各类企业的比例（%）	2011年小型微型企业数量（万户）	2012年小型微型企业数量（万户）	2013年一季度小型微型企业数量（万户）
（1）农、林、牧、渔业	营业收入500万元以下	0.58	小型	营业收入50万元及以上	0.12	0.08	0.09	0.09
			微型	营业收入50万元以下	0.45	0.29	0.34	0.35
（2）工业	从业人员300人以下，或营业收入2000万元以下	4.71	小型	从业人员20人及以上，且营业收入300万元及以上	0.89	0.58	0.67	0.69
			微型	从业人员20人以下或营业收入300万元以下	3.82	2.47	2.87	2.97
（3）建筑业	营业收入6000万元以下，或资产总额5000万元以下	3.19	小型	营业收入300万元及以上，且资产总额300万元及以上	0.51	0.33	0.38	0.39
			微型	营业收入300万元以下或资产总额300万元以下	2.68	1.73	2.01	2.08

续表

行业	小型微型企业标准	占各类企业的比例(%)	其中		占各类企业的比例(%)	2011年小型微型企业数量(万户)	2012年小型微型企业数量(万户)	2013年一季度小型微型企业数量(万户)
(4)批发业	从业人员20人以下,或营业收入5000万元以下	11.99	小型	从业人员5人及以上,且营业收入1000万元及以上	0.87	0.56	0.65	0.68
			微型	从业人员5人以下或营业收入1000万元以下	11.12	7.20	8.34	8.64
(5)零售业	从业人员50人以下,或营业收入500万元以下	8.15	小型	从业人员10人及以上,且营业收入100万元及以上	0.39	0.25	0.29	0.30
			微型	从业人员10人以下或营业收入100万元以下	7.76	5.02	5.82	6.02
(6)交通运输业	从业人员300人以下,或营业收入3000万元以下	1.05	小型	从业人员20人及以上,且营业收入200万元及以上	0.10	0.06	0.07	0.08
			微型	从业人员20人以下或营业收入200万元以下	0.95	0.62	0.72	0.74
(7)仓储业	从业人员100人以下,或营业收入1000万元以下	0.65	小型	从业人员20人及以上,且营业收入100万元及以上	0.05	0.03	0.04	0.04
			微型	从业人员20人以下或营业收入100万元以下	0.60	0.38	0.45	0.46
(8)邮政业	从业人员300人以下,或营业收入2000万元以下	0.06	小型	从业人员20人及以上,且营业收入100万元及以上	0.00	0.00	0.00	0.00
			微型	从业人员20人以下或营业收入100万元以下	0.06	0.04	0.04	0.04
(9)住宿业	从业人员100人以下,或营业收入2000万元以下	0.72	小型	从业人员10人及以上,且营业收入100万元及以上	0.19	0.12	0.14	0.15
			微型	从业人员10人以下或营业收入100万元以下	0.53	0.34	0.39	0.41

续表

行业	小型微型企业标准	占各类企业的比例(%)	其中		占各类企业的比例(%)	2011年小型微型企业数量(万户)	2012年小型微型企业数量(万户)	2013年一季度小型微型企业数量(万户)
(10)餐饮业	从业人员100人以下,或营业收入2000万元以下	1.17	小型	从业人员10人及以上,且营业收入100万元及以上	0.35	0.23	0.26	0.27
			微型	从业人员10人以下或营业收入100万元以下	0.82	0.53	0.62	0.64
(11)信息传输业	从业人员100人以下,或营业收入1000万元以下	0.24	小型	从业人员10人及以上,且营业收入100万元及以上	0.03	0.02	0.02	0.02
			微型	从业人员10人以下或营业收入100万元以下	0.21	0.14	0.16	0.17
(12)软件和信息技术服务业	从业人员100人以下,或营业收入1000万元以下	1.71	小型	从业人员10人及以上,且营业收入50万元及以上	0.26	0.17	0.20	0.20
			微型	从业人员10人以下或营业收入50万元以下	1.44	0.93	1.08	1.12
(13)房地产开发经营	营业收入1000万元以下,或资产总额5000万元以下	0.59	小型	营业收入100万元及以上,且资产总额2000万元及以上	0.07	0.05	0.06	0.06
			微型	营业收入100万元以下或资产总额2000万元以下	0.52	0.34	0.39	0.40
(14)物业管理	从业人员300人以下,或营业收入1000万元以下	0.84	小型	从业人员100人及以上,且营业收入500万元以上	0.05	0.04	0.04	0.04
			微型	从业人员100人以下或营业收入500万元以下	0.79	0.51	0.59	0.61
(15)租赁和商务服务业	从业人员100人以下,或资产总额8000万元以下	14.50	小型	从业人员10人及以上,且资产总额100万元及以上	1.47	0.95	1.10	1.14
			微型	从业人员10人以下或资产总额100万元以下	13.03	8.43	9.77	10.12

续表

行业	小型微型企业标准	占各类企业的比例（%）	其中		占各类企业的比例（%）	2011年小型微型企业数量（万户）	2012年小型微型企业数量（万户）	2013年一季度小型微型企业数量（万户）
(16)其他未列明行业	从业人员100人以下	35.45	小型	从业人员10人及以上	4.82	3.12	3.61	3.74
			微型	从业人员10人以下	30.63	19.81	22.97	23.78
所有行业汇总		85.60	小型		10.19	6.59	7.64	7.91
			微型		75.41	48.78	56.55	58.55

统计说明：按照工信部等四部委《中小企业划型标准规定》，根据2011年度企业年检数据，统计本省（自治区、直辖市）2011年度小型微型企业数及在企业总数所占比例，并根据数据测算本省（自治区、直辖市）2012年度和2013年一季度小型微型企业数及在企业总数中的比例。

天津市小型微型企业发展情况报告

天津市工商行政管理局

小型微型企业在经济总量中占有很大比重,已经成为增强经济活力、增加就业的重要渠道。我市高度重视小型微型企业发展,特别是把推动科技型小型微型企业发展作为加快经济发展方式、增强核心竞争力的战略举措。围绕促进小型微型企业发展出台一系列政策,明确目标任务,实施政策聚焦。各级工商部门充分发挥职能作用,优化市场主体准入环境,促进经济转型升级,全力推进小型微型企业发展,努力提高经济发展的质量、效益和水平。

一、小型微型企业发展取得令人瞩目的成绩

2012年年末,我市实有内外资企业221936户,其中,内资企业实有207569户,外资企业实有14367户。按照工信部、国家统计局、国家发改委、财政部2011年6月印发的《中小企业划型标准规定》,我们利用2011年度企业年检数据,根据从业人员、营业收入、资产总额三项指标,对我市2012年度和2013年度小型微型企业数量进行分析测算,我市小型微型企业总数200781户,小型微型企业比重占全市企业总数的90.46%。其中内资小型微型企业191446户,外资小型微型企业9335户。

二、小型微型企业发展的主要特点

(一)从企业规模情况看,微型企业比重大。

在内外资企业中,小型微型企业200781户,占企业总量的91.15%。其中小

型企业 32668 户,比重为 14.83%,微型企业 168113 户,占 76.32%。

(二)从企业类型看,民营企业中小型微型企业比重大。

我市各类企业中,国有及国有控股小型微型企业 20206 户,小型微型企业比例达到 81.08%;民营小型微型企业 171240 户,小型微型企业比例 93.30%;外资小型微型企业 9335 户,小型微型企业比例 64.98%。通过以上数据可以看出,民营小型微型企业是小型微型企业的主体,同时民营企业中小型微型企业比例较高,外资企业中小型微型企业比重较低。也说明我市民营企业总体规模不大,竞争实力不强。

(三)从行业分布情况看,主要集中在第三产业。

从小型微型企业产业结构情况看,第一、二、三产业比重分别为 0.54%、28.66%、70.80%。从具体行业分布情况看,小型微型企业相对集中的行业为:批发零售业 54679 户,占各类小型微型企业的 24.64%;制造业 51323 户,占 23.13%;租赁和商务服务业 20383 户,占 9.18%。

三、小型微型企业发展的投资环境不断优化

近年来,我市把加快小型微型企业发展作为紧迫而长期的任务,努力破除制约企业发展的体制障碍,完善政策支持体系,加强扶植引导,优化创业环境,小型微型企业发展的舆论环境和政策环境不断得到优化。

(一)逐步消除体制障碍,扶植发展政策体系已经形成。

2007 年市委、市政府出台《关于加快民营经济发展的指导意见》,明确了民营经济发展的总体要求和目标,提出了促进民营经济发展的具体举措。市财政局、金融办、商务委、农委、工商局、土地、卫生、文化等 19 个部门从放开经营领域,财政税收优惠,实施公平准入,加大金融支持等方面出台了 15 个配套政策,在市场准入、融资服务、财税政策、土地使用、对外贸易和经济技术合作等方面,对小型微型企业一视同仁,同等待遇。2010 年天津市政府出台《关于支持科技型中小企业发展的若干意见》、《天津市科技小巨人成长计划》、《关于支持科技型中小企业发展的若干政策》等文件,推动民营经济构建自主创新高地,增强自主研发能力,培育战略新兴产业。2007 年市工商局下发的《关于促进我市民营

经济发展的实施意见》中提出改革登记审批方式，提升行政服务效能，这是由强化管理向强化服务意识的重要转变。这些政策为小型微型企业发展创造了公平的市场环境。

（二）逐步加大财政支持力度，减少企业负担。

为减轻企业负担，市政府逐步加大财政支持力度，取消、降低了部分行政事业型收费项目。同时深化"收支两条线"改革，推行"罚缴分离"工作，杜绝乱收费、不合理收费现象。2010年，天津市财政局按照市政府的要求，在市、区两级财政筹集200亿元的专项基金，以无偿资助形式重点支持科技型中小企业发展。部分区县政府也出台了一些地方政策，给予科技进步、快速成长的优质民营企业进行财政奖励，鼓励民营经济产业升级。

（三）解除市场准入歧视政策，不断拓宽投资领域。

民营经济发展一直存在市场准入歧视现象，解决这个问题是推动民营经济发展的根本保障。为此，国务院"非公经济36条"，明确提出"鼓励和引导民间资本进入法律法规未明确禁止准入的行业和领域"，鼓励和引导民间资本进入基础设施、公用和社会事业、国防科技工业等领域，为民营经济发展带来了广阔发展空间。早在2007年，天津市出台的加快民营经济发展指导意见中就提出要贯彻平等准入、公平对待的原则，放开领域、放宽条件、放手发展，2011年市政府又出台《关于鼓励和促进我市民间投资健康发展的实施意见》，规定"凡是法律法规未明令禁止民间资本进入的行业和领域，全部对民间资本依法开放；凡是开放的行业和领域，不得单独对民间投资设置任何附加条件"。天津市工商局按照"非禁即入"、"非禁即可"的原则，下发了《关于进一步放宽企业经营范围登记管理的意见》、《关于优化投资环境，促进创业带动就业扩大市场主体实施意见》等文件，明确鼓励民营企业进入高端产业领域和新兴经营业态，提升产业水平。

（四）金融改革创新有效缓解融资需求。

2008年金融危机爆发后，民营企业融资越加困难，而小型微型企业融资更加困难。为此市委、市政府多举措并用加大金融支持力度。积极推动金融改革创新，拓宽融资渠道。在股权投资、融资租赁、国际保理、小额贷款公司等方面先行先试，通过建立多渠道直接融资方式，有效解决小型微型企业的融资问题。市工商局先后出台了《公司股权出资登记管理试行办法》、《公司股权出质登记管理试行办法》以及《关于支持企业投融资的若干意见》等文件,支持企业运用股权、债券、知识产权出资,支持企业以股权质押、商标专用权质押、动产抵押等方式融通资金,方便企业投融资,丰富资本构成,盘活企业静态资产,解决资金瓶颈难题。

四、促进小型微型企业发展的建议

(一)放宽行政管制,降低市场准入门槛。

天津市工商局对涉及市场主体准入的前置审批事项进行了系统梳理,目前现存的审批项目仍有146项之多,涉及公安、环保、卫生、安监、文化、建委、商务委、劳动等多个政府部门,极大地限制了民间投资。今年国家层面提出商事登记制度改革,但时间表还未确定,建议深入研究适合市场经济要求的市场主体准入制度改革,充分借鉴世界各国的先进经验,建立快捷高效、科学合理的准入环境。我局在出台促进创业的零首付政策后,又进一步放宽出资方式,允许利用股权出资,鼓励利用债权、林权、海洋权、矿业权等权属出资,放宽非货币出资比例限制,对促进创业带动就业起到很好的政策效果。国家工商总局正在研究将注册资本实缴改为认缴的登记制度改革,但这需要配套法律法规体系的完善和修订。比如在法律层面仍有50余个行业对最低资本有严格限制。还有授权资本制改革后,如何建设社会信用体系问题,既要激发创业热情,又要维护公平市场竞争环境,这是降低市场准入门槛的前提。

(二)加强服务,加大财政支持力度。

政府部门提高服务意识,加大创业和就业培训力度,开发创业信息平台,有意识地引导小微经济发展。加强政策宣传,帮助创业者充分用好用活优惠政策。减轻企业负担,加大财政扶植投入,充分利用税制"营改增"改革,实施税收优惠。

(三)鼓励科技投入,提高自主创新能力。

小型微型企业普遍缺乏核心竞争力,很多企业只是从事简单加工等低水平、粗放式经营,没有自主知识产权,处于产业链下游。为扭转这一局面,我市把科技型中小企业发展作为战略举措,加大扶植力度。今后发力的重点,一是鼓励、引导产学研的结合,促进科技成果转化,在税收政策上支持小型微型企业科技投入,充分保护知识产权。二是提供优惠措施、优良创业环境吸引科技人才来津,为引进人才提供便利。三是支持加强民间资本投资指导,培育自主品牌和核心技术产品。政府部门尝试设立技术创新引导基金,建立补偿机制等分担企业创新风险。

(四)逐步放开民间借贷市场,解决小型微型企业融资难题。

小型微型企业融资难的原因既有自身原因,又有外部环境因素。一方面小型微型企业规模小,资产少,财务制度不健全。另一方面国有银行出于贷款风险大,成本高的考虑不愿向民营企业贷款。因此,必须实行政策扶持,搞活地方金融市场,建立面向小型微型企业的融资体制,多渠道筹集发展资金。一是逐步放开民间借贷市场。对于民间融资活动不能简单禁止,而是要进行规范,明确融资双方的权利和责任,将其纳入正规的金融监管体系。二是完善信用体系建设。政府主导建立企业经济档案和法定代表人的信用档案,建立健全适应市场经济要求的企业信用体系。充分发挥民营企业行业协会的作用,培育企业家的信用观念,加强自身诚信建设,增强重信誉、守合同的自我约束意识。三是引入风险投资。引导那些处于良好发展阶段,并且有高成长性的新技术小型微型企业,与国内外的风险投资机构建立联系,寻找风险投资资金。四是建立和发展地方中小银行等中小金融机构。中小金融机构在为小型微型企业提供服务方面拥有信息上的优势。相对而言,中小金融机构对小型微型企业贷款交易成本低、经营机制灵活、适应性强。目前在我市已经设立了蓟县、东丽、北辰、津南、西青国开、静海新华等几家村镇银行,这些地方中小银行市场运作效率较高,是解决小型微型企业融资的重要渠道。

河北省小型微型企业发展情况报告

河北省工商行政管理局

近年来,在省委、省政府的正确领导下,我省各级工商机关认真贯彻省委、省政府"稳增长、控物价、调结构、抓创新、惠民生、促和谐"的总体目标,全面落实中央和我省推进小型微型企业发展的政策措施,充分发挥职能作用,全力推进小型微型企业发展,在扩数量、提质量上下功夫,在强化服务上求突破,我省小型微型企业呈现出蓬勃发展的良好态势,对推进我省由大省到强省的战略性转变发挥了积极作用。

一、基本情况

截至2013年第一季度,我省实有各类市场主体(包括国有企业、集体企业、外商投资企业、私营企业、个体工商户、农民专业合作社)户数为201.3万户,其中各类企业47.1万户,个体工商户152.2万户,农民专业合作社3.6万户。

根据总局要求,我局按照工信部、国家统计局、国家发改委、财政部联合印发的《中小企业划型标准规定》,综合利用2011年度企业年检数据,根据从业人员、营业收入、资产总额三项指标,对我省小型微型企业数量进行了分析测算。在各类企业中,小型微型企业约占68.58%,其中,在国有集体企业中,小型微型企业约占34.52%;外资企业中,小型微型企业约占19.84%;私营企业中,小型微型企业约占73.96%。截至今年3月底,我省小型微型企业约为26.25万户,其中,国有集体小型微型企业约为1.17万户,外资小型微型企业约为0.13万户,私营小型微型企业约为25.29万户。

我省小型微型企业主要有以下特点:一是微型企业数量占绝半数以上。在各类企业中,小型微型企业约占68.58%,其中小型企业占7.91%、微型企业占35.95%,小型与微型企业的比例约为1:4.5。二是私营小型微型企业是小型微型企业的主体。从所有制结构看,私营小型微型企业的数量占我省小型微型企业数量的73.96%。三是行业分布相对集中,第三产业是主导产业。我省第一、二、三产业小型微型企业的比重为1.13:16.65:82.22。小型微型企业相对集中的行业为:工业(包括采矿业、制造业、电力热力燃气及水生产和供应业)占各类小型微型企业的13.86%,约为5.11万户;批发业占14.19%,约为6.21万户;零售业占3.58%,约为1.43万户;租赁和商务服务业占3.50%,约为1.21万户。这四大行业中的小型微型企业总计13.96万户,占小型微型企业总数的七成多。

二、主要工作及成效

(一)制定优惠政策,放宽准入条件,为小型微型企业提供宽松的准入环境。

1. 全面实施小型微型企业"零成本"注册。2011年,河北省政府出台了《关于进一步加快民营经济发展的意见》,从2011年1月1日起,对注册登记民营企业、个体工商户以及变更注册登记的,免征注册登记费,在全国范围内首创"零成本"注册。在此基础上,自2012年1月1日起,按照财政部、国家发改委《关于免征小型微型企业部分行政事业性收费的通知》(财综[2011]104号)要求,对所有类型的小型微型企业注册登记免费提供咨询服务、免费提供文本、免费办理注册登记。2011年全省"零成本"注册登记市场主体53.06万户,免征注册登记费11432.83万元,民营企业户数和注册资本(金)同比增长14.57%、31.47%;2012年全省"零成本"注册登记市场主体78.9万户,免征注册登记费15423万元,民营企业户数和注册资本(金)同比增长11.35%、13.3%。

2. 创新支持小型微型企业发展政策。为进一步营造宽松的发展环境,促进市场主体加快发展,2012年10月,我局研究制定了《关于改善两个环境培育支持市场主体发展的实施意见》,在创造宽松的投资环境、创设优惠的登记条件、优化行政审批环境、优化企业成长环境等方面进行了大胆改革和创新，制定了一系列宽松优化政策措施。一是注册资本50万元以下的小微公司，注册资本可以零首付，无需提交验资证明文件。二是允许符合条件的个体工商户实行一人多照；对不涉及社会安全及前置许可行业的无固定门店个体工商户免于注册登记。三是放宽企业名称、住所等登记条件限制。允许企业自主选择名称中行政区划和字号的前后顺序，允许新兴产业企业在名称和经营范围中使用体现其行业和服务特点的各类新型行业用语，满足企业发展需求。对无法提交房屋产权证明的，提交管委会、乡镇政府（街道办事处）、村（居）委会等出具的相关证明即可，允许"一址多照"。该实施意见具有很强的针对性和操作性，对我省各类市场主体的发展起到了重要的推动作用。

（二）提高服务效能，完善服务手段，为小型微型企业提供高效便捷服务。

1. 下放注册登记管辖权。为方便小型微型企业办理注册登记，我局本着能放到市局的不留在省局、能放到县（市、区）局的不留在市局的原则，最大限度地下放注册登记管辖权。一是将冠河北、河北以上集团及集团母公司登记管辖权下放至各市、县（市、区）工商局；二是除法律、法规规定必须在省局注册登记的企业外，将其他企业的登记管辖权由省局下放至各市、县（市、区）局。这些措施方便了申请人就近办理注册登记手续，免去了往返奔波之苦，大大提高了登记效率，降低了办事成本。

2. 开通"企业注册登记绿色服务通道"。为全力支持小型微型企业发展，全省各级工商机关对小型微型企业重点项目实行提前介入，积极主动与企业接洽，提供政策咨询，指导准备登记材料，并开展上门服务、预约服务、全程跟踪服务。同时开通了"企业注册登记绿色服务通道"，由专人负责小型微型企业重点项目注册登记指导工作，实行急事急办，特事特办，随到随办，为小型微型企业做大做强打造方便、快捷、优质、高效的注册登记服务通道。

3. 简化登记程序。为进一步提高小型微型企业登记效率，按照"程序最简、审批最快、时间最短、服务最优"的四最理念，优化审批流程，减少审批环节。企业登记全部实行"一审一核制"，限时办结，对于简易登记事项，实行"审核合一"，由窗口工作人员一人审核发照。对符合当场登记条件的，当场予以登记。

4. 全面实施企业名称远程核准。2009年以来，我局开通了冠"河北"及设区市企业名称远程核准系统,将冠河北及设区市名称的企业名称受理审查权下放到各县(市、区)工商局,申请人由原来到省、设区市工商局申请改为直接到县(市、区)工商局提交申请材料,通过网络远程核准后,由县(市、区)工商局直接发放企业名称预先核准通知书,减少企业成本,提高登记效率。现已远程核准企业名称2.5万多个,为企业节约成本4000余万元。

5. 加强行政指导。立足于工商所能、企业所需、政府所想,依据法律、法规和政策,采取指导、劝告、提醒、建议等非强制方式,向经营者实施行政指导,引导市场主体诚信守法经营。进一步优化执法环境,坚持教育与处罚相结合,实行轻微违法不罚或轻罚,对一般性违反法律法规行为,情节轻微未造成危害后果并及时纠正的,不予处罚;对违法经营但危害后果不严重并及时消除的,从轻处罚。

6. 充分发挥商标、广告、合同等综合职能作用,服务小型微型企业发展。积极推动小型微型企业实施商标战略,加大对小型微型企业在商标注册、使用、管理和保护等方面的帮扶力度,引导小型微型企业加强自主品牌建设,通过技术创新、提高产品质量、开展广告宣传不断丰富其商标内涵、提高商标的知名度和美誉度,积极争创著名、驰名商标,做大做强自主品牌。同时,加强对小型微型企业商标专用权的保护力度,切实保护好小型微型企业合法权益。鼓励小型微型企业争创"守合同重信用"企业。积极实施广告发展战略,推进全省广告业品牌集群建设,支持引导小微广告企业整合资源,发挥优势,加强合作,不断提升其专业水平,增加竞争力,促进小微广告企业可持续发展。

(三)拓宽企业融资渠道,帮助小型微型企业做大做强。

几年来,全省工商系统充分发挥动产抵押、股权出质、商标专用权质押登记职能,以解决小型微型企业融资难为重点,深入开展了支持企业融资推进企业发展活动。积极推进银企对接,向银行推荐信用度高且有融资需求的企业,支持民间资本创建小额贷款公司,鼓励发展融资性担保公司,为小型微型企业拓宽融资渠道提供便捷高效服务。2012年,共帮助12000多家企业获得融资969.8亿元。其中通过股权质押融资381.7亿元,动产抵押融资487.1亿元,其他方式融资101亿元。通过努力,使一大批企业摆脱了资金困境,我局的做法得到了省领导的高度赞扬和企业的广泛好评。

三、下一步打算

下一步，我省各级工商机关将按照国家和省政府统一部署，坚持服务地方经济发展的原则，全面贯彻落实促进小型微型企业发展的各项政策措施，促进我省市场主体增量提质、持续健康发展，全面提高我省经济运行质量和效益。

一是严格贯彻落实国家和省政府支持小型微型企业发展的政策措施。进一步发挥职能作用，认真贯彻落实国务院和省政府关于支持小型微型企业发展的政策措施，并结合各地实际，制定实施细则。严格执行小型微型企业"零成本"注册政策，加强免收注册登记费用落实情况的督查，确保各项优惠政策落到实处。

二是创新小型微型企业发展机制，加大扶持力度。结合工商登记制度改革，积极探索取消工商登记前置许可条件，实行注册资本认缴制等改革措施，进一步降低准入门槛、提高审批效率、减少企业成本，激发创业活力，建立主体资格与经营资格相分离，审批与监管、监管与自律相统一的新型登记管理制度，破除制约民营经济特别是中小型微型企业发展的障碍，营造宽松发展环境，促进各类市场主体加快发展。

三是发挥综合职能作用，营造小型微型企业发展的良好环境。坚持量质并举原则，深化商标战略实施机制，推动市场主体商标注册和运用，保护和管理好商标，实现商标注册量、驰（著）名商标量和商标国际注册量不断增长，促进小型微型企业品牌化经营。落实好广告产业"十二五"发展规划，充分发挥我省地缘优势，推动地方政府筹建广告产业园区，打造跨区域协调发展的环京津广告产业带，带动全省广告产业健康发展。充分发挥个私协会作用，不断提升小型微型企业人员素质。

四是继续深入开展支持企业融资工作。在做好动产抵押、股权质押、商标专用权质押登记的基础上，进一步拓宽融资渠道，增加融资品种。重点突出对小型微型企业融资的支持力度，加强对战略型、科技型、环保型等新兴产业企业的扶持力度，支持文化产业的发展。

五是坚持"抓党建促发展"的思路，做好小型微型企业党建工作。充分发挥工商部门的职能、队伍、经验等优势，重点抓好个体工商户、专业市场和小型微型企业三个领域的党建工作，通过扩大党组织覆盖面、发挥党组织作用，带动小型微型企业发展。

附件：

填报单位：河北省工商局

河北省小型微型企业数量分析测算表

(一)

类型		国有集体企业（万户）	外资企业（万户）	私营企业（万户）	各类企业合计（万户）
小型微型企业占比		34.52%	19.84%	73.96%	68.58%
2011年度	2011年各类企业数量	3.3365	0.6244	26.7671	30.728
	2011年小型微型企业数量	1.1519	0.1239	19.7961	21.0719
2012年度	2012年各类企业数量	3.3906	0.6684	32.5659	36.6249
	2012年小型微型企业数量	1.1704	0.1326	24.0857	25.1174
2013年一季度	2013年一季度各类企业数量	3.4027	0.6794	34.2004	38.2825
	2013年一季度小型微型企业数量	1.1746	0.1348	25.2945	26.2541

(二)

行业	小型微型企业标准	小型微型企业数据量（户）	所有企业总数（户）	占各类企业的比例（%）	其中	其中小型微型企业数量（户）	占各类企业的比例（%）	2011年小型微型企业数量（万户）	2012年小型微型企业数量（万户）	2013年一季度小型微型企业数量（万户）
(1)农、林、牧、渔业	营业收入500万元以下	5916	521305	1.13	小型	1567	0.30	0.1567	0.1416	0.1482
					微型	4349	0.83	0.4349	0.3931	0.4113
(2)工业	从业人员300人以下，或营业收入2000万元以下	72255	521305	13.86	小型	18231	3.50	1.8231	1.6479	1.7243
					微型	54024	10.36	5.4024	4.8833	5.1096
(3)建筑业	营业收入6000万元以下或资产总额5000万元以下	14569	521305	2.79	小型	2733	0.52	0.2733	0.2470	0.2585
					微型	11448	2.20	1.1448	1.0348	1.0827

续表

行业	小型微型企业标准	小型微型企业数据量（户）	所有企业总数（户）	占各类企业的比例（%）	其中	其中小型微型企业数量（户）	占各类企业的比例（%）	2011年小型微型企业数量（万户）	2012年小型微型企业数量（万户）	2013年一季度小型微型企业数量（万户）
(4)批发业	从业人员20人以下，或营业收入5000万元以下	73976	521305	14.19	小型	8296	1.59	0.8296	0.7499	0.7846
					微型	65680	12.60	6.5680	5.9369	6.2120
(5)零售业	从业人员50人以下，或营业收入500万元以下	18663	521305	3.58	小型	2810	0.54	0.2810	0.2540	0.2658
					微型	15853	3.04	1.5853	1.4330	1.4994
(6)交通运输业	从业人员300人以下，或营业收入3000万元以下	6303	521305	1.21	小型	1306	0.25	0.1306	0.1181	0.1235
					微型	4549	0.87	0.4549	0.4112	0.4302
(7)仓储业	从业人员100人以下，或营业收入1000万元以下	445	521305	0.09	小型	118	0.02	0.0118	0.0107	0.0112
					微型	327	0.06	0.0327	0.0296	0.0309
(8)邮政业	从业人员300人以下，或营业收入2000万元以下	178	521305	0.03	小型	18	0.00	0.0018	0.0016	0.0017
					微型	160	0.03	0.0160	0.0145	0.0151
(9)住宿业	从业人员100人以下，或营业收入2000万元以下	1129	521305	0.22	小型	422	0.08	0.0422	0.0381	0.0399
					微型	707	0.14	0.0707	0.0639	0.0669

续表

行业	小型微型企业标准	小型微型企业数据量（户）	所有企业总数（户）	占各类企业的比例（%）	其中	其中小型微型企业数量（户）	占各类企业的比例（%）	2011年小型微型企业数量（万户）	2012年小型微型企业数量（万户）	2013年一季度小型微型企业数量（万户）
(10)餐饮业	从业人员100人以下，或营业收入2000万元以下	1874	521305	0.36	小型	701	0.13	0.0701	0.0634	0.0663
					微型	1173	0.23	0.1173	0.1060	0.1109
(11)信息传输业	从业人员100人以下，或营业收入1000万元以下	3630	521305	0.70	小型	113	0.02	0.0113	0.0102	0.0107
					微型	3517	0.67	0.3517	0.3179	0.3326
(12)软件和信息技术服务业	从业人员100人以下，或营业收入1000万元以下	4878	521305	0.94	小型	1073	0.21	0.1073	0.0970	0.1015
					微型	3805	0.73	0.3805	0.3439	0.3599
(13)房地产开发经营	营业收入1000万元以下，或资产总额5000万元以下	6204	521305	1.19	小型	393	0.08	0.0393	0.0355	0.0372
					微型	5497	1.05	0.5497	0.4969	0.5199
(14)物业管理	从业人员300人以下，或营业收入1000万元以下	3573	521305	0.69	小型	79	0.02	0.0079	0.0071	0.0075
					微型	3494	0.67	0.3494	0.3158	0.3305
(15)租赁和商务服务业	从业人员100人以下，或资产总额5000万元以下	18230	521305	3.50	小型	3343	0.64	0.3343	0.3022	0.3162
					微型	12836	2.46	1.2836	1.1603	1.2140

续表

行业	小型微型企业标准	小型微型企业数据量（户）	所有企业总数（户）	占各类企业的比例（%）	其中	其中小型微型企业数量（户）	占各类企业的比例（%）	2011年小型微型企业数量（万户）	2012年小型微型企业数量（万户）	2013年一季度小型微型企业数量（万户）
(16)其他未列明行业	从业人员100人以下	49	521305	0.01	小型	33	0.01	0.0033	0.0030	0.0031
					微型	16	0.00	0.0016	0.0014	0.0015

山西省小型微型企业发展情况报告

山西省工商行政管理局

近年来,山西省工商局在国家工商总局和山西省委、省政府的正确领导下,以贯彻落实科学发展观为指导,立足工商行政管理职责,认真履职、创新管理,不断加强和改进市场主体登记和监管效能,为推动全省中小型微型企业健康快速发展做了许多工作。

一、发展情况

截至2013年第一季度,我省中小型微型企业(私营企业和个体工商户)累计达到115.4万户。其中,私营企业20.4万户,注册资本达到7211亿元,创业就业人数累计187万人;个体工商户95万户,资金406亿元,从业人员193万人。

2013年第一季度,全省新发展私营企业5000户,注册资本达到146亿元,创业就业人数累计2.5万人;新发展个体工商户1.8万户,资金11亿元,从业人员4万元。

二、服务工作

一是政策服务。我局积极围绕放宽准入领域、降低准入门槛、提高准入效率、推进公平竞争,先后以省政府文件出台了《关于促进个体私营等非公有制经济快速健康发展的实施意见》等五个扶持中小型微型企业发展的系列文件（简称"五个27条"），有力地促进了全省中小型微型企业的健康发展。

二是效率服务。工商部门全面推进效能建设，不断创新服务方式，简化审批程序、缩短办照时限、提高服务效率，为中小企业登记注册登记即办理各类登记提供了便捷高效的服务。

三是帮扶服务。全系统立足工商职责，通过开展办理股权出资、股权出质登记，动产抵押、商标出质等工作，积极为中小型微型企业发展搭建融资平台。仅2012年，全省工商系统帮助中小企业和个体工商户融资409亿元，有效缓解中小企业融资难问题。

三、下一步工作计划

为充分发挥工商行政管理职能作用，服务我省综改试验区建设，积极支持全省中小型微型企业持续快速健康发展，促进创业，增进就业，实现我省经济转型跨越发展，我局拟采取如下措施，进一步促进全省中小型微型企业发展：

1. 研究起草《支持中小型微型企业发展措施》（代拟稿），拟在报请省政府批准后在全省实施。该措施共十四条，前六条立足企业登记注册，从降低资本准入、放宽经营范围、放宽住所登记、放宽中小型微型企业集团登记条件等角度促进中小型微型企业发展；第七、第八条主要是引导鼓励企业实施商标战略、加强广告宣传；第九条主要是通过办理股权出质登记、债权转股权登记等措施，服务中小型微型企业贷款融资；第十和十一条是针对前六条登记制度改革的配套措施，即提供平台支撑、明确监管职责；第十二至十四条，主要是加强信用监管、提高办事效率、营造宽松环境。

2. 认真落实国家工商总局关于免收企业注册登记费的规定。在全省系统认真贯彻落实国家工商总局免收企业注册登记费和个体工商户注册登记费的决定（2013年1月1日至2014年12月31日），降低中小型微型企业的登记成本，帮扶其健康发展。

附件：

填报单位：山西省工商局

小型微型企业数量分析测算表

行业	小型微型企业标准	占各类企业的比例(%)	其中		占各类企业的比例(%)	2012年小型微型企业数量（万户）
(1)农、林、牧、渔业	营业收入500万元以下	34.4	小型	营业收入50万元及以上	1.2	0.0245
			微型	营业收入50万元以下	33.2	0.6801
(2)工业	从业人员300人以下，或营业收入2000万元以下	34	小型	从业人员20人以上，且营业收入300万元以上	2.3	0.1408
			微型	从业人员20人及以下或营业收入300万元及以下	31.7	1.9405
(3)建筑业	营业收入6000万元以下，或资产总额5000万元以下	61.1	小型	营业收入300万元及以上，且资产总额300万元以上	2.4	0.0381
			微型	营业收入300万元以下或资产总额300万元以下	58.7	0.9322
(4)批发业	从业人员20人以下，或营业收入5000万元以下	5.5	小型	从业人员5人及以上，且营业收入1000万元及以上	0.4	0.1928
			微型	从业人员5人以下或营业收入1000万元以下	5.1	2.4582
(5)零售业	从业人员50人以下，或营业收入500万元以下	3.1	小型	从业人员10人及以上，且营业收入100万元及以上	0.1	0.0482
			微型	从业人员10人以下或营业收入100万元以下	3	1.4460
(6)交通运输业	从业人员300人以下，或营业收入3000万元以下	19.3	小型	从业人员20人以上，且营业收入200万元及以上	0.9	0.2931
			微型	从业人员20人以下或营业收入200万元以下	18.4	5.9915

续表

行业	小型微型企业标准	占各类企业的比例(%)	其中		占各类企业的比例(%)	2012年小型微型企业数量(万户)
(7)仓储业	从业人员100人以下,或营业收入1000万元以下	1.9	小型	从业人员20人及以上,且营业收入100万元及以上	0.05	0.0163
			微型	从业人员20人以下或营业收入100万元以下	1.85	0.6024
(8)邮政业	从业人员300人以下,或营业收入2000万元以下	8	小型	从业人员20人及以上,且营业收入100万元及以上	0	0.0000
			微型	从业人员20人以下或营业收入100万元以下	8	2.6050
(9)住宿业	从业人员100人以下,或营业收入2000万元以下	1.4	小型	从业人员10人及以上,且营业收入100万元及以上	0.1	0.0056
			微型	从业人员10人以下或营业收入100万元以下	1.3	0.0727
(10)餐饮业	从业人员100人以下,或营业收入2000万元以下	1.4	小型	从业人员10人及以上,且营业收入100万元及以上	0.08	0.0045
			微型	从业人员10人以下或营业收入100万元以下	1.32	0.0738
(11)信息传输业	从业人员100人以下,或营业收入1000万元以下	21.4	小型	从业人员10人及以上,且营业收入100万元及以上	2.2	0.0835
			微型	从业人员10人以下或营业收入100万元以下	19.2	0.7288
(12)软件和信息技术服务业	从业人员100人以下,或营业收入1000万元以下	70.3	小型	从业人员10人及以上,且营业收入50万元及以上	3.5	0.1329
			微型	从业人员10人以下或营业收入50万元以下	66.8	2.5357

续表

行业	小型微型企业标准	占各类企业的比例(%)	其中		占各类企业的比例(%)	2012年小型微型企业数量（万户）
(13)房地产开发经营	营业收入1000万元以下,或资产总额5000万元以下	47.9	小型	营业收入100万元及以上,且资产总额2000万元及以上	1.4	0.0226
			微型	营业收入100万元以下或资产总额2000万元以下	46.5	0.7498
(14)物业管理	从业人员300人以下,或营业收入1000万元以下		小型	从业人员100人及以上,且营业收入500万元及以上		
			微型	从业人员100人以下或营业收入500万元以下		
(15)租赁和商务服务业	从业人员100人以下,或资产总额5000万元以下	49.7	小型	从业人员10人及以上,且资产总额100万及以上	1.5	0.0239
			微型	从业人员10人以下或资产总额100万元以下	48.2	0.7668
(16)其他未列明行业	从业人员100人以下	13.5	小型	从业人员10人及以上	0.4	0.0686
			微型	从业人员10人以下	13.1	2.2447
所有行业汇总		93.3	小型		0.7	0.8417
			微型		13	15.6322

统计说明：按照工信部等四部委《中小企业划型标准规定》,根据2011年度企业年检数据,统计本省（自治区、直辖市）2011年度小型微型企业数及在企业总数所占比例,并根据数据测算本省（自治区、直辖市）2012年度和2013年一季度小型微型企业数及在企业总数中的比例。

内蒙古自治区小型微型企业发展情况报告

内蒙古自治区工商行政管理局

小型微型企业作为国民经济的重要组成部分，在推动经济增长、开展技术创新、扩大城乡就业、促进民生发展和社会稳定等方面具有不可替代的作用。我区各级工商行政管理部门认真贯彻落实自治区党委"8337"发展思路，充分发挥工商行政管理职能作用，大力促进小型微型企业的发展。根据工商总局办公厅《关于报送小型微型企业发展情况的通知》(办字[2013]29号)的要求，我们立足工商职能，综合调研、工商综合业务系统及各方面情况，对全区小型微型企业的现状及发展情况进行了认真细致的统计和梳理，现将有关情况报告如下：

一、我区小型微型企业发展现状

在自治区党委、政府的高度重视和全社会的大力支持下，近年来我区小型微型企业取得了显著发展。全区小型微型企业的总量快速增长，规模不断扩大，结构趋向合理，我区已逐步发展为涵盖三大产业，大企业顶天立地、小企业铺天盖地的局面。小型微型企业的贡献日益突出，小型微型企业的快速发展及其产业链的延伸，为城镇居民、大中专毕业生、农民转产转业、下岗职工和外来务工人员提供了广阔的就业市场，为增长群众收入、维护社会稳定、构建和谐社会发挥了重要作用。

2011年度全区共有各类企业16.74万户，其中国有集体企业3.12万户，外资企业0.36万户，私营企业13.27万户。国有集体企业中小型微型企业1.52

万户,外资企业中小型微型企业0.18万户,私营企业中小型微型企业6.46万户;2012年度共有各类企业18.21万户,其中国有集体企业3.15万户,外资企业0.31万户,私营企业14.75万户。国有集体企业中小型微型企业1.53万户,外资企业中小型微型企业0.15万户,私营企业中小型微型企业7.19万户;2013年第一季度共有各类企业18.42万户,其中国有集体企业3.09万户,外资企业0.31万户,私营企业15.02万户。国有集体企业中小型微型企业1.5万户,外资企业中小型微型企业0.15万户,私营企业中小型微型企业7.32万户。

小型微型企业占各类企业48.71%,小型微型企业的比重偏低,原因有三：一是我区一直使用的各类市场主体统计标准是以企业注册资本金为主要统计标准,与工信部等四部委新的《中小企业划型标准规定》中对小型微型企业在划型标准上不一致,造成统计口径不一致,数据统计有偏差;二是我区从2011年7月开始逐步对原有的综合业务系统进行改造升级,现在正是数据大集中阶段,数据在集中与转换兼容过程中,对原系统中部分录入不规范及统计口径不一致的数据无法及时转换更新,造成部分统计数据资源不全,例如,从业人员在旧综合业务系统中不是必录项,统计数据将从业人员数作为统计项时,数据容易出现偏小现象;三是小型微型企业统计工作量大,时间紧,任务重,统计准确数据获取困难,造成统计准确度不高。

二、工商行政管理部门促进小型微型企业发展情况

在发展小型微型企业的实践中,我区各级工商行政管理部门紧紧围绕自治区党委、政府的决策部署,积极履行职能职责,做了大量艰苦细致、富有成效的工作。一是积极提供政策支持。于2009年全面停征市场管理费和个体工商户管理费,使小型微型企业市场主体年减负6.5亿元。2012年停止征收小型微型企业的注册登记费,年减负达1.2亿元。在此基础上,自治区工商局先后出台了涉及个体私营经济、农民专业合作社、高校毕业生创业就业、服务业、小型微型企业、文化产业等方面的一系列规范性文件,放宽了投资主体、名称核准、经营场所、经营范围、注册资本、集团登记等准入限制,为各类市场主体发展提供了有力支持。各盟市工商局结合实际制定了促进小型微型企业发展的配套措施,使广

大小型微型企业得到了实惠。二是积极提供优质服务。推行了首问负责、一次告知、限时办结、特事特办等服务制度，实行了延时服务、预约服务、上门服务、提前介入指导服务等措施，建立了服务绿色通道，提高了办事效率，营造了良好发展环境。三是积极帮助排忧解难。通过开展股权出资、股权出质、动产抵押、债权转股权和注册商标专用权质押登记等方式，帮助各类小型微型企业缓解融资难题，2012年各级工商部门、个私协会帮助企业融资达85亿元。积极指导小型微型企业运用商标战略和广告战略开拓市场，提升竞争力。积极举办就业招聘周活动，该活动开展五年来，累计有12万户小型微型企业参加，达成用工协议9.4万人。四是积极搭建发展平台。大力推进市场主体信用体系建设，深入开展"文明诚信市场"、"百城万店无假货"、"文明诚信私营企业、个体工商户"等创建活动，建立了市场主体信用信息平台。依托个私协会积极开展各类市场主体及其从业人员培训，提高其经营管理能力，帮助企业培养了一批专业人才。五是积极营造良好环境。各级工商部门依法加强市场监管，取缔无照经营，严查虚假注册、抽逃资金，打击制售假冒伪劣商品，强化反不正当竞争执法，努力为各类市场主体发展营造公平竞争、规范有序的市场环境。

三、当前小型微型企业发展存在的突出问题

（一）发展环境不宽松，特别是融资难度大。

中央和自治区党委、政府出台的发展小型微型企业优惠政策难以有效落实，造成政策资源的浪费，没有很好地惠及小型微型企业。小型微型企业的发展空间受到限制，运行成本增加，在土地使用、项目审批等方面不能享受与大型企业同样的待遇。小型微型企业资本在市场准入方面仍存在政策人为设置的"禁区"，投资社会公用事业、垄断行业、公共基础设施、国有产权交易等领域较少。一些行政部门吃拿卡要和"三乱"现象时有发生，尤其在行政审批环节问题较为突出，各类摊派和收费负担依然比较沉重。大型国有商业银行贷款门槛高，条件要求严格。少数企业内控机制不健全，难于按期还款，信誉度降低。贷款担保机构缺乏，企业获取资金途径狭窄，融资渠道单一，难以满足发展需求，大部分小型微型企业资金匮乏，制约了快速健康发展。个别企业由于流动资金不足，已处于

停产半停产状态。筹资费用很高,据测算,中小企业筹资财务成本普遍为大企业的5~6倍。

(二)企业运行成本高,招工用工难。

当前,企业已步入全方位的"高成本时代",利率、汇率、税率、费率(四率),薪金、租金、土地出让金(三金),原材料进价和资源环境代价(两价),九种因素叠加推动企业成本直线上升,小型微型企业不堪重负,利润空间不断被挤压。同时,由于我国劳动力供给增量的减速,新生代务工人员就业取向日益多元化,小型微型企业职工工资低、待遇差,导致小型微型企业出现"招工难"、"用工贵"、"留工难"。不仅技工"荒",普工也出现大范围短缺,即使招进人,也留不住人。

(三)发展水平不高,产业层次偏低。

表现为"四多四少":产业结构不合理,传统产业多,高新技术产业少;产品结构不合理,低附加值产品多,高附加值产品少;企业组织结构不合理,生产集中度低,劳动密集型企业多,技术密集型企业少;资本结构不合理,绝大多数私营企业资本结构仍以家族式资本为主,实行家长式管理,难以建立现代企业制度,限制了企业优化升级。此外,我区小型微型企业规模小,组织管理和生产经营粗放,产品结构单一、层次较低,缺乏发展的持久性。多数小型微型企业内部没有建立科学规范的人才使用机制,高级管理、技术开发等人才严重不足。社会人才及大学生就业一般不愿到小型微型企业,人力资源匮乏。

(四)企业规模偏小,市场竞争力不强。

全区私营企业和个体工商户平均存活周期仅为2.8年和1.7年。行业优势不明显,自主品牌少。多数小型微型企业运用商标开拓市场的能力较低,被动注册商标比较普遍,特别是拥有中国驰名商标的小型微型企业少。商标闲置情况严重,商标使用率、成活率、成名率不高。传统产业在整个经济结构中所占比重仍较大,影响了市场主体整体发展水平和竞争力。一旦受宏观经济形势影响,就会有一大批小型微型企业退出市场,"退市"现象突出。

四、扶持小型微型企业发展的思路与途径

发展非公有制经济特别是小型微型企业是我区"8337"发展思路的重要着

力点。各级工商行政管理部门要有针对性地实施相应政策措施，把服务非公有制经济发展与促进产业结构调整、推动县域经济发展结合起来，找准切入点和突破口，坚持扩大总量与提高质量并重，为小型微型企业创造更为宽松的发展环境。

（一）放宽准入门槛，优化发展环境。

一是要坚持统筹兼顾、平等对待。在制定政策时，最大限度地保证政策惠及范围，实现各类市场主体同等参与市场竞争、同等享受政策优惠、同等受到法律保护。凡是国家没有禁止的行业和领域都允许小型微型企业进入，支持有实力的个私企业参与国有企业改制、重组，加快自身发展。二是用足用好国家工商总局《关于支持内蒙古自治区经济社会又好又快发展的意见》中支持非公经济发展的政策，其中对符合我区小型微型企业发展实际需要但有政策障碍的，在相关政策允许和支持的前提下可以大胆突破。如除高危、食品药品等安全行业和重污染行业及小额贷款、担保公司外，允许资金不足而其他前置许可要件齐全的市场主体先登记注册，注册资本分期到位。三是要全面梳理自治区工商局近年来出台的支持小型微型企业发展的文件，积极与发改委等部门配合联动，力求在涉及工商职能的各项政策制定上体现最优惠、最宽松、最有利，同时也最具针对性、操作性和实用性。如坚持凡法律法规和国务院没有规定前置许可的一律不得设置其他前置许可；放宽企业集团登记条件，支持私营企业做大做强；允许以农村土地、牧区草场、林木权属出资设立农民专业合作社，支持其专业化、规模化、现代化发展；支持个体工商户转型升级，允许其使用不侵犯其他市场主体权益的原名称字号。四是要积极推进工商登记制度改革，按照国家工商总局的要求，试行注册资本"零首付"、登记注册"零成本"，放宽小型微型企业注册登记经营场所、注册资本、经营范围等限制，全部免收登记费用，降低准入条件，畅通准入通道，营造良好发展环境。

（二）加强引导指导，拓宽发展领域。

一是要重点扶持发展装备制造、生物制药、新型能源、煤炭清洁、电子信息等战略性新兴产业，引导中小型微型企业与区域内大企业对接合作，形成聚集、配套和协作的产业链条，进一步扩大我区非公经济发展实力。二是要精心培育龙头企业。对规模大、实力强、成长性好的外资企业、农民专业合作社、个私企业要重点扶持，增强辐射带动能力，引领相关领域非公市场主体加快发展。三是要加强行政指导，利用工商部门掌握市场主体发展情况全面准确的优势，为各类市场主体及时提供登记总量、行业比例、区域布局、市场盈亏等信息服务，引导其合理进行投资、降低经营风险。

（三）实施重点推进，提升发展质量。

一是要推进小型微型企业商标战略。积极协调自治区和各盟市、旗县政府，对小型微型企业创建知名、著名和驰名商标予以奖励，提高小型微型企业商标意识，增加产品附加值，提升产品知名度和市场竞争力，增强发展后劲。工商部门要协调各级政府制定商标发展规划，通过纳入地方工作实绩考核、设立商标奖励基金、确立驰名著名商标年度发展目标等方式，帮助地方小型微型企业注商标、创品牌、争名牌，做大产业、做强企业。二是要推进小型微型企业信用建设。加强小型微型企业信用分类监管，规范其日常经营行为，集中整治小型微型企业领域道德突出问题，不断提高信用评价等级，增强诚信经营能力。要积极促进银企对接，建立以动产抵押、股权出资出质、商标专用权质押等为重点的融资信用平台，改善信用环境，帮助小型微型企业解决贷款和融资困难，扶持其发展壮大。三是要充分发挥各级个私协会、各类行业协会的桥梁纽带作用，加强小型微型企业教育培训，努力培养一批懂经营、会管理、守信用的优秀企业家。继续深入开展就业服务活动，定期组织小型微型企业洽谈用工，吸纳更多的社会人才到小型微型企业就业，促进小型微型企业整体素质的提高。

附件:

填报单位:内蒙古工商局

小型微型企业数量分析测算表

行业	小型微型企业标准	占各类企业的比例(%)	其中		占各类企业的比例(%)	2011年小型微型企业数量(万户)	2012年小型微型企业数量(万户)	2013年一季度小型微型企业数量(万户)
(1)农、林、牧、渔业	营业收入500万元以下	2.96	小型	营业收入50万元及以上	0.55	0.0921	0.1002	0.1013
			微型	营业收入50万元以下	2.41	0.4033	0.4387	0.4437
(2)工业	从业人员300人以下,或营业收入2000万元以下	8.74	小型	从业人员20人及以上,且营业收入300万元及以上	1.63	0.2732	0.2972	0.3005
			微型	从业人员20人以下或营业收入300万元以下	7.11	1.1898	1.2941	1.3089
(3)建筑业	营业收入6000万元以下,或资产总额5000万元以下	2.99	小型	营业收入300万元及以上,且资产总额300万元及以上	0.55	0.0914	0.0994	0.1005
			微型	营业收入300万元以下或资产总额300万元以下	2.44	0.4084	0.4442	0.4493
(4)批发业	从业人员20人以下,或营业收入5000万元以下	14.82	小型	从业人员5人及以上,且营业收入1000万元及以上	1.44	0.2409	0.2620	0.2650
			微型	从业人员5人以下或营业收入1000万元以下	13.38	2.2403	2.4367	2.4645
(5)零售业	从业人员50人以下,或营业收入500万元以下	5.99	小型	从业人员10人及以上,且营业收入100万元及以上	1.09	0.1831	0.1992	0.2014
			微型	从业人员10人以下或营业收入100万元以下	4.89	0.8191	0.8909	0.9011

续表

行业	小型微型企业标准	占各类企业的比例（%）	其中		占各类企业的比例（%）	2011年小型微型企业数量（万户）	2012年小型微型企业数量（万户）	2013年一季度小型微型企业数量（万户）
(6)交通运输业	从业人员300人以下，或营业收入3000万元以下	1.63	小型	从业人员20人及以上，且营业收入200万元及以上	0.41	0.0681	0.0741	0.0749
			微型	从业人员20人以下或营业收入200万元以下	1.23	0.2056	0.2236	0.2262
(7)仓储业	从业人员100人以下，或营业收入1000万元以下	0.16	小型	从业人员20人及以上，且营业收入100万元及以上	0.04	0.0065	0.0071	0.0072
			微型	从业人员20人以下或营业收入100万元以下	0.12	0.0201	0.0219	0.0221
(8)邮政业	从业人员300人以下，或营业收入2000万元以下	0.12	小型	从业人员20人及以上，且营业收入100万元及以上	0.01	0.0009	0.0010	0.0010
			微型	从业人员20人以下或营业收入100万元以下	0.12	0.0193	0.0210	0.0212
(9)住宿业	从业人员100人以下，或营业收入2000万元以下	0.41	小型	从业人员10人及以上，且营业收入100万元及以上	0.14	0.0229	0.0249	0.0252
			微型	从业人员10人以下或营业收入100万元以下	0.27	0.0451	0.0491	0.0496
(10)餐饮业	从业人员100人以下，或营业收入2000万元以下	0.71	小型	从业人员10人及以上，且营业收入100万元及以上	0.31	0.0521	0.0567	0.0573
			微型	从业人员10人以下或营业收入100万元以下	0.40	0.0673	0.0732	0.0740
(11)信息传输业	从业人员100人以下，或营业收入1000万元以下	0.67	小型	从业人员10人及以上，且营业收入100万元及以上	0.02	0.0033	0.0036	0.0036
			微型	从业人员10人以下或营业收入100万元以下	0.65	0.1086	0.1181	0.1195

续表

行 业	小型微型企业标准	占各类企业的比例(%)	其 中		占各类企业的比例(%)	2011年小型微型企业数量(万户)	2012年小型微型企业数量(万户)	2013年一季度小型微型企业数量(万户)
(12)软件和信息技术服务业	从业人员100人以下,或营业收入1000万元以下	1.52	小型	从业人员10人及以上,且营业收入50万元及以上	0.28	0.0471	0.0512	0.0518
			微型	从业人员10人以下或营业收入50万元以下	1.24	0.2082	0.2265	0.2290
(13)房地产开发经营	营业收入1000万元以下,或资产总额5000万元以下	1.60	小型	营业收入100万元及以上,且资产总额2000万元及以上	0.20	0.0331	0.0360	0.0364
			微型	营业收入100万元以下或资产总额2000万元以下	1.40	0.2349	0.2555	0.2584
(14)物业管理	从业人员300人以下,或营业收入1000万元以下	0.87	小型	从业人员100人及以上,且营业收入500万元及以上	0.02	0.0037	0.0040	0.0041
			微型	从业人员100人以下或营业收入500万元以下	0.85	0.1423	0.1548	0.1565
(15)租赁和商务服务业	从业人员100人以下,或资产总额8000万元以下	5.44	小型	从业人员10人及以上,且资产总额100万元及以上	1.91	0.3191	0.3471	0.3510
			微型	从业人员10人以下或资产总额100万元以下	3.54	0.5924	0.6443	0.6517
(16)其他未列明行业	从业人员100人以下	0.08	小型	从业人员10人及以上	0.03	0.0056	0.0061	0.0062
			微型	从业人员10人以下	0.05	0.0076	0.0083	0.0084
所有行业汇总		48.71	小型		8.62	1.4431	1.5696	1.5876
			微型		40.09	6.7123	7.3008	7.3842

统计说明:按照工信部等四部委《中小企业划型标准规定》,根据2011年度企业年检数据,统计本地区(盟、市)2011年度小型微型企业数及在企业总数所占比例,并根据数据测算本地区(盟、市)2012年度和2013年一季度小型微型企业数及在企业总数中的比例。

辽宁省小型微型企业发展情况报告

辽宁省工商行政管理局

一、基本情况

截至 2013 年一季度,全省实有各类市场主体(包括国有集体企业、外资企业、私营企业、个体工商户、农民专业合作社)户数为 217.79 万户,其中各类企业 47.87 万户,个体工商户 167.74 万户,农民专业合作社 2.18 万户。

按照工信部、国家统计局、国家发改委、财政部 2011 年 6 月联合印发的《中小企业划型标准规定》,我们综合利用 2012 年度企业年检数据,根据从业人员、营业收入、资产总额三项指标,对我省小型微型企业数量进行了分析测算。在各类企业中,小型微型企业约占 87%,其中,在国有集体企业中,小型微型企业占 79%;外资企业中,小型微型企业约占 55.3%;私营企业中,小型微型企业约占 90.2%;截至 2013 年一季度,我省小型微型企业约为 41.50 万户,其中,国有集体小型微型企业约为 7.60 万户,外资小型微型企业约为 0.98 万户,私营小型微型企业约为 32.92 万户。

我省小型微型企业主要有以下特点:一是小型微型企业在数量上占绝对优势。在各类企业中,小型微型企业约占 87%。二是私营小型微型企业是小型微型企业的主体。私营小型微型企业占我省小型微型企业数量的 79%。三是行业分布相对集中,第三产业是主导。小型微型企业相对集中的行业为:批发业和零售业占各类小型微型企业的 32%,约为 13.36 万户;制造业占各类小型微型企业的 30%,约为 12.5 万户;信息传输、计算机服务和软件业占各类小型微型企业的 9%,约为 3.91 万户;租赁和商务服务业占各类小型微型企业的 8%,约为

3.23 万户。这四大行业中的小型微型企业总计 33 万户,占小型微型企业总数的 80%。

二、辽宁省工商局支持小型微型企业发展的主要工作

近几年来,省工商局围绕大局、服务中心,立足工商职能,结合辽宁实际,以研究出台服务地方经济发展的政策措施为切入点,不断提高促进各类市场主体健康发展的工作效能,努力营造服务经济发展的良好环境。目前,已初步形成了工商部门支持经济社会发展的政策体系。

一是出台支持经济发展的全方位政策措施。2010 年 11 月 8 日,省工商局出台了《辽宁省工商行政管理局关于服务经济发展的政策措施》(辽工商发[2010]122 号),围绕着企业名称核准、投资主体审查、出资条件审查、经营范围核定、经营场所审查、支持企业改组改制、支持创业就业、支持企业上市、创新改进服务方式、改进监管方式等十个方面,提出了 70 条具体政策措施。

二是出台支持重点市场主体加快发展的政策措施。在支持民营经济发展方面,2011 年 7 月 15 日,省工商局出台了《省工商局关于支持民营经济发展的政策措施》,以省政府办公厅辽政办发[2011]37 号文件形式下发,围绕支持民营经济总量发展、支持民营企业做大做强、支持民营企业拓宽融资渠道、提供支持民营经济发展的优质高效服务等四个方面提出了 30 条具体政策措施。在支持农民专业合作社经济发展方面,2012 年 6 月 29 日,省工商局出台了《辽宁省工商行政管理局关于立足职能积极促进农民专业合作社发展的若干意见》(辽工商发[2012]49 号),围绕深刻认识加快发展农民专业合作社重大意义切实增加责任感和使命感、优化市场准入环境支持加快农民专业合作社总量发展、充分发挥综合职能支持农民专业合作社做大做强、强化市场监管努力维护农民专业合作社发展市场秩序等四个方面,提出了 30 条具体政策措施。

三是出台支持重点行业加快发展的政策措施。在支持服务业发展方面,2011 年 6 月 29 日,省工商局出台了《辽宁省工商行政管理局关于支持服务业发展的若干意见》(辽工商发[2011]73 号),围绕支持重点服务业发展助推服务业优化结构、培育服务业载体助推服务业加快发展、加大政策扶持力度助推服务业

做大做强、强化消费维权规范服务业发展秩序等四个方面提出了20条具体政策措施。在支持文化产业发展方面，2012年6月14日，省工商局出台了《辽宁省工商行政管理局关于立足职能支持文化产业发展的若干意见》（辽工商发[2012]50号），围绕支持文化体制改革、支持各种类型文化市场主体发展、支持文化企业做大做强、提供高效服务维护市场秩序等四个方面提出了20条具体政策措施。

四是出台支持区域经济加快发展的政策措施。在支持县域经济发展方面，2011年6月29日，省工商局出台了《辽宁省工商行政管理局关于支持县域经济发展的若干意见》（辽工商发[2011]72号），围绕着放宽市场主体准入助推各类市场主体加快发展、强化"三农"服务助推城乡统筹发展、拓展经营渠道助推农民增收、规范执法行为提供高效服务等四个方面，提出了25条具体政策措施。在支持沈阳经济区一体化发展方面，2010年4月27日，省工商局下发了《辽宁省工商行政管理局关于印发沈阳经济区工商登记管理一体化工作机制的通知》（辽工商发[2010]50号），围绕着推行登记审查一体化、名称核准一体化、年度检验一体化、对接服务一体化、信用监管一体化、信息共享一体化等六个方面提出了具体的政策措施。2011年10月9日，省工商局下发了《辽宁省工商行政管理局关于充分发挥工商行政管理职能支持国家辽宁（本溪）生物医药高新技术产业开发区加快发展的意见》（辽工商发[2011]112号），围绕着降低市场准入门槛、下放登记监督管理权限、支持企业优化升级、支持企业投资融资、推进商标战略实施、创新服务管理方式等六个方面，提出了20条具体政策措施，营造辽宁药都加快发展的政策环境。在支持辽宁西北经济发展方面，2009年10月21日，省工商局下发了《辽宁省工商行政管理局2009年度支持"突破阜新"战略的工作意见》（辽工商办发[2009]33号）。

五是建立了市场主体信用分类综合监管制度。为推进商业和社会诚信体系建设，创新工商部门市场监督体制机制，2012年7月19日，省工商局制定了《辽宁省工商行政管理局市场主体信用分类综合监管办法》（辽工商发[2012]53号），目前正在抓紧建设相关信息化支撑平台。

六是完善政策措施的相关配套实施办法。围绕上述政策措施，2011年6月20日，与省海洋渔业厅联合下发了《辽宁省海域使用权出资登记管理办法（试行)》(辽工商发[2011]66号);2011年7月5日,省工商局下发了《辽宁省工商行政管理局农民专业合作社联社登记管理办法(试行)》(辽工商发[2011]75号);2011年7月6日,省工商局下发了《辽宁省工商行政管理局公司债权转股权登记管理办法(试行)》(辽工商发[2011]77号);2011年10月14日,省工商局下发了《沈阳经济区工商登记管理一体化工作机制联席会议和工作操作规范》(辽工商发[2011]115号);2011年11月4日,与省发改委联合下发了《辽宁省股权投资基金企业和股权投资基金管理机构备案登记管理办法》(辽发改财金[2011]1686号);2012年8月15日,与省农委联合下发了《辽宁省农村土地承包经营权作价出资农民专业合作社登记管理暂行规定》(辽工商发[2012]58号);2012年8月1日与省林业厅联合下发了《辽宁省林权作价出资农民专业合作社登记管理暂行规定》(辽工商发[2012]60号)。

三、支持小型微型企业发展的下一步打算

一是助推民营经济主体增量。进一步推进政策创新,放宽市场准入条件,支持民营经济总量发展。在放宽行业准入、放宽企业名称登记条件、放宽创业出资条件等方面,制定具体政策。严格控制前置许可事项,积极与有关部门沟通,明确环保事项审批、消防事项审批作为企业登记前置许可范围。进一步创新服务方式,开辟绿色通道,推行网上远程核准,设立网上办事大厅,为市场主体登记注册提供高效便捷服务。

二是助推企业做大做强。深入推进转企升级工作。在引导个体工商户转型为私营企业的基础上,积极探索引导独资企业、合伙企业转型为公司制企业工作,研究转型企业名称使用、前置审批的有效性、登记注册程序等配套政策措施。积极做好转企升级后的帮扶工作,积极与有关部门沟通,研究探索在转型企业税收等方面出台有关政策,争取将转企升级工作从工商部门行为上升为各级政府行为。积极引导企业创办集团、参与国有企业改组改制和建立现代企业制度。积极实施品牌战略,引导企业争创驰名商标、著名商标,提升企业竞争力。积极主动参与企业上市前的方案论证,助推企业规范上市。

三是助推企业融资。进一步放宽企业出资方式,扩大非货币出资方式,引导

其以股权、商标专用权、高新技术出资,允许债权转股权。积极与相关部门沟通,研究探索海域使用权出资办法。积极帮助企业拓宽融资渠道,引导企业开展股权出质、办理动产抵押登记等进行融资;大力扶持融资性担保机构和小额贷款公司发展;积极与有关金融部门沟通,建立企业商标专用权质押融资协调推进机制;积极与有关部门沟通,解决私募股权投资基金企业准入问题。利用工商职能优势,以信息共享、服务同步、信用共建为手段,联手商业银行召开宣传推介会、送贷推介会,搭建银企对接平台。

四是助推服务业发展。大力支持服务业发展,特别是现代服务业发展。进一步放宽准入条件,对企业申请的经营项目在《国民经济行业分类》中未列明的,可根据企业申请,核定体现其行业和经营特点的经营范围。支持文化产业改组改制。简化连锁企业登记时前置审批提交手续,支持服务业企业连锁经营。推进服务业品牌发展,鼓励服务业企业以商标为纽带开展连锁经营。

五是助推产业结构调整。大力支持新兴产业发展,加强对新能源、新材料、生物技术和新医药、节能环保、软件和服务外包等新生行业的登记辅导工作。对新兴产业重点项目和招商引资项目,建立绿色通道,明确专人,提前介入,跟踪服务。按照国家产业政策,严把市场准入关,抑制高耗能产业增长,完善企业市场退出机制,逐步淘汰小造纸、小轧钢等高污染、高耗能企业。

六是服务新农村发展。促进农村主体法人化。积极引导扶持农民专业社发展,放宽登记条件,主动帮助其办理相关登记注册手续;积极培育农业龙头企业,培育公司(合作社)+品牌+农户发展模式;积极探索农民土地股份合作社登记。促进农产品品牌化,积极指导农副产品商标和地理标志注册。促进农产品购销契约化,积极培育农村经纪人,搭建农村经纪人信息交流平台。促进农民市场现代化。建立合同助农指导站,积极推广合同示范文本。

七是营造宽松和谐发展环境。进一步转变监管执法理念,强化行政指导力度。采取行政警示、行政提示、行政告诫、行政纠错等多种行政指导方式,变事后罚款为事前预防、事中纠错。优化市场主体登记信息服务机制。通过对市场主体登记和运行情况的综合分析,努力为政府决策、部门管理、企业经营、行业自律、社会公众提供全方位、高水平的信息服务。充分发挥个私协会桥梁纽带作用,搭建资政平台、招商引资服务平台、就业平台、银企服务平台。

附件：

填报单位：辽宁省工商局

2012年小型微型企业数量分析测算表

（一）

类　型	国有集体企业	外资企业	私营企业	各类企业合计
2012年各类企业数量	9.80万户	1.80万户	37.40万户	49.0万户
2012年小型微型企业数量	79.0%	55.3%	90.2%	87%
2013年一季度小型微型企业数量	7.70万户	1.0万户	33.73万户	42.43万户

（二）

行业	小型微型企业标准			占各类企业的比例(%)	2012年小型微型企业数量（万户）
(1)农、林、牧、渔业	营业收入500万元以下	小型	营业收入50万元及以上	0.39	0.19
		微型	营业收入50万元以下	0.79	0.39
(2)制造业	从业人员300人以下，或营业收入2000万元以下	小型	从业人员20人及以上，且营业收入300万元及以上	2.01	0.98
		微型	从业人员20人以下或营业收入300万元以下	24.1	11.81
(3)建筑业	营业收入6000万元以下，或资产总额5000万元以下	小型	营业收入300万元及以上，且资产总额300万元及以上	1.05	0.51
		微型	营业收入300万元以下或资产总额300万元以下	3.95	1.94
(4)批发业和零售业	从业人员20人以下，或营业收入5000万元以下	小型	从业人员5人及以上，且营业收入1000万元及以上	0.76	0.37
		微型	从业人员5人以下或营业收入1000万元以下	27.11	13.28
(5)交通运输业、仓储和邮政业	从业人员300人以下，或营业收入3000万元以下	小型	从业人员20人及以上，且营业收入200万元及以上	0.14	0.07
		微型	从业人员20人以下或营业收入200万元以下	2.78	1.36

续表

行 业	小型微型企业标准			占各类企业的比例(%)	2012年小型微型企业数量(万户)
(6)住宿业和餐饮业	从业人员100人以下，或营业收入2000万元以下	小型	从业人员10人及以上,且营业收入100万元以上	0.06	0.03
		微型	从业人员10人以下或营业收入100万元以下	0.81	0.40
(7)信息传输、软件和信息技术服务业	从业人员100人以下，或营业收入1000万元以下	小型	从业人员10人及以上,且营业收入100万元以上	0.11	0.05
		微型	从业人员10人以下或营业收入100万元以下	8.06	3.95
(8)房地产开发经营	营业收入1000万元以下，或资产总额5000万元以下	小型	营业收入100万元及以上,且资产总额2000万元及以上	0.45	0.22
		微型	营业收入100万元以下或资产总额2000万元以下	1.33	0.65
(9)租赁和商务服务业	从业人员100人以下，或资产总额8000万元以下	小型	从业人员10人及以上,且资产总额100万元及以上	0.42	0.21
		微型	从业人员10人以下或资产总额100万元以下	6.33	3.10
(10)其他未列明行业	从业人员100人以下	小型	从业人员10人及以上	0.35	0.17
		微型	从业人员10人以下	5.62	2.75
所有行业汇总		小型微型企业		87.00	42.43

统计说明：按照工信部等四部委《中小企业划型标准规定》，分行业对2011年度企业年检报告中各企业所填写的从业人员、资产总额、营业收入数据进行统计汇总，得出各行业小型微型企业所占比例,得出全省(自治区、直辖市)2012年度和2013年一季度各行业小型微型企业的数量。

2013年一季度小型微型企业数量分析测算表

（一）

类　　型	国有集体企业	外资企业	私营企业	各类企业合计
2013年一季度各类企业数量	9.6万户	1.77万户	36.50万户	47.87万户
小型微型企业占比	79.0%	55.3%	90.2%	87%
按比例测算2013年一季度小型微型企业数量	7.6万户	0.98万户	32.92万户	41.50万户

（二）

行　业	小型微型企业标准		占各类企业的比例(%)	按比例测算2013年一季度小型微型企业数量(万户)
(1)农、林、牧、渔业	营业收入500万元以下	小型 营业收入50万元及以上	0.39	0.19
		微型 营业收入50万元以下	0.79	0.38
(2)制造业	从业人员300人以下，或营业收入2000万元以下	小型 从业人员20人及以上，且营业收入300万元及以上	2.01	0.96
		微型 从业人员20人以下或营业收入300万元以下	24.1	11.54
(3)建筑业	营业收入6000万元以下，或资产总额5000万元以下	小型 营业收入300万元及以上，且资产总额300万元及以上	1.05	0.50
		微型 营业收入300万元以下或资产总额300万元以下	3.95	1.89
(4)批发业和零售业	从业人员20人以下，或营业收入5000万元以下	小型 从业人员5人及以上，且营业收入1000万元及以上	0.76	0.36
		微型 从业人员5人以下或营业收入1000万元以下	27.11	13.00
(5)交通运输业、仓储和邮政业	从业人员300人以下，或营业收入3000万元以下	小型 从业人员20人及以上，且营业收入200万元及以上	0.14	0.07
		微型 从业人数20人以下或营业收入200万元以下	2.78	1.33
(6)住宿业和餐饮业	从业人员100人以下，或营业收入2000万元以下	小型 从业人数10人及以上，且营业收入100万元及以上	0.06	0.03
		微型 从业人员10人以下或营业收入100万元以下	0.81	0.39

续表

行业	小型微型企业标准			占各类企业的比例(%)	按比例测算2013年一季度小型微型企业数量(万户)
(7)信息传输、软件和信息技术服务业	从业人员100人以下,或营业收入1000万元及以上	小型	从业人员10人及以上,且营业收入100万元以上	0.11	0.05
		微型	从业人员10人以下或营业收入100万元以下	8.06	3.86
(8)房地产开发经营	营业收入1000万元以下,或资产总额5000万元以下	小型	营业收入100万元及以上,且资产总额2000万元及以上	0.45	0.22
		微型	营业收入100万元以下或资产总额2000万元以下	1.33	0.64
(9)租赁和商务服务业	从业人员100人以下,或资产总额8000万元以下	小型	从业人员10人及以上,且资产总额100万元及以上	0.42	0.20
		微型	从业人员10人以下或资产总额100万元以下	6.33	3.03
(10)其他未列明行业	从业人员100人以下	小型	从业人员10人及以上	0.35	0.17
		微型	从业人员10人以下	5.62	2.69
所有行业汇总		小型微型企业		87	41.50

统计说明:按照工信部等四部委《中小企业划型标准规定》,分行业对2012年度企业年检报告中各企业所填写的从业人员、资产总额、营业收入数据进行统计汇总,得出各行业小型微型企业所占比例,得出全省(自治区、直辖市)2012年度和2013年一季度各行业小型微型企业的数量。

吉林省小型微型企业发展情况报告

吉林省工商行政管理局

小型微型企业在弥补市场不足、繁荣区域经济、创造物质财富、拓宽就业渠道、改善民生和促进社会进步中发挥着不可替代的作用。近年来，按照党中央、国务院和省委、省政府的要求，全省工商行政管理部门在积极贯彻"三化"统筹，全面实施"三动"战略过程中，将扶持小型微型企业发展作为支持科学发展、促进经济发展方式加快转变的重要着力点，制定扶持政策、完善服务举措，优化发展环境，有力促进了我省小型微型企业健康快速发展。

一、基本情况

按照工信部、国家统计局、国家发改委、财政部2011年6月联合印发的《中小企业划型标准规定》，我们综合利用2011年度企业年检数据，根据从业人员、营业收入、资产总额三项指标，对我省小型微型企业数量进行了分析测算。在各类企业中，小型微型企业约占78.5%，其中，在国有集体企业中，小型微型企业约占57.1%；私营企业中，小型微型企业约占83.8%。在各类企业中，小型微型企业较多的行业为批发业、零售业、工业、农林牧渔业、租赁和商务服务业，分别占各类企业总数的16.3%、14.5%、10.5%、3.9%和3.8%。截至今年一季度，全省小型微型企业约为15.9万户，其中，国有集体小型微型企业约为2万户，私营小型微型企业约为13.7万户。

二、我省小型微型企业发展显著特点

1. 小型微型企业发展在全省企业中占主导地位。我省市场主体的规模普遍较小,除一汽等大型龙头企业外,绝大多数企业规模不大。吉林省工商局认真贯彻落实"三动"、"三化",实施战略的促进和落实工作。近两年来,先后出台了《关于贯彻落实"三动"战略支持我省战略性新兴产业发展的实施意见》和《关于贯彻落实"三化"统筹推进吉林特色城镇化建设的实施意见》,立足我省经济发展实际,提出了支持小型微型企业发展的具体措施。

2. 小型微型企业发展迅速,新登记户数逐年攀升。近年来,吉林省工商局先后制定了《贯彻落实富民工程实施意见》、《促进新一轮民营经济腾飞推进"三化"统筹发展指导意见》,为小型微型企业营造了良好的发展环境。在深入实施"民营经济三年腾飞计划"过程中,省工商局积极鼓励个体工商户转型升级,推出优惠措施,极大调动了个体户创办小型微型企业的积极性。2010年以来,已有4787户个体工商户转型升级为小型微型企业。纵观近十年来登记情况,我省每年新发展小型微型企业户数逐年攀升,特别是最近五年呈现大幅增长的势头。即使在2008—2009年受到国际金融危机冲击的情况下,我省小型微型企业增速仍高达41.8%,表明我省投资环境不断优化,全民创业热情日益高涨,小型微型企业发展潜力较大。

3. 第三产业最受小型微型企业投资者青睐。为优化产业结构,促进我省第三产业发展,吉林省工商局制定出台了《关于支持我省服务业跨越发展的实施意见》和《关于全力促进我省社会主义文化大繁荣大发展的实施意见》,为全省服务业等第三产业发展提供了全新动力。在一系列优惠政策驱动下,第三产业明显得到了广大小型微型企业投资者的青睐。据统计,2011年度,我省第一、二、三产业小型微型企业的比重为3.9∶14.5∶60.1,其中,第一产业小型微型企业7343户,第二产业小型微型企业27177户,第三产业小型微型企业113100户,第三产业占绝对优势。

三、我省小型微型企业发展存在的主要问题及原因

我省小型微型企业近年来虽然发展势头较好,但仍存在着后劲不足、结构不优、实力不强等问题。特别是小型微型企业的生存周期普遍较短,目前存活10年以上的19929户,仅占小型微型企业总数的12.5%,存活5~10年的37626户,占23.6%,存活5年以下的101878户,达63.9%。分析原因主要是:

1. 先天不足影响存活。一是投资准备不足。从已登记的小型微型企业情况看,很多创业者对市场考察不细,项目选择仓促,导致投资方向有误,有的甚至尚未开业就感到不适应市场需要,极大影响了企业的生存周期。二是创新能力不够。我省小型微型企业从事传统批发零售业的比重较大,共有50426户,占小型微型企业总数的34.2%,尚处于产业链的低端。多数小型微型企业不具备自主创新能力,技术含量低,从事新兴行业的企业数量不足,竞争力明显偏弱。

2. 政策壁垒限制发展。在现有政策体制下,资金、土地等对企业发展至关重要的资源和要素,大都向大型企业和龙头企业倾斜,几乎都与小型微型企业无缘,直接影响了小型微型企业发展。

3. 环境制约阻碍壮大。一是融资难。小型微型企业创业者普遍自有资金不足,优质资产少,缺少可抵押物,直接制约了创业和融资。而银行和担保公司的贷款大多投向了大中型企业。一些商业银行给小型微型企业的基础贷款利率偏高,利率浮动比例大,加大了小型微型企业的贷款成本。小型微型企业很难得到有效的资金注入,导致周转不灵。二是税赋重。相对同行业、同地段、相似规模的小型微型企业和个体工商户而言,小型微型企业税收的征收标准普遍高于个体工商户。三是用工难。小型微型企业由于自身规模和条件所限,很难留住高素质人才,同时小型微型企业员工社会保险和城镇基础医疗保险的参保率很低,一旦失业,将面临巨大生存压力。

四、扶持我省小型微型企业发展的建议

1. 创新培育模式,提高小型微型企业存活率。推进创业培训"进校园、进企

业、进社区、进农村"，依托各级党校、高等院校、职业院校和中小学等公共教育资源，利用业余时间免费开展创业培训。鼓励企业、高等院校、科研单位和各级政府创办和联办创业孵化基地、创业园区，实现产业聚集，提高小型微型企业存活率。加快小型微型企业资源整合和信息共享，重点支持小型微型企业从事软件开发、信息技术、文化创意、动漫设计等行业，鼓励从事生态高效农业、生态旅游服务业、环保节能产业，力争达到"孵化一批，成熟一批，带动一批"的效果。

2. 完善帮扶机制，提高小型微型企业竞争力。加大对全民创业的信贷支持，在贷款利率、期限和额度上给予优惠，大力发展小额贷款公司，支持有条件的小额贷款公司转为村镇银行，积极支持民间资本参与设立新型农村金融机构，强化对全民创业的担保服务，鼓励对有市场、有信用、有发展前景的民营企业适当降低担保收费标准。充分发挥大型企业和龙头企业的辐射带动作用，实施"大带小"发展战略，支持大型企业集团与小型微型企业建立生产经营协作联系，实现以大带小、以强带弱、互利双赢。

3. 充分挖掘潜能，促进小型微型企业又好又快发展。工商部门要充分发挥各项职能，用好、用足支持政策。当好小型微型企业助推器。取消私营企业和个体工商户登记费、变更登记费、年度检验费等业务收费，全面实施"工商零收费"；充分运用"三大融资平台"，加大为小型微型企业融资力度，鼓励发展创业投资基金，支持各种类型的市场主体，创办各种形式的创业投资基金。鼓励个体工商户升级为小型微型企业。铺好小型微型企业创牌路。在小型微型企业中开展树品牌活动，发挥"老字号"的示范引领，帮助更多的小型微型企业和产品完成从"无名"到"有名"的重造。做好小型微型企业参谋员，引导投资者创办符合自身情况、市场前景较好的项目。定期发布全省小型微型企业发展情况报告，为投资者准确选择投资方向提供有价值的信息。

附件：

填报单位：吉林省工商局

小型微型企业数量分析测算表

行业	小型微型企业标准	占各类企业的比例（%）	其中		占各类企业的比例（%）	2011年小型微型企业数量（万户）	2012年小型微型企业数量（万户）	2013年一季度小型微型企业数量（万户）
(1)农、林、牧、渔业	营业收入500万元以下	3.91	小型	营业收入50万元及以上	1.19	0.22	0.24	0.24
			微型	营业收入50万元以下	2.71	0.51	0.55	0.55
(2)工业	从业人员300人以下，或营业收入2000万元以下	14.45	小型	从业人员20人及以上，且营业收入300万元以下	3.22	0.61	0.65	0.65
			微型	从业人员20人以下或营业收入300万元以下	11.23	2.11	2.26	2.28
(3)建筑业	营业收入6000万元以下，或资产总额5000万元以下	4.21	小型	营业收入300万元及以上，且资产总额300万元及以上	1.40	0.26	0.28	0.28
			微型	营业收入300万元以下或资产总额300万元以下	2.80	0.53	0.56	0.57
(4)批发业	从业人员20人以下，或营业收入5000万元以下	16.27	小型	从业人员5人及以上，且营业收入1000万元以下	3.65	0.69	0.73	0.74
			微型	从业人员5人以下或营业收入1000万元以下	12.63	2.37	2.54	2.56
(5)零售业	从业人员50人以下，或营业收入500万元以下	10.54	小型	从业人员10人及以上，且营业收入100万元及以上	1.23	0.23	0.25	0.25
			微型	从业人员10人以下或营业收入100万元以下	9.32	1.75	1.87	1.89
(6)交通运输业	从业人员300人以下，或营业收入3000万元以下	1.53	小型	从业人员20人及以上，且营业收入200万元及以上	0.16	0.03	0.03	0.03
			微型	从业人员20人以下或营业收入200万元以下	1.37	0.26	0.28	0.28

续表

行业	小型微型企业标准	占各类企业的比例（%）	其中		占各类企业的比例（%）	2011年小型微型企业数量（万户）	2012年小型微型企业数量（万户）	2013年一季度小型微型企业数量（万户）
（7）仓储业	从业人员100人以下，或营业收入1000万元以下	0.37	小型	从业人员20人及以上，且营业收入100万元及以上	0.07	0.01	0.01	0.02
			微型	从业人员20人以下或营业收入100万元以下	0.29	0.05	0.06	0.06
（8）邮政业	从业人员300人以下，或营业收入2000万元以下	0.62	小型	从业人员20人及以上，且营业收入100万元及以上	0.18	0.03	0.04	0.04
			微型	从业人员20人以下或营业收入100万元以下	0.44	0.08	0.09	0.09
（9）住宿业	从业人员100人以下，或营业收入2000万元以下	0.46	小型	从业人员10人及以上，且营业收入100万元及以上	0.07	0.01	0.01	0.01
			微型	从业人员10人以下或营业收入100万元以下	0.40	0.07	0.08	0.08
（10）餐饮业	从业人员100人以下，或营业收入2000万元以下	0.56	小型	从业人员10人及以上，且营业收入100万元及以上	0.11	0.02	0.02	0.02
			微型	从业人员10人以下或营业收入100万元以下	0.45	0.09	0.09	0.09
（11）信息传输业	从业人员100人以下，或营业收入1000万元以下	1.62	小型	从业人员10人及以上，且营业收入100万元及以上	0.12	0.02	0.02	0.02
			微型	从业人员10人以下或营业收入100万元以下	1.50	0.28	0.3	0.3
（12）软件和信息技术服务业	从业人员100人以下，或营业收入1000万元以下	1.19	小型	从业人员10人及以上，且营业收入50万元及以上	0.18	0.03	0.04	0.04
			微型	从业人员10人以下或营业收入50万元以下	1.00	0.19	0.2	0.2

续表

行业	小型微型企业标准	占各类企业的比例（%）	其中		占各类企业的比例（%）	2011年小型微型企业数量（万户）	2012年小型微型企业数量（万户）	2013年一季度小型微型企业数量（万户）
（13）房地产开发经营	营业收入1000万元以下，或资产总额5000万元以下	1.49	小型	营业收入100万元及以上，且资产总额2000万元及以上	0.28	0.05	0.06	0.06
			微型	营业收入100万元以下或资产总额2000万元以下	1.22	0.23	0.25	0.25
（14）物业管理	从业人员300人以下，或营业收入1000万元以下	0.98	小型	从业人员100人及以上，且营业收入500万元及以上	0.04	0.01	0.01	0.01
			微型	从业人员100人以下或营业收入500万元以下	0.94	0.18	0.19	0.19
（15）租赁和商务服务业	从业人员100人以下，或资产总额8000万元以下	3.83	小型	从业人员10人及以上，且资产总额100万元及以上	0.68	0.13	0.14	0.14
			微型	从业人员10人以下或资产总额100万元以下	3.14	0.59	0.63	0.64
（16）其他未列明行业	从业人员100人以下	15.25	小型	从业人员10人及以上	3.19	0.6	0.64	0.65
			微型	从业人员10人以下	12.06	2.27	2.42	2.45
所有行业汇总		78.52	小型		16.98	3.19	3.41	3.45
			微型		61.53	11.57	12.36	12.5

统计说明：按照工信部等四部委《中小企业划型标准规定》，根据2011年度企业年检数据，统计各市、州、长白山地区2011年度小型微型企业数及在企业总数所占比例，并根据数据测算本地区2012年度和2013年一季度小型微型企业数及在企业总数中的比例。

黑龙江省小型微型企业发展情况报告

黑龙江省工商行政管理局

近年来,为全力助推我省小型微型企业实现又好又快、更好更快发展,全省工商系统紧密围绕省委、省政府中心工作部署,进一步解放思想,转变职能,创新服务方式,拓宽服务领域,强化服务措施,为促进全省小型微型企业发展做出了积极的努力,并取得了一定成果。现将有关情况汇报如下:

一、基本情况

截至 2013 年一季度,全省共有各类市场主体 154.37 万户。其中个体工商户 121.66 万户,占市场主体总数的 78.8%;私营企业 20.08 万户,占总数的 13.01%;国有集体内资企业 8.94 万户,占总数的 5.79%;外商投资企业 4941 户,占总数的 0.33%;农民专业合作社 3.2 万户,占总数的 2.08%。

按照《中小企业划型标准规定》,我省小型微型企业约占全省各类企业的 48.79%,其中,在国有集体企业中,小型微型企业约占 25.39%;外资企业中,小型微型企业约占 22.95%;私营企业中,小型微型企业约占 61.03%。截至今年一季度,我省小型微型企业约为 14.35 万户,其中,国有集体小型微型企业约为 2.26 万户,外资小型微型企业约为 0.11 万户,私营小型微型企业约为 12.26 万户。

二、主要特点

(一)小型微型企业主要集中在批发业。

我省批发零售业相对其他行业较为发达,大部分地区都拥有小商品集散地。

截至今年一季度,全省共有各类企业29.51万户,其中,批发业10.15万户,占各类企业34.4%,从事批发业的小型微型企业占各类企业的12.17%。

(二)地域性发展特征明显。

我省大部分小型微型企业多集中在相对发达的城市,例如哈尔滨、齐齐哈尔这类经济发展比较快,市场主体较多的城市。各地结合当地地理特点、经济特点,从事与本土特色、支柱产业相关的行业,例如经济相对发达的哈尔滨、齐齐哈尔以小商品批发零售业为主的行业发展较快,伊春、大兴安岭山珍等农副产品为主的行业相对发达。

(三)生产销售灵活。

我省小型微型企业多以"前村后店"的模式组织生产运作,采用劳动密集型的技术和手工艺。销售上采用直销方式,且以服务本地市场为主,运作方式灵活而富有流动性。

三、存在问题

(一)企业规模小,存活时间短。

大部分小型微型企业属于家族式管理,企业的出资者同时也是经营者,多半投资资本为自有资金,从业人员也以家族成员为主。这类企业规模相对更小,管理相对困难,一旦管理出现漏洞,资金周转不力,则会导致企业的消亡。因此,小型微型企业总量增长不大,但更替较快。

(二)企业融资能力弱,资金周转不力。

目前,我省小型微型企业所用的资金多为自有流动资金或民间借贷,企业贷款也多为以自有房产进行抵押的个人贷款。对于需急钱来抓商业机会的情况,资金周转困难或断裂对小型微型企业打击很大,因此,相当多的小型微型企业愿意付高息从民间借贷来满足其资金需求。这增加了企业的投资风险,同时降低了企业抵御市场竞争风险的能力。

(三)企业缺乏技术人才,市场竞争力弱。

目前,规模较小的企业在吸纳技术人才方面显示出明显的劣势。由于小型微型企业规模较小,知名度低,相对大企业收益少,多数高校毕业生、求职者、技术人员不会考虑到小企业求职。另外,小企业在社会保障方面也相对欠缺,多数是不办理养老等保险,五险一金不能保障,薪酬也较低,因此面临技术人员留不住的局面。同时多数小型微型企业存在技术人员知识老化,不具备创新能力,这也使企业的市场竞争力逐渐降低。

四、主要做法

(一)制定服务非公经济发展的政策措施。

2010年2月,我局就出台了《关于贯彻〈黑龙江省人民政府关于促进非公有制经济(中小企业)加快发展的实施意见〉的实施细则》的通知(黑工商发[2010]43号),提出了"四放宽、四支持、两引导"的重要举措以支持非公有制经济(中小企业)发展。在支持发展的政策上突出体现"四个放宽",即放宽企业名称限制、放宽企业集团登记限制、放宽出资方式限制、放宽经营场所限制;在助推发展的措施上突出体现"四个支持",即大力支持开展股权质押工作、大力支持实施商标品牌战略、大力支持高校毕业生创业就业、大力支持市场新兴业态发展;在服务内容上突出体现"两个引导",即引导企业依法经营、引导经营业者加强自律。

2012年1月,我局制定下发了《黑龙江省工商局关于印发〈全省工商系统关于全力助推非公经济快速发展专项行动实施方案〉的通知》(黑工商发[2012]2号),要求各级工商行政管理机关发挥工商行政管理职能,全力助推我省非公经济加快发展,提出了"思想转变工程、宽松准入工程、优质服务工程、合作兴农工程、外资促进工程、融资壮大工程、商标战略工程、就业民生工程、执法维权工程、党建保障工程"等"十大工程"的助推我省非公经济(中小企业)加快发展重要措施。

2012年8月,我局制定下发了《黑龙江省工商局关于充分发挥工商行政管理职能作用鼓励和引导民间投资健康发展的实施意见》(黑工商发[2012]191号)共计五个方面36条具体措施,最大限度地放宽民间投资以多种形式设立市场主体,促进金融机构与民间投资市场主体有效对接,帮助企业上市融资,要求全省各级工商部门贯彻落实创造宽松有利环境,促进地方经济健康快速发展。

为减轻小型微型企业的负担,我局下发了《关于免征小型微型企业注册登记费的通知》(黑工商明电[2012]13号)文件,通过减免行政收费来促进小型微型企业发展的积极性。一是免征新开办企业注册登记费。即新办企业设立登记时,一律不收取企业注册登记费,待企业年度检验时,按照工业和信息化部、国家统计局、国家发展和改革委、财政部制定的《中小企业划型标准规定》，凡符合中型以上企业标准的，要补缴各类注册登记费用，符合小型微型企业标准的不收取各类企业注册登记费用。二是免征企业变更登记、年检、补（换）证照费。此项免征行政收费政策免征期为三年，预计年均减收行政收费达四千万，并在省委、省政府和国家工商总局信息载体分别给予刊载。

（二）进一步提高市场监管能力和水平。

近年来，我局认真学习领会国家工商总局和省委、省政府文件精神，积极参与社会治安综合治理，建立健全查处取缔无照经营长效机制，着力解决制约发展、影响民生及社会和谐稳定的突出问题，立足职能，完善监管机制，创新工作方式方法，更加高效地加强市场监管的能力和水平。我省坚持"以人为本，疏堵结合，疏导为主，以整促疏"的整治原则，大力整治无照经营行为，多次开展查处取缔无照经营工作检查。截至2013年一季度，25个查无联席会议成员单位，出动执法人员80多万人次，出动执法车辆7万余台次，检查场所约90万户次，查办案件1.1万件，查处无证无照等违法行为3万余户。有效地为小型微型企业发展创造健康有序的市场环境。

（三）积极促进就业、再就业服务社会稳定发展。

全省各级工商部门认真贯彻《就业促进法》规定，全面落实各项就业优惠政策，凡法律法规和政策未禁止的，全部予以支持，在法律允许的范围内最大限度地降低市场准入门槛，并按规定免收工商登记类和证照类的行政性收费，真正做到"该放宽的坚决放宽，该减免的全部减免"。截至2013年一季度，我局先后制定促进就业的规范性文件31个、政策措施226条，累计减免工商行政性收费2亿多元，在全省建立高校毕业生就业见习基地370个，组织创业报告会38场，组织招聘会、人才对接会48场，帮助30.03万名企业登记失业人员、复转军人、大中专院校毕业生、农民工等重点群体走上了就业之路，全省私营企业吸纳就业人员213.88万人，在推动全省小型微型企业发展，促进就业工作中发挥了积极的推进作用。

下一步，我局将指挥带动全省工商行政管理系统在引导小型微型企业健康发展方面，重点开展以下几项工作：

（一）优化小型微型企业发展环境。

为小型微型企业健康发展努力营造五大环境：一是按照法律规定，改革市场准入管理，为小型微型企业健康发展创造宽松的政策法律环境；二是发挥市场监管职能，维护市场经济秩序，为小型微型企业发展创造公平有序的竞争环境；三是创新服务方式，提升服务质量，为小型微型企业发展创造规范、高效的服务环境；四是推进小型微型企业信用体系建设，为小型微型企业发展营造诚信的市场交易环境；五是充分发挥个体、私营企业协会组织的引导功能，为小型微型企业发展营造完备有效的信息交流和自律环境。

（二）引导小型微型企业实施商标战略。

为小型微型企业提供咨询服务和行政指导，深入宣传商标法律知识，进一步提高小型微型企业商标意识，积极引导小型微型企业及时注册商标，正确使用商标并依法维护商标权益。引导小型微型企业以商标整合企业的技术、管理、营销等优势，形成自身的核心竞争力，充分开发利用商标的市场价值。鼓励支持小型微型企业争创知名商标、著名商标、驰名商标，培育知名品牌，加大对小型微型企业商标权保护力度，促进小型微型企业提档升级，做大做强自主品牌。

（三）搞好小型微型企业数据统计分析。

充分发挥职能作用和工商登记信息资源优势，摸清小型微型企业发展情况。认真做好促进小型微型企业健康发展工作，向社会发布小型微型企业、个体私营经济发展动态信息，对个体私营企业投资创业进行提示、预警，引导个体私营企业确定有利的投资发展方向。

（四）解决小型微型企业融资难问题。

积极开展动产抵押、股权质押和注册商标专用权质押登记，总结经验，完善相关工作机制，指导小型微型企业利用抵押、质押担保进行融资；允许股权出资，为小型微型企业进一步拓宽融资渠道；稳妥推动民间资本小额贷款公司，为金融机构提供小型微型企业的工商注册和抵押登记、出质登记信息查询服务，支持建立面向小型微型企业的金融服务体系和信用担保体系。

（五）发挥私营企业协会的桥梁纽带作用。

充分发挥协会与小型微型企业联系紧密的桥梁纽带作用，做好思想引导、信息沟通、关系协调、项目策划、文明经营等工作，充分调动广大小型微型企业主的积极性和创造性。支持私营企业协会为小型微型企业发展牵线搭桥、分类指导、组织协调、优质服务，实实在在地帮助企业排忧解难，以实实在在的举措推动小型微型企业健康快速发展。

附件：

填报单位：黑龙江省工商局

黑龙江省小型微型企业数量分析测算表

（一）

类　型		国有集体企业（万户）	外资企业（万户）	私营企业（万户）	各类企业合计（万户）
小型微型企业占比		25.39%	22.95%	61.03%	48.64%
2011年度	2011年各类企业数量	9.52	0.54	17.58	27.63
	2011年小型微型企业数量	2.42	0.12	10.73	13.44
2012年度	2012年各类企业数量	8.94	0.50	19.78	29.22
	2012年小型微型企业数量	2.27	0.11	12.07	14.21
2013年一季度	2013年一季度各类企业数量	8.92	0.49	20.09	29.51
	2013年一季度小型微型企业数量	2.26	0.11	12.26	14.35

（二）

行　业	小型微型企业标准	占各类企业的比例（%）	其　中		占各类企业的比例（%）	2011年小型微型企业数量（万户）	2012年小型微型企业数量（万户）	2013年一季度小型微型企业数量（万户）
(1)农、林、牧、渔业	营业收入500万元以下	1.22	小型	营业收入50万元及以上	0.13	0.04	0.04	0.04
			微型	营业收入50万元以下	1.09	0.30	0.32	0.32
(2)工业	从业人员300人以下，或营业收入2000万元以下	7.62	小型	从业人员20人及以上,且营业收入300万元及以上	1.13	0.31	0.33	0.33
			微型	从业人员20人以下或营业收入300万元及以下	6.49	1.79	1.90	1.92
(3)建筑业	营业收入6000万元以下,或资产总额5000万元以下	2.90	小型	营业收入300万元及以上,且资产总额300万元及以上	0.34	0.10	0.10	0.10
			微型	营业收入300万元以下或资产总额300万元以下	2.55	0.70	0.75	0.75

续表

行业	小型微型企业标准	占各类企业的比例(%)	其中		占各类企业的比例(%)	2011年小型微型企业数量(万户)	2012年小型微型企业数量(万户)	2013年一季度小型微型企业数量(万户)
(4)批发业	从业人员20人以下,或营业收入5000万元以下	12.17	小型	从业人员5人及以上,且营业收入1000万元及以上	0.76	0.21	0.22	0.22
			微型	从业人员5人以下或营业收入1000万元以下	11.41	3.15	3.33	3.37
(5)零售业	从业人员50人以下,或营业收入500万元以下	2.49	小型	从业人员10人及以上,且营业收入100万元及以上	0.18	0.05	0.05	0.05
			微型	从业人员10人以下或营业收入100万元以下	2.30	0.64	0.67	0.68
(6)交通运输业	从业人员300人以下,或营业收入3000万元以下	0.83	小型	从业人员20人及以上,且营业收入200万元及以上	0.09	0.03	0.03	0.03
			微型	从业人员20人以下或营业收入200万元以下	0.74	0.20	0.22	0.22
(7)仓储业	从业人员100人以下,或营业收入1000万元以下	0.15	小型	从业人员20人及以上,且营业收入100万元及以上	0.01	0.00	0.00	0.00
			微型	从业人员20人以下或营业收入100万元以下	0.14	0.04	0.04	0.04
(8)邮政业	从业人员300人以下,或营业收入2000万元以下	0.25	小型	从业人员20人及以上,且营业收入100万元及以上	0.00	0.00	0.00	0.00
			微型	从业人员20人以下或营业收入100万元以下	0.25	0.07	0.07	0.07
(9)住宿业	从业人员100人以下,或营业收入2000万元以下	0.20	小型	从业人员10人及以上,且营业收入100万元及以上	0.03	0.01	0.01	0.01
			微型	从业人员10人以下或营业收入100万元以下	0.17	0.05	0.05	0.05

续表

行业	小型微型企业标准	占各类企业的比例（%）	其中		占各类企业的比例（%）	2011年小型微型企业数量（万户）	2012年小型微型企业数量（万户）	2013年一季度小型微型企业数量（万户）
(10)餐饮业	从业人员100人以下,或营业收入2000万元以下	0.20	小型	从业人员10人及以上,且营业收入100万元及以上	0.07	0.02	0.02	0.02
			微型	从业人员10人以下或营业收入100万元以下	0.13	0.04	0.04	0.04
(11)信息传输业	从业人员100人以下,或营业收入1000万元以下	1.43	小型	从业人员10人及以上,且营业收入100万元及以上	0.05	0.01	0.01	0.01
			微型	从业人员10人以下或营业收入100万元以下	1.38	0.38	0.40	0.41
(12)软件和信息技术服务业	从业人员100人以下,或营业收入1000万元以下	0.89	小型	从业人员10人及以上,且营业收入50万元及以上	0.22	0.06	0.06	0.06
			微型	从业人员10人以下或营业收入50万元以下	0.67	0.18	0.20	0.20
(13)房地产开发经营	营业收入1000万元以下,或资产总额5000万元以下	2.05	小型	营业收入100万元及以上,且资产总额2000万元以上	0.08	0.02	0.02	0.02
			微型	营业收入100万元以下,且资产总额2000万元以下	1.97	0.54	0.58	0.58
(14)物业管理	从业人员300人以下,或资产总额1000万元以下	0.85	小型	从业人员100人及以上,且营业收入500万元及以上	0.02	0.01	0.01	0.01
			微型	从业人员100人以下或营业收入500万元以下	0.83	0.23	0.24	0.24
(15)租赁和商务服务业	从业人员100人以下,或资产总额8000万元以下	3.50	小型	从业人员10人及以上,且资产总额100万元及以上	0.67	0.18	0.19	0.20
			微型	从业人员10人以下或资产总额100万元以下	2.84	0.78	0.83	0.84

续表

行业	小型微型企业标准	占各类企业的比例（%）	其中		占各类企业的比例（%）	2011年小型微型企业数量（万户）	2012年小型微型企业数量（万户）	2013年一季度小型微型企业数量（万户）
（16）其他未列明行业	从业人员100人以下	11.89	小型	从业人员10人及以上	2.11	0.58	0.62	0.62
			微型	从业人员10人以下	9.78	2.70	2.86	2.89
所有行业汇总		48.64	小型			1.63	1.72	1.74
			微型			11.81	12.49	12.61

上海市小型微型企业发展情况报告

上海市工商行政管理局

"大企业富国,小企业富民。"大力扶持和促进中小企业特别是微型企业的发展,积极发挥小型微型企业在增加就业、促进经济增长、加强科技创新、维护社会和谐稳定等方面的重要作用,将是我国"十二五"时期和今后相当长时期经济社会发展的战略举措。近年来,上海工商部门全面贯彻落实国家和上海支持小型微型企业发展的各项政策,充分发挥职能作用,切实改善小型微型企业发展环境,着力促进小型微型企业健康发展。现将有关情况报告如下:

一、关于上海小型微型企业发展的简要情况

按照工业和信息化部等国家四部委制定的《中小企业划型标准》,上海工商部门在2012年的企业年检中,根据企业申报自身从业人员或营业收入情况,判定其是否属于小型微型企业。截至2012年年底,全市申报为小型微型企业的共有84.3万户,占全市各类企业总数99.3万户企业的84%。其中,在国有集体企业中,小型微型企业共有4.5万户,占其总数的55%;外资企业中,小型微型企业共有1.6万户,占其总数的26%;私营企业中,小型微型企业共有78.2万户,占其总数的92%。同时,按照国家四部委的划型标准,个体工商户基本属于微型企业范畴,截至2012年年底,全市个体工商户总计36.1万户。主要有以下几个特点:

(一)上海个体私营经济和小型微型企业之间呈现互为主体的紧密关系。

截至2012年年底,全市私营企业92%左右为小型微型企业,而93%左右的

小型微型企业又属于私营企业，两者之间呈现高度的互为主体的关系。如将个体工商户纳入小型微型企业范畴，上述两个比重更是高达94%和95%。尽管上海小型微型企业和个体私营经济数量众多，其总户数占全市各类市场主体的85.8%（上海另有国有集体企业8.1万户，外资企业6.2万户），但注册资本（金）只有全市总量的32.6%，这在一定程度上说明了小型微型企业规模小、资金分散的特点。

（二）上海小型微型企业高度集中于技术含量低下的传统服务行业。

一方面上海小型微型企业敢于创新，各类新兴行业和新型业态不断涌现，另一方面又大多集中于低端的传统服务行业，呈现典型的"锄头与卫星齐飞，高端与低端并存"。如在全市个体工商户中，从事小商品、建材、服装零售等批发零售业的，占其总数的76.5%，从事修理、理发等居民服务业的，占10.4%，从事餐饮、住宿的，占6.6%；在全市私营企业中，也有70%以上集中于商贸零售业、餐饮业以及其他传统服务业。上海小型微型企业高密度集中于传统行业，不可避免造成过度竞争的问题。

（三）上海小型微型企业内部结构中微型企业占据绝对份额。

截至2012年年底，全市微型企业共有77.7万户，小型企业共有6.7万户，两者比例为11.7∶1。在各行业分布中，小型企业与微型企业的比例更进一步分化：在农、林、牧、渔业，微型企业是小型企业的3倍，工业为7.8倍，建筑业为7倍，批发业为41.4倍，零售业为9.3倍，交通运输业为32倍，仓储业为14.6倍，邮政业为20倍，住宿业为3.6倍，餐饮业为2.2倍，信息传输业为3倍，软件和信息技术服务业为7.1倍，房地产开发经营行业为23倍，物业管理行业为14倍，租赁和商务服务业为10.4倍。在资金要求相对高的批发、交通运输、房地产开发经营等行业中，微型企业与小型企业之比最为悬殊，基本为20倍左右。

（四）上海小型微型企业开始进入科技前沿、服务业高端和跨行业领域。

上海小型微型企业投资主体来源多样，经营要素呈广域性分布，不仅来自上海本地和长三角地区，还有相当部分来自全国各地，汇集各类信息、人才和产业合作机会，其技术水平和自主创新能力有所增强，有些已成为自主创新、高新技术产业化的生力军。特别是部分小型微型企业依托现代信息、互联网技术和产业分工，已开始进入新兴行业，不断催生新兴业态。如快钱支付清算信息有限公司作为第三方支付企业，为各类企业及个人提供安全、便捷和保密的支付清算和账务服务；上海春宇供应链管理有限公司应用创新的电子商务平台，将产品、报价、订单、执行跟踪、物流等信息整合在一个在线平台上，实现供应链管理可视化。

二、当前上海小型微型企业发展面临的主要问题

受国内外宏观经济形势不确定性影响，目前上海小型微型企业发展面临诸多挑战，特别是其成本承受能力和税赋承担能力不高，利润不断压缩，而且与大企业相比，小型微型企业的市场经营和企业管理能力较为低下，融资渠道更窄，抗风险能力更弱，与政府之间信息不对称情况更为明显，突出表现为以下几个方面：

（一）**市场竞争力较弱，面临大企业挤出效应。**

小型微型企业在发展过程中仍旧面临大企业的挤出效应，尤其一些政府、国有企业主导的大型投标中，对参与竞标的企业规模、资质等设定硬性标准，将小型微型企业拒之门外。小型微型企业创新产品产业化过程不畅，也制约了企业创新动力。从实际状况看，社会资源分配是在向已发展壮大的企业集聚，而迫切渴望资源"滋养"的小型微型企业却得不到足够的阳光雨露。

（二）**影响小型微型企业发展的观念、文化障碍尚未得到根本清除。**

在观念认识上，长久以来社会各界特别是政府部门对小型微型企业在增强城市活力和创新动力，推动新兴行业、新型业态发展等方面的作用和潜能认识不足，重视不够；在文化氛围上，上海人崇尚"白领"文化，代表"草根"经济的小型微型企业创业、创新社会氛围不浓郁；在舆论导向上，对具有开拓精神、创新能力的小型微型企业典型和企业家宣传不够。

（三）**融资渠道有限，资金成本较高。**

小型微型企业融资难、融资贵问题尚未有效改善，银行信贷仍以抵押担保方式为主，特别是在目前银行信贷资金有限的情况下，小型微型企业由于轻资产、信用低等原因，很难获得银行贷款。内外资股权和风险投资基金（PE、VC）仍然比较偏向投资相对成熟的企业，小型微型企业较难获得股权融资。即使成功融资的小型微型企业，也反映融资成本较高。此外，小型微型企业短贷长投现象突

出,这进一步加大了经营风险。

(四)招工难、用工贵、留人难问题突出。

招工难,尤其是专业技术人员及一线操作工缺口最大,有的甚至影响了企业正常经营。从用工缺口行业看,电子、机械、物流、医药、轻工等行业招工较难。用工难伴生的是用工成本高,人力成本占小型微型企业总成本比重较大,随着最低工资额提升和社保支出增加,劳动力成本的持续增长。尤其是科技型和服务型企业对用工人员的素质要求较高,由于小型微型企业经济实力不足,员工的流动性较大,势必将进一步影响到小型微型企业本身的持续发展。

(五)场地租金、原材料等成本上升较快。

目前上海产业用地资源短缺,导致小型微型企业商务成本、租金成本高企。受国际上大宗原辅材料价格波动及国内CPI持续高位运行等因素共同影响,企业普遍面临原材料、水电油价格不断上涨,终端产品却由于市场竞争激烈,提价能力有限的困境,因此小型微型企业成本压力增加、实业利润低、其创新转型进一步受阻。此外,小型微型企业普遍认为税收负担重,要求长期坚持对小型微型企业的税收优惠政策乃至大规模减税成为其强烈期待。

(六)社会化、网络化的服务平台尚未形成,公共服务体系有待进一步健全。

小型微型企业体量大、规模小,政府的产业职能部门较难深入其中管理和服务,而小型微型企业本身既没有支付能力,也往往没有主动意愿依靠中介机构提升其经营管理能力。与市场经济相适应的社会化、网络化服务体系不健全,培育中介组织、整合社会资源,为小型微型企业提供服务的办法不多。

(七)全面、客观掌握小型微型企业发展的信息情况难度大,小型微型企业的统计体系有待进一步形成。

一直以来,我国对统计数据进行分析,主要是从宏观角度反映社会、行业等生产发展状况。小型微型企业数量多、规模小、比重低,如果仅从宏观总量分析,小型微型企业的发展状况往往被大中型企业掩盖掉,难以全面、客观掌握小型微型企业发展的实际情况,目前尚未形成专门针对小型微型企业的统计体系。

三、近年来上海工商部门支持小型微型企业发展的主要举措

作为确认市场准入和市场监管的行政部门,上海工商部门紧紧围绕"创新

驱动、转型发展"的总方针，注重发挥基层覆盖面广、与小型微型企业联系密切的优势，积极回应市场和企业需求，不断推出支持小型微型企业发展的服务管理措施，努力为小型微型企业营造良好的发展环境。

（一）出台支持上海企业创新驱动、转型发展的28条政策措施。

在市委、市政府的领导下，我们积极向国家工商总局争取出台《国家工商行政管理总局关于支持上海"十二五"时期创新驱动、转型发展的意见》，并进一步结合上海实际情况，研究制定了支持加快构建现代市场体系、全力推进"四个中心"建设，推动上海产业结构战略性调整、加快形成以服务经济为主的产业结构，支持浦东综合配套改革试点、不断提高开放型经济水平和城市国际化程度，进一步完善市场监管体制机制、努力保障和改善民生、促进社会和谐等28条实施意见，力求全面发挥工商部门在推动上海创新驱动、转型发展中的职能作用，为小型微型企业发展提供工商政策保障。

（二）鼓励和支持各类新兴行业和新型业态创新发展。

针对新兴行业和新型业态不断涌现的新情况，特别是针对新兴行业和新型业态在国民经济行业分类中无法确定对应门类、无法判别行业归属的突出问题，一方面积极顺应市场发展的需要，采取灵活变通措施，确定名称和经营范围表述规范用语，一方面会同相关部门梳理上海新兴行业和新型业态的门类，明确内涵、特征和边界，使新兴行业和新型业态在市场准入的各个环节和经营的各个阶段都能得到认同，解决新兴行业和新型业态"身份认证"问题，努力营造支持新兴行业和新型业态发展的良好氛围。

（三）推进实施鼓励创业各项政策措施。

为贯彻市政府关于做好促进创业带动就业工作的若干意见，我们进一步制定了鼓励创业促进就业的"八条意见"，着力从降低市场准入成本、缓解场所瓶颈制约、加强后续跟踪服务等几个方向，加强对创业人员的支持服务力度。比如其中的注册资本"零首付"政策，允许毕业两年内的高校毕业生投资设立注册资本50万元以下的有限责任公司"零首付"，在两年内再缴足注册资本。今年3月，该项政策进一步扩大到"大张江"，规定到临港地区创业的留学归国人员、在临港软件园等高新产业园区内的创业人员，以及拥有自主知识产权和自主创新能力的人员，投资设立的公司符合地区产业导向，或登记的是科技型有限公司，经认定后可"零首付"注册公司。截至目前，全市各类"零首付"创业企业已超过2000户。又如其中的集中登记政策，允许从事翻译服务、软件设计开发、网络技术开发、电子商务、动漫设计等不影响周边环境和公共安全的经营项目的企业，在区（县）政府提供的场地中集中登记，缓解了经营场所的瓶颈制约，为创业者提供了有力支持。

（四）全面落实相关免收费优惠政策，努力拓宽企业投融资渠道。

上海工商部门全面落实财政部、国家发展改革委关于免征小型微型企业部分行政事业性收费的工作要求，在2012年企业年检中，对于申报为小型微型企业的暂免收取企业年检费，切实减轻小型微型企业负担。同时，积极开展股权出资、股权质押登记，2012年全市共办理股权出资登记197件，股权质押登记2760件，在一定程度改善了企业的融资条件。此外，市工商局主动加强与市金融办等部门的沟通，研究制定相关办法，积极开展股权出质登记，支持各类投融资机构规范发展，鼓励小额贷款公司、股权投资企业、担保公司、融资租赁企业发展，尽可能帮助小型微型企业解决资金不足、贷款难、担保难问题。目前，上海股权投资（管理）企业已近1000户，小额贷款企业近100户，融资担保公司59户。

（五）支持小型微型企业转型升级。

一是支持有条件的企业发展成为主业突出、市场竞争力强的企业集团，对于母公司注册资本额达到3000万元人民币，子公司达3家以上，母子公司注册资本总额达到5000万元人民币的，允许依法申请设立或变更为企业集团。二是积极研究个体工商户转型升级为小型微型企业的登记操作办法，支持上海个体工商户根据自身经营规模和发展需要转型升级。三是支持小型微型企业实施品牌战略，帮助小型微型企业制定和完善商标管理制度、建立商标保护机制，并鼓励小型微型企业争创上海市著名商标，提高运用商标手段增强市场竞争的能力。

（六）坚持问题导向、需求导向和项目导向，深入开展企业走访活动。

从2009年开始，上海工商部门突出以中小型微型企业为重点，特别是吸纳就业和科技创新的小型微型企业，组织开展"走千家企业，稳增长促创新助转型"活动。要求全市各级工商部门结合贯彻落实国务院常务会议关于进一步支持小型微型企业健康发展的工作部署，以及国家鼓励引导民间投资健康发展的新"36"条政策和《上海市促进中小企业发展条例》，千方百计帮助小型微型企业克服困难、解决问题、防范风险,并尽力支持"专精特新"小型微型企业培育发展,推动完善小型微型企业服务管理体系,促进小型微型企业持续发展、开拓创新、转型升级。该项活动每年走访企业3000余户,年均帮助企业解决困难和问题1000多个,赢得了企业的广泛认同和欢迎。

(七)推进新时期非公有制经济组织党的建设,促进个体私营经济健康发展。

借助企业年检、个体工商户验照工作平台,依托市局、分局、工商所三级纵向联动机制,采集录入个体工商户与私营企业的党建信息,基本建立了上海工商部门非公有制经济组织的党建数据库。截至目前,在全市个体工商户中,共有党员(含预备党员)3987人,党总支、党支部70个;在全市私营企业中,共有党员(含预备党员)80480人,党委、党总支、党支部共5228个。同时,贯彻落实全国工商系统推进非公有制企业党的建设工作会议精神,进一步加强与统战部、社会工作党委等有关部门的协作配合,研究建立了工商部门联系指导专业市场个体工商户党建工作制度。目前,全市工商系统共确定了74名第一批党建指导员,92个党建联系点。

四、加强和改进小型微型企业服务管理工作的若干建议

当前,上海的发展正处于新的历史起点,处于巩固深化创新驱动、转型发展的关键时期,迫切需要中小型微型企业发挥更大作用。建议坚持把培育中小型微型企业作为经济社会发展的长期战略举措,不仅要重视政策的制定,更要重视政策的执行,注重在制定政策措施的同时,应该建立强有力的评价体系、监督机制来保障其顺利实施。

(一)从全局和战略高度认识小型微型企业的重要性,完善小型微型企业管理体制。

进一步统一思想、提高认识,从落实科学发展观和统筹社会经济发展的高度,充分认识发展小型微型企业对改善民生、解决就业、推动创新、加快经济转型等方面的重要作用。不能仅考虑短期财政支出的"小账",还要考虑社保支出、社会稳定、长期经济发展的"大账"。进一步贯彻国家和上海市支持小型微型企

业发展战略部署，配套完善为小型微型企业服务的制度、机制、流程。如形成相对独立的、统筹小型微型企业发展的政府管理体制，成立市政府直属的中小企业发展协调管理机构，管理机构负责小型微型企业发展顶层制度设计，协调各委办、各区县小型微型企业发展等各项事务。将劳动就业状况、职工平均收入等涉及小型微型企业发展的相关指标纳入上级政府对下级政府的考核指标。

（二）加大财政扶持力度、优化财政扶持方式，建立扶持小型微型企业、初创企业的政策体系。

加强财政扶持政策信息公开，通过主流媒体、政府网站等渠道公开和宣传，扩大政策透明度；主管部门在政策法规、形势对策、优秀转型企业经验介绍等方面加强针对小型微型企业的培训，解决小型微型企业信息不对称问题。在扶持政策实施中，要结合《中小企业划型标准规定》，确保扶持资金真正惠及小型微型企业。适当放宽或取消专利、资质等资金申请条件，使扶持政策惠及更多小型微型企业；资金申请程序宜简洁、易于操作，降低企业申请成本。创新扶持方式，将直接给予资金资助与政府购买服务、提供贷款贴息等方式相结合。为初创企业开业贷款、创业场地、招用人员等给予支持。

（三）实施更加灵活的税收和用工制度，营造小型微型企业发展的宽松环境。

在当前小型微型企业面临成本压力增加、经营利润下降的情况下，建议实行轻税赋政策，循序渐进推动结构性减税，加快设计更为合理的税费优惠政策，提高小型微型企业增值税和营业税起征点，加快推进服务业营业税改征增值税向更多的服务业扩围。同时，对小型微型企业实施灵活用工制度。在劳资双方协商一致的情况下，建议简化小型微型企业劳动用工程序，在充分尊重劳动者意愿的基础上，允许灵活用工，允许微型企业的薪酬水平在最低工资指导线一定范围内浮动。

（四）提供市场、技术、信息等要素支持，加快小型微型企业创新和转型。

解决小型微型企业的经营困境，短期可采取扶持减税政策缓解，长远看则要加快推进调整升级。加快推进垄断行业改革，加快促进民间资本进入金融、能源、交通和社会事业等领域。以战略性产业、新兴产业和高科技产业为重点，发布重点产业发展目录和扶持政策，加强产业引导，推动小微产业转型升级。搭建平台,组织对接会,帮助小型微型企业与大中企业建立采购、配送等合作机制,开拓市场。建立技术服务库,促进科技领域项目、人才与小型微型企业对接,组织科技交流活动,为小型微型企业提供技术研发、应用信息,形成促进企业研发和成果转化的制度安排。提供品牌设计、品牌营销、知识产权保护等服务,提高企业品牌影响力。大力宣传"专精特新"、代表新兴产业方向、具有成长潜力的中小企业,加强正面宣传力度和正确舆论导向,并适时召开典型经验交流会,发挥引导示范效应,促使小型微型企业更加注重自身的技术创新和产品升级。

(五)推动服务重心下沉,建立小型微型企业的综合性、专题性服务平台。

打破部门界限,条线分割,根据不同市场主体,形成相对独立的管理机制、服务体系,要进一步探索、创新适应小型微型企业融资、市场、科技、人才等服务需求,形成小型微型企业多元化、综合性的服务网络。另外,小型微型企业的服务集中体现在基层、园区和网络平台,要切实提高基层组织和园区的服务水平和能力,将其产业集聚优势与政府资源优势对接。同时,加大政府针对微型企业公共服务的购买力度,引入各类专业性服务组织,协助政府开展融资担保、财务咨询、法律维权等服务,降低政府直接管理和服务的成本,弥补基层政府服务小型微型企业专业性不足。

(六)构建政府主导、企业互助、市场激励的投融资综合体系,打通小型微型企业的融资渠道。

一是发挥好国有政策性融资担保机构的引导作用。在完善制度、规范程序、有效监管的前提下,允许机构有一定比例的坏账,弥补市场在提供小型微型企业投融资公共产品中的外部性问题。二是要引导银行提高小型微型企业金融创新和服务水平,鼓励银行建立不同类型的业务单元和专业化的经营团队,在风险防控上加大创新力度,推广存货、应收账款、专利权等动产或权益质押,降低小型微型企业贷款门槛,减少小型微型企业融资成本。大力发展为科技、文化、生产性服务业等小型微型企业提供专业服务的特色金融机构,继续大力发展村镇银行、小贷公司和融资性担保公司,并探索发展为小型微型企业和居民家庭服务的"短、小、精"的社区银行,填补金融服务的空白点。三是以园区、社区为主,社会各界共同参与,建立小企业融资服务中心,为金融机构推荐有发展前途、信用优良的企业。另外,积极发挥金融机构的产业指引作用,为企业提供宏观产业指导和财务顾问服务，帮助小型微型企业正确做好市场定位和财务规划。

（七）以小型微型企业孵化园为载体，通过产业配套、人才积聚，加速小型微型企业集群发展。

鼓励各级地方政府扩大建设小型微型企业产业园、创业孵化园、创业基地等载体，集聚一批符合产业导向和具有发展潜力的小型微型企业和初创企业，加速小型微型企业集群式发展。鼓励创业基地为创业者营造宽松的发展环境，推广杨浦创业苗圃和张江孵化园的创业企业、小型微型企业管理模式，为其发展提供便利和低成本的办公场地、设备、公共平台服务和创业导师咨询。实施产业配套帮扶工程，鼓励规模以上企业把零部件配套、研发、物流配送、后勤服务等外包给小型微型企业，或鼓励内部创业。

（八）建立小型微型企业专门统计制度，动态跟踪小型微型企业发展情况。

建立起专门针对小型微型企业的统计体系。建立小型微型企业样本数据库，选取不同行业的小型微型企业建立样本数据库，形成反映小型微型企业动态运行状况的基础和依据。在此基础上，设立小型微型企业发展指数或景气指数，调查样本企业的宏观经济感受、企业经营、市场、成本、资金、投入、效益等相关指标，并利用小型微型企业对行业运行和企业生产经营状况的判断和预期数据编制小型微型企业发展指数，动态反映小型微型企业运行状况和综合信息。

附件：

填报单位：上海市工商局

上海市小型微型企业数量分析测算表

（一）

类 型		国有集体企业（万户）	外资企业（万户）	私营企业（万户）	各类企业合计（万户）
小型微型企业占比		55%	26%	92%	84%
2011年度	2011年各类企业数量	8.3	5.9	78	92.2
	2011年小型微型企业数量	4.6	1.5	72	78.1
2012年度	2012年各类企业数量	8.1	6.2	85	99.3
	2012年小型微型企业数量	4.5	1.6	78.2	84.3
2013年一季度	2013年一季度各类企业数量	8.1	6.3	87	101.4
	2013年一季度小型微型企业数量	4.5	1.6	80	86.1

（二）

行业	小型微型企业标准	占各类企业的比例（%）	其中		占各类企业的比例（%）	2011年小型微型企业数量（万户）	2012年小型微型企业数量（万户）	2013年一季度小型微型企业数量（万户）
(1)农、林、牧、渔业	营业收入500万元以下	1.0	小型	营业收入50万元及以上	0.25	0.08	0.08	0.08
			微型	营业收入50万元以下	0.75	0.22	0.23	0.23
(2)工业	从业人员300人以下，或营业收入2000万元以下	13.2	小型	从业人员20人及以上，且营业收入300万元及以上	1.5	1.23	1.25	1.24
			微型	从业人员20人以下，或营业收入300万元以下	11.7	9.15	9.18	9.2
(3)建筑业	营业收入6000万元以下，或资产总额5000万元以下	0.8	小型	营业收入300万元及以上，且资产总额300万元及以上	0.1	0.59	0.6	0.6
			微型	营业收入300万元以下，且资产总额300万元以下	0.7	3.8	3.9	4

续表

行 业	小型微型企业标准	占各类企业的比例(%)	其 中		占各类企业的比例(%)	2011年小型微型企业数量(万户)	2012年小型微型企业数量(万户)	2013年一季度小型微型企业数量(万户)
(4)批发业	从业人员20人以下,或营业收入5000万元以下	21.2	小型	从业人员5人及以上,且营业收入1000万元及以上	0.5	1.4	1.38	1.41
			微型	从业人员5人以下或营业收入1000万元以下	20.7	23.9	24.1	25.2
(5)零售业	从业人员50人以下,或营业收入5000万元以下	12.4	小型	从业人员10人及以上,且营业收入100万元及以上	1.2	0.12	0.13	0.15
			微型	从业人员10人以下或营业收入100万元以下	11.2	3.02	3.6	3.5
(6)交通运输业	从业人员300人以下,或营业收入3000万元以下	1.65	小型	从业人员20人及以上,且营业收入200万元及以上	0.05	0.16	0.15	0.15
			微型	从业人员20人以下或营业收入200万元以下	1.6	1.8	2.1	2.1
(7)仓储业	从业人员100人以下,或营业收入1000万元以下	0.78	小型	从业人员20人及以上,且营业收入100万元及以上	0.05	0.03	0.03	0.04
			微型	从业人员20人以下或营业收入100万元以下	0.73	0.49	0.5	0.51
(8)邮政业	从业人员300人以下,或营业收入2000万元以下	0.63	小型	从业人员20人及以上,且营业收入100万元及以上	0.03	0.01	0.01	0.01
			微型	从业人员20人以下或营业收入100万元以下	0.6	0.13	0.15	0.16
(9)住宿业	从业人员100人以下,或营业收入2000万元以下	0.69	小型	从业人员10人及以上,且营业收入100万元及以上	0.15	0.06	0.06	0.07
			微型	从业人员10人以下或营业收入100万元以下	0.54	0.2	0.2	0.21

续表

行业	小型微型企业标准	占各类企业的比例（%）	其中		占各类企业的比例（%）	2011年小型微型企业数量（万户）	2012年小型微型企业数量（万户）	2013年一季度小型微型企业数量（万户）
（10）餐饮业	从业人员100人以下，或营业收入2000万元以下	0.82	小型	从业人员10人及以上，且营业收入100万元及以上	0.26	0.27	0.23	0.21
			微型	从业人员10人以下或营业收入100万元以下	0.56	0.62	0.68	0.61
（11）信息传输业	从业人员100人以下，或营业收入1000万元以下	0.04	小型	从业人员10人及以上，且营业收入100万元及以上	0.01	0.002	0.002	0.002
			微型	从业人员10人以下或营业收入100万元以下	0.03	0.01	0.01	0.01
（12）软件和信息技术服务业	从业人员100人以下，或营业收入1000万元以下	0.97	小型	从业人员10人及以上，且营业收入50万元及以上	0.12	0.14	0.14	0.14
			微型	从业人员10人以下或营业收入50万元以下	0.85	0.93	0.93	0.92
（13）房地产开发经营	营业收入1000万元以下，或资产总额5000万元以下	0.24	小型	营业收入100万元及以上，且资产总额2000万元及以上	0.01	0.02	0.02	0.02
			微型	营业收入100万元以下，且资产总额2000万元以下	0.23	0.42	0.52	0.81
（14）物业管理	从业人员300人以下，或营业收入1000万元以下	0.30	小型	从业人员100人及以上，且营业收入500万元及以上	0.02	0.01	0.01	0.01
			微型	从业人员100人以下或营业收入500万元以下	0.28	0.18	0.18	0.19
（15）租赁和商务服务业	从业人员100人以下，或资产总额8000万元以下	12.93	小型	从业人数10人及以上，且资产总额100万元及以上	1.13	1.17	1.16	1.04
			微型	从业人数10人以下或资产总额100万元以下	11.8	10.03	12.17	12.48

续表

行业	小型微型企业标准	占各类企业的比例（%）	其　　中		占各类企业的比例（%）	2011年小型微型企业数量（万户）	2012年小型微型企业数量（万户）	2013年一季度小型微型企业数量（万户）
（16）其他未列明行业	从业人员100人以下	20.0	小型	从业人员10人及以上	1.5	1.2	1.4	1.6
			微型	从业人员10人以下	18.5	16.71	19.2	19.9
所有行业汇总		87.65	小型		6.88	6.49	6.65	6.77
			微型		80.77	71.61	77.65	80.03

江苏省小型微型企业发展情况报告

江苏省工商行政管理局

小型微型企业在扩大就业、推动经济增长方面具有不可替代的作用，支持小型微型企业健康稳定发展是各级政府及相关部门的一项重要任务。江苏小型微型企业起步较早，基础较好，不论是20世纪八九十年代乡镇企业的异军突起，还是后来的企业改制、招商引资，江苏小型微型企业的发展始终走在全国前列。继续保持我省小型微型企业发展的活力，在转型发展的更高台阶上，促进企业健康快速发展，一直是省委、省政府及相关职能部门的工作重心所在。

一、我省小型微型企业发展现状

近年来，我省在贯彻落实好国家有关扶持小型微型企业发展的政策措施的同时，也出台了一系列扶持小型微型企业发展的政策措施，省政府2011年11月出台了《关于改善中小企业经营环境的政策意见》共计18条政策意见，从财税、金融等多个方面帮助小型微型企业解决实际困难，改善其经营环境，经信、发改、税务、工商等部门及全省各地方政府也都相继出台了配套措施，扶持小型微型企业发展。在一系列相关政策的推动下，全省小型微型企业获得了跨越式的发展。企业年检数据显示，根据国家工信部等4部委2011年发布的小型微型企业划型标准，截至2012年年底，我省各类内资小型微型法人企业已达958402户，并呈现以下特征：从正常经营率来看，企业经营总体平稳。截至2012年7月30日，全省参加2011年度检验的内资小型微型法人企业为639590户，其中正常经营的601579户。正常经营率居前五位的行业分别是邮政业（含快递业）、信息传输业、软件和信息技术服务业、住宿业以及交通运输业。从主要经营数据来看，企业税收负担较重。企业年检数据显示，2011年全省小型微型企业利润总额为2755.98亿元，纳税总额为8545.99亿元，纳税额为利润总额的3.1倍。税收对小型微型企业利润影响明显，企业税负偏重，结构性减税空间较大。

总体而言，我省小型微型企业主要呈现如下阶段性发展特点：一是规模实力迅速扩张，社会贡献份额逐年增大。据省中小企业局统计，2012年上半年，我省小型微型企业发展势头良好。其中仅4万多个规模以上小微工业企业就实现销售收入占全省规模以上工业的59.5%，同比增长14%，增幅高于规模以上工业2.8个百分点；利税、利润同比分别增长11.2%和8.3%，分别高于规模以上工业8.9和12.1个百分点。小型微型企业的规模实力显著提升，小型微型企业数量与全省经济总量保持同步增长态势。二是社会投入增长迅速，发展后劲不断增强。工商部门企业注册数据显示，2012年，我省小型微型企业投资仍保持平稳增长势头，从新设立企业涉及的行业来看，科技类、创意类等发展潜力较大的企业占比明显增加，进一步提升了小型微型企业发展后劲。三是科技创新意识增强，核心竞争力逐步显现。纵观我省小型微型企业快速发展的历程，科技创新的引领、商标品牌的助推作用明显。小型微型企业用于技术改造的支出也在逐年增加，全省70%以上的创新成果诞生于小型微型企业，科技创新逐步成为我省小型微型企业发展的第一动力。全省小型微型企业商标申请量保持年均30%以上的快速增长。近年来，我省区域品牌效应日益显现，产业集群品牌培育基地建设和地理标志品牌培育，推进了众多小型微型企业协作互补、良性竞争、共同发展。商标注册及驰著名商标的申请、地理标志的认定极大提升了小型微型企业品牌知名度，助推了小型微型企业的发展壮大。

二、我省小型微型企业发展遇到的困难及原因分析

为更加深入了解我省小型微型企业的生产经营状况，我们组织对全省1000家小型微型企业进行了抽样问卷调查，共收回有效问卷792张，调查显示，我省小型微型企业稳步发展的大趋势虽然没有发生改变，但近年来企业生产经营面

临的困难明显增多。被调查企业中生产经营状况不佳,增速放缓和生产经营困难,出现亏损的企业共计316户,占比39.9%;产品订单同比下降的企业共计310户,占比39.14%;主要产品平均价格下降的企业共计220户,占比27.78%;销售收入同比下降的企业达323户,占比40.78%。造成小型微型企业生产经营困难的原因既有国际、国内宏观经济发展速度放缓等外部因素的影响,也有生产经营能力不足等企业自身原因,同时还有国家政策在制定、执行过程中的问题。主要表现在以下方面:

（一）生产经营成本增加,盈利空间大幅挤压。

成本直接关系到企业盈利状况,企业成本主要包括人力成本、资金成本、原材料成本及所要缴纳的各项税费。从我省小型微型企业经营实际来看,短期内各项成本增加的压力较大。一是人力成本上升。被调查企业中,劳动力成本显著上升的企业达476户,占比60.1%。作为劳动力密集的小型微型企业,人力成本的上涨压力更加明显。二是原材料成本上升。原材料成本上升是造成企业成本激增的另一重要推手,高达352户被调查企业原材料成本上升较快,占比44.44%。三是融资成本上升。调查中有301户企业认为当前融资难、融资成本较高,占比38%。四是税费负担重。被调查企业中有244家认为目前小型微型企业税费负担过重,占比30.8%。在上述因素的影响下,小型微型企业盈利空间受到大幅挤压,问卷调查中,426户企业综合成本上升,占比53.79%;净利润亏损的有165户,净利润在2%以内的213户,合计占比47.73%;利润总额同比下降的有365户,占比46.09%。

（二）产业层次普遍不高,转型升级意愿不高、难度较大。

在相关产业政策的扶持和引导下,近年来,我省新兴产业类小型微型企业增长速度明显加快,但整体来看,小型微型企业主要仍集中在零售、餐饮及初级产品加工等传统行业,产业层次普遍较低。此类行业显著特点是技术要求低,竞争充分,市场趋于饱和,利润微薄,从行业本身发展前景分析,相关企业不具备迅速扩张的条件。部分企业虽然由于经营压力,转型升级的愿望较强,但在资本、技术、人才、管理等转型升级的关键因素方面积累不足,相当数量的小型微型企业转型升级较为困难。

(三) 要素制约程度加大,生存空间受到挤压。

随着国家实行最严格的土地政策,土地要素对小型微型企业发展的制约作用越来明显。调研中,多数订单充足,经营效益好的企业有扩大生产规模的愿望,但受制于土地指标无法落实而暂时搁置。全省各地普遍存在招商引资企业(特别是小型微型企业)因用地指标所限而落地困难的情况,新开办的企业普遍面临土地证无法办理的困难,进而影响了企业其他相应手续、证件的办理,大大延长企业投入生产的周期。

(四) 行业准入限制较多,投资热情受到压制。

调研中我们了解到,一些行业准入门槛较高,小型微型企业想进入该领域从事生产经营活动存在很大困难。许多行业如建筑行业有注册资本的行业准入门槛,虽然在工商登记注册方面没有明确的限制,但企业成立以后拿不到相关资质,实际很难开展经营活动。众多部门的前置审批是小型微型企业设立过程中的另一大阻力。前置审批不同程度上对小型微型企业进入特定领域存在歧视。当前仍有一些地方性法规、部门规章,甚至是一些地方政府部门的红头文件设立的审批事项仍在施行。变相"行政许可"也有所抬头,一些部门对需要管理的事项,仍习惯用审批的办法来管理,以备案的形式开展事实"许可"的情况仍大量存在,对小型微型企业设立造成了很大阻碍。地方政府在资源相对有限的情况下,"嫌贫爱富"情况较为普遍。政府招商引资过程中,往往更热衷于大企业、大项目,在土地供应、行政审批、税收返还等方面给予大企业、大项目更多便利和优惠,甚至出现地方政府为吸引大项目落户,直接以现金方式补助落户企业的情况。而对于小型微型企业和小微项目,政府态度明显冷淡,不仅优惠政策大打折扣,甚至以无土地指标等理由,直接拒绝落户。在上述系列因素的影响下,小型微型企业投资热情受到极大压制,不利于其健康稳定发展。

(五) 市场开拓与保护能力不足,抵御风险的能力较差。

问卷调查中,371户企业反映市场需求不足、产品销售困难,占比46.84%;反映市场竞争压力加大的企业共计460户,占比58.08%;订单不足的共计188户,占比23.74%。具体分析来看,上述企业一般都存在"三个单一"的问题,即销售渠道单一、销售模式单一、订单来源单一,企业的市场开拓能力较为薄弱,很少做到直销与代理、国内市场与国际市场统筹兼顾。加之本身产品的品牌知名度较低,产品同质化情况严重,不具有绝对的价值优势,当市场发生波动时,一笔订单的丢失往往使企业陷入困境。

(六)相关政策难以落实到位,企业获得扶持有限。

小型微型企业因其自身规模小,抗风险能力弱,对政策的敏感程度普遍较高。调查中,共计441户企业表示未曾享受过相关扶持政策,占比高达55.68%。原因主要有以下三个方面:一是政策覆盖面窄,扶持作用有限。调查中,企业普遍反映近年来各级虽然出台了多项扶持政策,但真正对企业有实质性帮扶作用的政策少。例如,在税收政策上,国有企业可先缴后退,非国有企业无此待遇。二是政策本身存在瑕疵,贯彻落实存在困难。如2012年1月1日施行的《关于免征小型微型企业部分行政事业性收费的通知》明确规定免收小型微型企业注册登记费,工商部门在实践中发现,该政策执行遭遇诸多困难:标准难适用。小型微型企业划型标准中关于小型微型企业的划定指标主要包括企业从业人员、营业收入、资产总额,而这些指标在企业新设登记注册时还未确定或者根本不存在,因此,小型微型企业的划型标准在免征新设企业注册登记费时难以适用。条件难认定。相关部门在审核企业是否符合小型微型企业具体标准的时候,是以企业自行提供的数据为依据还是由专业机构或者政府部门提供的数据为依据、相关部门是否要对数据进行实质审核,通知未作出明确规定,企业是否满足认定为小型微型企业的条件在实践中难以确定。三是政策知晓率较低,相关宣传不够。企业获取政策信息的主要途径为新闻媒体、政府部门和行业协会商会。问卷调查中,对相关政策表示了解的企业占比不超过50%,将近四分之一的被调查企业表示对相关政策完全不了解,达到了191户。实地走访中我们发现,表示了解相关政策信息的企业,其对政策的具体内容及相关实施细则,具体享受条件也是一知半解,政策的宣传力度还需进一步加强。

面对小型微型企业发展过程中遇到的上述矛盾和困难,多数小型微型企业家并没有气馁,他们普遍认为,只要政府继续加大相关政策扶持,并通过自身的努力,我省小型微型企业的发展前景依然向好。企业家们最为期盼政府帮助解决的具体问题主要包括以下几个方面:一是土地确权问题。企业反映土地证尚未办理,影响企业向银行贷款,不能顺利办理生产安全、消防、工商登记等各种手续,希望政府能尽早协调办理土地证,便于企业正常生产经营。二是融资担保问题。企业普遍反映担保公司运营不规范,担保费用过高,希望政府规范融资性担保公司的运营,维护融资性担保行业的市场秩序,适当降低担保费用。三是优惠政策问题。有企业反映对相关政策了解不深,信息获取不及时,费用减免、税收优惠等地方政策执行不到位,希望政府帮助宣传解读政策,严格兑现政策,用足用好政策。四是法律执行问题。规划、国土等审批部门的法律程序应更加规范,确保相关法律政策的严肃性和连贯性,对外公示的服务承诺要兑现。政府要有协调机构,处理部门之间的法律执行问题,各部门规章要相辅相成,不能互相"打架"。

三、促进小型微型企业健康发展的对策建议

促进小型微型企业健康发展关键在于营造良好发展环境,通过企业、政府、社会的共同努力,为企业生产经营营造良好环境是促进小型微型企业健康发展的关键所在。

企业自身要做好四个方面工作:

一是转变发展观念,树立科学发展理念。小型微型企业要想实现更高水平的发展,必须解放思想,与时俱进,及时转变发展理念。企业有大有小,采用的组织形式也可以多种多样。但是,不论何种规模、何种组织形式的企业,都要主动适应经济形势的新变化,都要把企业发展的立足点转到提高质量和效益上来,更多依靠技术创新、管理创新和营销创新,真正做到认真分析形势,准确把握政策,抢抓发展机遇,不失时机实现企业快速发展。

二是注重诚信建设,夯实发展基础。诚信是市场经济对企业的基本要求,是企业的信誉之源,发展之基。小型微型企业要更加重视诚信建设,为自身持续发展奠定基础。一要在企业内部建立诚信,企业家要以身作则,重视集体行为,实现对员工的承诺,培养员工的忠诚;二要建立客户诚信,在与客户的交往过程中,产品要诚信,服务要诚信,销售要诚信,竞争也要诚信;三是要以诚信结盟,无论是强强联合,还是强弱联合,甚至弱弱联合,都要在诚信的基础上,努力达成共识,实现互利共赢。

三是加大科研投入,提升创新能力。在市场竞争日益激烈的今天,企业科技

创新的能力和水平已经成为其兴衰存亡的关键。小型微型企业一般规模不太大，科研开发能力弱，因而必须从企业实际出发，根据企业自身的能力和特点，制定企业技术提升的近期和中长期发展规划。根据自身需要努力培养和引进实用性人才，积极采用先进技术和工艺，努力开发节约型产品，降低原材料和能源消耗，不断提升产品的市场竞争力。

四是加快品牌创建，提升核心竞争力。小型微型企业要实现长远健康发展，必须牢固树立品牌经营的理念。要积极瞄准和跟踪世界一流品牌，认真研究本行业的发展趋势，有针对性地制定企业自主品牌的发展规划。要增强商标创造能力，通过主动开展商标国内国际注册获取商标权益，通过防御注册实施全方位保护，通过储备性注册为未来战略性发展提供资源，抢占发展制高点。要着力强化商标培育，从质量管理、自主创新、文化建设、信用提升、传播推广等方面入手，夯实品牌创建基础，注重以商标整合其他无形资产权利及要素资源，全面提升品牌价值，培育高知名度商标，打造自主品牌；要切实提升商标管理和保护水平，突出抓好制度完善、机构健全和专业人才培养，全方位加强商标管理与保护，为自主品牌不断增值提供保障。

政府和社会应着力做好四个方面工作：

一是加大财税金融扶持力度。根据《小型微型企业促进法》，制定有利于小型微型企业发展的税收政策措施，尽量减少税收政策调控的时滞性、局限性等负面作用。稳步推进增值税转型改革及出口退税工作，切实帮助小型微型企业摆脱生产经营困难。设立小型微型企业促进专项基金，支持小型微型企业专业化发展、与大企业协作配套、技术创新、新产品开发及促进小型微型企业服务体系建设等。积极推进费改税，在清理不合理收费项目的基础上变费为税，减轻小型微型企业的税费负担。改善小型微型企业融资环境，支持金融机构加大对各级"重合同守信用企业"的融资服务，深入推进商标质押贷款工作，对企业给予贷款贴息，对金融机构实行贷款风险补偿和专项奖励。稳步推进小额贷款公司试点，提高小型微型企业集合债发行规模。鼓励和规范发展小型微型企业信用担保服务，建立和完善风险分担和补偿机制。健全创业投资机制，鼓励创投公司发展。

二是扶持小型微型企业创业转型。积极推进创业基地建设，规划和引导好特色产业集群发展,为小型微型企业创业发展提供良好环境,增强区域发展后劲。对列入当地重点发展的产业和进入创业园区发展的小型微型企业实施重点培育,提供更加优惠的政策,在用地、税费、融资、审批等方面给予特别保障。同时,政府及相关部门要积极研究出台促进小型微型企业转型升级、扩大规模的政策意见,及时清理阻碍企业转型发展的相关规定,真正使相关政策成为企业发展壮大的推动力。

三是提升社会公共服务能力。小型微型企业因规模小,实力弱,难以在本企业范围内建立人员培训、信息收集、产品研究之类的机构。问卷调查中,表示需要获得培训支持、管理咨询服务和信息服务的企业分别有93家、175家和132家,合计占比39.36%,说明小型微型企业发展不但需要政府在金融、财政等方面的政策支持,也需要社会中介组织从教育培训、管理咨询、市场营销、技术开发和法律支援等方面提供中介支持。因此,政府和社会应大力发展社会中介服务机构,推动建立主要面向小型微型企业的公共服务平台,不断健全社会服务体系,为面广量大的小型微型企业提供全方位的服务,促进其健康发展。

四是优化调整行政审批。深入推进行政审批制度改革,进一步放宽对民营资本的行业准入限制。对政府各部门的行政审批项目进行集中清理,凡公民、法人或者其他组织能够自主决定,市场能够有效调节,行业组织或者中介机构能够自律管理的事项,政府一律退出。凡可以采用事后监管和间接管理方式的事项,一律不设前置审批。及时取消以部门规章、文件等形式违反行政许可法规定设定的行政许可。严格控制新设审批项目,没有法律法规依据,任何地方和部门不得以规章、文件等形式设定或变相设定行政审批项目。最大限度为小型微型企业发展营造公平竞争的良好环境。

四、围绕工商职能助推小型微型企业发展

工商部门肩负着登记注册、市场监管、商标发展与保护等多项职能,充分发挥自身职能作用,促进小型微型企业发展,是工商部门的重要职责,结合我省小型微型企业发展现状,当前,我省工商部门重点要做好以下工作:

一是加强监管力度,维护良好市场秩序。进一步提升市场主体监管水平,完

善日常巡查监管、证照规范管理和信用分类监管制度,全面清理取缔无照经营,加大对消费领域不公平合同格式条款现象的打击、整治力度,努力维护消费秩序,切实规范市场主体行为。以建设品牌保护放心省份为目标,以构建行政、司法与企业自我保护相结合的工作机制为重点,深入开展"双打"专项行动,不断提升商标保护水平。严厉查处虚假违法广告,努力规范广告市场秩序。强化反不正当竞争和反垄断执法,集中开展打击傍名牌专项维权行动,继续推进商业贿赂治理工作,依法打击各种滥用知识产权排除、限制竞争以及滥用市场支配地位的行为。继续严厉打击传销、严格规范直销,坚决遏制传销活动滋生和蔓延势头。深入推进商品交易市场信用体系建设,切实规范网络交易行为监管,努力维护各类市场秩序稳定。努力为小型微型企业健康发展营造良好市场环境。

二是平等市场准入,实现登记年检的人性化。按照国家规定,平等行业准入,坚决打破阻碍或限制民营企业发展的"玻璃门"现象,真正做到凡法律、行政法规和国务院决定未禁止或限制的行业,均允许企业平等进入;严格控制前置许可事项,对不需要取得前置许可的经营项目,允许企业自主申请。全面推行企业登记"一审一核"制,对简易登记事项实行"审核合一"制,减少审批环节,提高登记效率。全面推进电子政务建设,推行网上登记和网上并联审批。进一步改进企业年检方式,年检前由工商机关向相关前置许可部门发函,凡相关前置许可部门未告知许可文件被撤销、吊销、失效企业名单的,不再要求企业提交前置许可文件。进一步推行网上年检工作,减少企业年检往返的次数。落实"对实行注册资本分期缴纳的公司,在章程约定期限内实收资本未能到位,但未超过法定期限的,不予处罚;对在法定期限内未能及时到位,但年检时已主动改正且未造成危害后果的,不予处罚;对企业在章程规定的营业期限届满后未及时办理变更登记,但能主动及时向公司登记机关补办手续的,不予处罚;对新设立企业逾期未办理年检,但在限期内办理年检的,不予处罚"等"四个不予处罚"基本原则,妥善处理企业面临的实际问题。努力为小型微型企业在登记注册、年检等环节提供最优服务,促进其健康发展。

三是实施商标战略,提升企业市场开拓能力。大力开展行政指导,全面加强公共服务,着力培育驰名、著名商标和集体商标、证明商标,努力打造一批具有较强国内国际影响力的企业品牌和公共品牌,帮助小型微型企业有效开拓和保护市场。加大对小型微型企业宣传力度,着力提升其商标战略意识;组织小型微型企业抱团参加知名展会,不断提升品牌影响力。将拥有知名商标的小型微型企业商标管理人员纳入品牌管理师培训体系,切实提升品牌运营和保护能力。鼓励符合产业政策导向的地方特色产业和主导产业小型微型企业培育驰名、著名商标,不断提升商标价值。切实加强产业集群品牌培育基地建设,细化落实政府采购、税收优惠、土地供给、质押融资、通关便利等扶持政策,加大对基地内龙头企业商标的重点培育工作力度,发挥其龙头带动作用;注重强化企业之间的协同配合,引导企业有序良性竞争,以集体商标和证明商标为载体,着力打造一批区域公共品牌,带动区域小型微型企业共同发展。大力实施"地理标志翻番计划",以地理标志为纽带,注重发挥其对上下游产业的辐射效应,推动相关产业小型微型企业快速发展。充分运用"华东六省一市"、"淮海经济区"、"十五个副省级城市"和"长三角"商标保护协作网络,强化与外省市工商部门的联系协作,帮助企业开展省外维权,巩固国内市场份额,促进健康发展。

四是拓宽融资渠道,破解资金瓶颈制约。认真落实国务院《关于鼓励和引导民间投资健康发展的若干意见》,积极会同相关部门有效破解农村资金互助社、融资租赁企业、小额贷款公司等金融服务业企业的登记、监管难题,推动建立主要面向小型微型企业的金融服务体系。充分利用股权出质、动产抵押登记、商标专用权质押等手段,帮助企业解决融资难题,鼓励企业通过股改上市,直接融资。加强与金融机构的协作,进一步推进动产抵押登记工作。积极引导企业以股权出质开展融资,及时提供优质高效的股权出质登记服务,帮助企业变"静态"股权为"动态"资产。推动开展商标专用权质押贷款工作,帮助品牌企业以其驰、著、知名商标专用权进行质押取得贷款,为企业开辟新的融资渠道。同时,在扩大非货币财产出资方式、比例限制等政策方面向小型微型企业倾斜,允许投资人以其持有的其他公司的股权,向有限公司和股份公司出资。支持投资人以知识产权等非货币财产出资设立企业,非货币财产出资比例最高可达公司注册资本的70%。力争通过多个渠道,全面破解小型微型企业发展过程中的资金瓶颈制约。

五是深化"重守"活动,提升企业诚信建设水平。加大在小型微型企业中开展"重守"活动的工作力度,以国家工商总局恢复开展重守企业公示活动为契机，通过积极宣传、帮助健全机构、加强培训、促进交流等方面的工作，不断提升我省小型微型企业的诚信经营意识和水平，改善优化小型微型企业的生存发展环境，推动小型微型企业的健康发展。

六是推进放心消费创建，带动生产发展。深入开展新一轮放心消费创建，通过不断提升创建工作领域和社会参与度、着力改善消费环境、全力保障消费安全、健全维权网络等方面实实在在的工作，进一步激发消费热情，有效扩大内需，努力形成消费、投资、出口协同拉动经济增长的格局。在保持投资、出口稳定增长的同时，通过开展放心消费创建，加强供给管理，优化消费环境，推动消费需求快速增长，使消费成为经济增长的第一拉动力，使消费成为加快转变经济发展方式、促进小型微型企业转型发展的第一推动力。

七是抓好私个协会工作，助力小型微型企业发展。积极发挥私个协会作用，加强非公经济领域党组织建设，提升各级私个协会服务会员企业的能力和水平。通过指导非公经济领域党组织开展创先争优活动，扎实开展道德领域突出问题专项教育和治理活动，强化小型微型企业诚信自律，进一步激发全社会创业发展热情。努力在广大小型微型企业最为关注的规划、融资、培训、管理咨询、信息服务等方面提供更多更好的服务，积极主动开展好助商讲堂、法律法规培训，提供法律援助，电子商务指导、交流，招商参展，民企沙龙等活动，推动小型微型企业快速发展。

附件：

填报单位：江苏省工商局

江苏省小型微型企业数量分析测算表

（一）

类型		国有集体企业（万户）	外资企业（万户）	私营企业（万户）	各类企业合计（万户）
小型微型企业占比		43.55%	51.92%	60.97%	59.02%
2011年度	2011年各类企业数量	13.9164	5.2966	119.6968	138.9098
	2011年小微企业数量	6.1901	2.8091	72.9987	81.9979
2012年度	2012年各类企业数量	14.1903	5.0455	131.3160	150.5518
	2012年小微企业数量	6.1794	2.6194	80.0631	88.8619
2013年一季度	2013年一季度末在业企业数量	14.1584	4.9750	131.4608	150.5942
	2013年一季度末小微企业数量	6.1655	2.5827	80.1467	88.8949

（二）

行业	小型微型企业标准	其中		占各类企业的比例（%）	2011年小型微型企业数量（万户）	2012年小型微型企业数（万户）	2013年一季度小型微型企业数量（万户）
(1)农、林、牧、渔业	营业收入500万元以下	小型	营业收入50万元及以上	0.1524	0.2117	0.2294	0.2295
		微型	营业收入50万元及以下	0.1594	0.2214	0.2399	0.2400
(2)工业	从业人员300人以下，或营业收入2000万元以下	小型	从业人员20人及以上，且营业收入300万元及以上	2.4532	3.4077	3.6930	3.6944
		微型	从业人员20人以下，或营业收入300万元以下	19.3404	26.8657	29.1146	29.1255
(3)建筑业	营业收入6000万元以下，或资产总额5000万元以下	小型	营业收入300万元及以上，且资产总额300万元及以上	0.4437	0.6163	0.6679	0.6681
		微型	营业收入300万元以下，或资产总额300万元以下	2.6855	3.7304	4.0427	4.0442

续表

行业	小型微型企业标准	其中		占各类企业的比例(%)	2011年小型微型企业数量(万户)	2012年小型微型企业数(万户)	2013年一季度小型微型企业数量(万户)
(4)批发业	从业人员20人以下,或营业收入5000万元以下	小型	从业人员5人及以上,且营业收入1000万元及以上	1.0568	1.4680	1.5909	1.5915
		微型	从业人员5人以下,或营业收入1000万元以下	16.2168	22.5268	24.4125	24.4216
(5)零售业	从业人员50人以下,或营业收入500万元以下	小型	从业人员10人及以上,且营业收入100万元及以上	0.0701	0.0974	0.1056	0.1056
		微型	从业人员10人以下,或营业收入100万元以下	3.2575	4.5250	4.9038	4.9056
(6)交通运输业	从业人员300人以下,或营业收入3000万元以下	小型	从业人员20人及以上,且营业收入200万元及以上	0.0852	0.1184	0.1283	0.1283
		微型	从业人员20人以下,或营业收入200万元以下	1.1599	1.6112	1.7461	1.7468
(7)仓储业	从业人员100人以下,或营业收入1000万元以下	小型	从业人员20人及以上,且营业收入100万元及以上	0.0041	0.0057	0.0062	0.0062
		微型	从业人员20人以下,或营业收入100万元以下	0.0780	0.1083	0.1174	0.1174
(8)邮政业	从业人员300人以下,或营业收入2000万元以下	小型	从业人员20人及以上,且营业收入100万元及以上	0.0017	0.0023	0.0025	0.0025
		微型	从业人员20人以下,或营业收入100万元以下	0.0268	0.0372	0.0403	0.0403
(9)住宿业	从业人员100人以下,或营业收入2000万元以下	小型	从业人员10人及以上,且营业收入100万元及以上	0.0207	0.0288	0.0312	0.0312
		微型	从业人员10人以下,或营业收入100万元以下	0.1209	0.1679	0.1820	0.1821

续表

行业	小型微型企业标准	其中		占各类企业的比例（%）	2011年小型微型企业数量（万户）	2012年小型微型企业数（万户）	2013年一季度小型微型企业数量（万户）
(10)餐饮业	从业人员100人以下，或营业收入2000万元以下	小型	从业人员10人及以上，且营业收入100万元及以上	0.0795	0.1105	0.1197	0.1197
		微型	从业人员10人以下，或营业收入100万元以下	0.2385	0.3313	0.3590	0.3591
(11)信息传输业	从业人员100人以下，或营业收入1000万元以下	小型	从业人员10人及以上，且营业收入100万元及以上	0.0310	0.0431	0.0467	0.0467
		微型	从业人员10人以下，或营业收入100万元以下	0.7417	1.0303	1.1165	1.1169
(12)软件和信息技术服务业	从业人员100人以下，或营业收入1000万元以下	小型	从业人员10人及以上，且营业收入50万元及以上	0.0565	0.0784	0.0850	0.0850
		微型	从业人员10人以下，或营业收入50万元以下	0.4408	0.6122	0.6635	0.6637
(13)房地产开发经营	营业收入1000万以下，或资产总额5000万元以下	小型	营业收入100万元及以上，且资产总额2000万元及以上	0.0225	0.0313	0.0339	0.0339
		微型	营业收入100万元以下，或资产总额2000万元以下	0.3605	0.5008	0.5427	0.5429
(14)物业管理	从业人员300人以下，或营业收入1000万元以下	小型	从业人员100人及以上，且营业收入500万元及以上	0.0044	0.0061	0.0066	0.0066
		微型	从业人员100人以下，或营业收入500万元以下	0.4568	0.6346	0.6877	0.6880

续表

行业	小型微型企业标准	其中		占各类企业的比例(%)	2011年小型微型企业数量(万户)	2012年小型微型企业数(万户)	2013年一季度小型微型企业数量(万户)
(15)租赁和商务服务业	从业人员100人以下,或资产总额8000万元以下	小型	从业人员10人及以上,且资产总额100万元及以上	0.2773	0.3852	0.4174	0.4176
		微型	从业人员10人以下,或资产总额100万元以下	4.0677	5.6505	6.1235	6.1258
(16)其他未列明行业	从业人员100人以下	小型	从业人员10人及以上	1.3514	1.8773	2.0344	2.0352
		微型	从业人员10人以下	3.5679	4.9561	5.3710	5.3730
所有行业汇总		小微企业		59.0296	81.9979	88.8619	88.8949

浙江省小型微型企业发展情况报告

浙江省工商行政管理局

近年来,在国家工商总局的关心支持和浙江省委、省政府的坚强领导下,浙江各级工商行政管理机关认真贯彻浙江省委、省政府深入实施"八八战略",干好"一三五"、实现"四翻番",建设"两富"现代化浙江的总体目标和要求,全面落实中央和浙江省推进小型微型企业发展的政策措施,充分发挥工商职能作用,全力助动小型微型企业发展,我省小型微型企业呈现出多点开花,全面发展的良好态势。现将有关情况报告如下:

一、基本情况

截至今年6月底,全省实有各类市场主体(包括国有、集体企业、外商投资企业、私营企业、个体工商户、农民专业合作社)户数为361.1万户,其中各类企业100.6万户,个体工商户255.4万户,农民专业合作社5万户。

按照《中小企业划型标准规定》,利用2011年度企业年检数据,根据从业人员、营业收入、资产总额三项指标,对我省小型微型企业数量进行了分析测算。在各类企业中,小型微型企业约占63.93%;外资企业中,小型微型企业约占52.51%;私营企业中,小型微型企业约占63%。截至2013年6月底,我省小型微型企业约为60.8万户,其中国有集体小型微型企业约为5万户,外资小型微型企业约为1.6万户,私营小型微型企业约为54.2万户。

我省小型微型企业存在以下特点:一、微型企业数量占多数。在各类企业中,小型微型企业约占 60.42%,其中小型企业占 5.07%、微型企业占 55.35%,小型与微型企业的比例约为 1∶11。二、私营小型微型企业为小型微型企业主要构成部分。从我省小型微型企业的所有制结构看,私营小型微型企业的数量占我省小型微型企业数量的 89.13%。三、小型微型企业分布呈现出行业分布集中、产业分布平均的态势。我省第一、第二、第三产业小型微型企业的比重为 1.6∶49.2∶49.2,小型微型企业相对集中的行业为:工业占各类小型微型企业的 46.02%,约为 28 万户;批发业占 21.88%,约为 13.3 万户;租赁和商务服务业占 7.12%,约为 4.3 万户;零售业占 5.31%,约为 3.2 万户。这四大行业中的小型微型企业总计 48.8 万户,占小型微型企业总数的八成左右。

二、主要工作及成效

(一)继续加大政策扶持力度,支持浙商创业创新。

省工商局出台支持浙商创业创新和扩大有效投资决策部署的实施意见,明确给予浙商回归项目在准入门槛、投资形式、品牌保护、金融支持、跟踪服务、发展空间等方面的政策保障,进一步促进浙商回归和经济转型发展,再创浙江经济竞争新优势,得到省委书记夏宝龙的批示肯定。认真贯彻 2013 年中央一号文件,研究出台了家庭农场和农民专业合作社联合社登记管理办法,大力鼓励新型现代农业模式发展。上半年全省新设立企业 8.86 万家,新增注册资金 2262 亿元,分别同比增长 42.6% 和 48.8%;新设个体工商户 24.4 万户,同比增长 3.4%。到今年 6 月底,全省市场主体总量已达到 357.8 万,同比增长 7.19%。其中企业 99 万户,企业集团 2363 家,个体户 252.8 万户,农民专业合作社 5 万户,持续保持较快增长。

(二)持续深化行政审批制度改革,优化企业发展环境。

积极贯彻中央加快职能转变、深化行政审批制度改革的精神和我省努力打造审批事项最少、办事效率最高、投资环境最优省份的决策部署,出台深化行政审批制度改革提升效能七项举措,稳步推进经营资质和主体资质、住所和办公场所的有限分离,全省办理"一照多址"、"一址多照"和筹建登记近 4000 家;简政放权、主动清理废除八项前置条件,清理和下放了省局本级 40% 的行政审批事项；优化流程，全省县级以上工商部门审批业务全部实现一个窗口统一受理，全省一半地区实现并联审批和多证联办；优化服务，开通"工商金融服务通"，网上验资超200亿元；开设网上办事大厅，网上注册企业1万余家。在义乌探索开展商事登记改革试点，助力义乌国际贸易综合改革试点。我局深化行政审批制度改革工作得到了国务院总理李克强的批示肯定，6月国务委员王勇专程到浙江调研经验。

（三）着力推动全省个转企升级，形成市场主体成长链。

省委、省政府对这项工作高度重视，把"个转企"作为推动浙江经济转型发展、打造经济升级版的重要举措，成立了由常务副省长担任组长的工作领导小组，专题召开全省个体经济及小型微型企业提升发展电视电话会议和推进会，出台《关于支持个体工商户转型升级为企业的若干政策措施》。在省委、省政府高度重视和有力推动，全省各级工商部门积极牵头，全面助推，引导条件成熟的个体工商户转型为企业，形成"个转企、小升规、规改股、股上市"持续升级的市场主体成长链，为更多小型微型企业发展腾挪空间。各地也均将这项工作列入各级党委政府的一把手工程，明确3年8万家"个转企"的目标任务和推进时间表，分级落实。上半年全省已有3.39万家个体工商户转型为企业，注册资本金总额达104.8亿元。

三、下一步打算

（一）贯彻落实国家有关支持小型微型企业发展政策。

认真落实国务院和浙江省政府关于支持小型微型企业发展的政策，鼓励民间资本投向所有法律法规和政策未明确禁入的行业和领域。

（二）深化行政审批制度和商事登记改革。

深入贯彻落实李克强总理批示和王勇国务委员浙江调研的讲话精神，进一步推进行政审批制度改革，落实各项改革举措。在义乌市、嘉善县开展商事登记改革试点，探索符合实际需求的商事登记县域模式，以发挥示范效应，为全省推进改革积累经验。抓好支持浙商创业创新和扩大有效投资各项政策的落实，积极推进个体工商户转型升级，帮助协调解决浙商回归和主体转型中遇到的有关问题，确保实现年度目标任务。推进"工商事务金融服务通"建设，与工商、中行、农行签订合作协议，扩大验资通适用范围。

（三）扎实推进"个转企"各项工作。

进一步推进优惠政策落实到位，加强督查督导，坚持示范引领，督查督促后进地区加大"个转企"落实力度，确保完成今年"个转企"3万家的目标。同时把工作重点转移到质量提升上，大力引导个体工商户直接转为有限责任公司、股份责任公司，在注册资本、产值提高上下大功夫，继续保持全省同步推进的形势。着力提高规范注册登记程序要求。完善后续帮扶措施，整合优势资源为企业搭建发展通道。

（四）着力营造小型微型企业发展良好环境。

力促省政府出台深入实施商标品牌战略文件，形成政府、部门、企业、全社会合力推进商标品牌战略实施的局面，切实加大政府对商标品牌战略实施的支持力度。做好省政府"名品、名企、名牌工程"相关工作。结合上半年"三名工程"的课题调研，参与提出"三名"工程的培育思路、目标和工作重点，制定"三名"工程实施方案。做好保护注册商标专用权专项行动重点要组织开展在大型超市、市场、商标印制、网络等领域商标侵权专项行动；开展商标国际注册及境外维权调研活动，研究制定工作措施，进一步提升我省商标国际注册及维权工作水平。积极落实总局和浙江省政府共同推进广告产业发展战略合作协议内容，稳步推动国家互联网广告监测中心、区域性广告产业教育研究中心和广告产业园信息交流中心等"三大中心"建设工作，推进广告产业有序发展。

（五）扎实推进个体户党建工作。

以"亮星亮诺亮身份，创业创优创先锋"活动为主线，全面推进个体工商户党员先锋指数考评工作党建标准化工作，通过扩大党组织覆盖面，发挥党组织作用，带动小型微型企业持续健康发展。

附件：

填报单位：浙江省工商局

浙江省小型微型企业数量分析测算表

（一）

类　　型		国有集体企业（万户）	外资企业（万户）	私营企业（万户）	各类企业合计（万户）
小型微型企业占比		43.33%	52.51%	63.00%	63.93%
2011年度	2011年各类企业数量	11.7748	2.916	71.8719	86.5627
	2011年小型微型企业数量	6.4064	1.1478	47.7869	55.3411
2012年度	2012年各类企业数量	11.6951	2.9464	77.2643	91.9058
	2012年小型微型企业数量	6.4751	1.4529	53.7975	61.7255
2013年六月底	2013年六月底各类企业数量	11.6081	3.0015	86.0009	100.6105
	2013年六月底小型微型企业数量	5.0301	1.576	54.1825	60.7886

（二）

行业	小型微型企业标准	所有企业总数(户)	占各类企业的比例(%)	其中	占各类企业的比例(%)	2011年小型微型企业数量（万户）	2012年小型微型企业数量（万户）	2013年一季度小型微型企业数量（万户）
(1)农、林、牧、渔业	营业收入500万元以下	9663	0.96	小型	0.25	0.2079	0.2337	0.2559
				微型	0.71	0.6203	0.7014	0.7104
(2)工业	从业人员300人以下，或营业收入2000万元以下	279748	27.81	小型	2.27	2.3113	2.4008	2.2823
				微型	25.54	23.8193	25.4925	25.6925
(3)建筑业	营业收入6000万元以下，或资产总额5000万元以下	19347	1.92	小型	0.34	0.3695	0.4104	0.346
				微型	1.58	1.5764	1.7788	1.5887
(4)批发业	从业人员20人以下，或营业收入5000万元以下	132980	13.22	小型	0.94	0.8568	0.9605	0.9471
				微型	12.28	9.8138	11.6569	12.3509

续表

行业	小型微型企业标准	所有企业总数(户)	占各类企业的比例(%)	其中	占各类企业的比例(%)	2011年小型微型企业数量(万户)	2012年小型微型企业数量(万户)	2013年一季度小型微型企业数量(万户)
(5)零售业	从业人员50人以下,或营业收入500万元以下	32279	3.21	小型	0.13	0.122	0.1293	0.127
				微型	3.08	2.4666	2.9969	3.1009
(6)交通运输业	从业人员300人以下,或营业收入3000万元以下	10763	1.07	小型	0.05	0.0584	0.0586	0.055
				微型	1.02	0.9461	1.027	1.0213
(7)仓储业	从业人员100人以下,或营业收入1000万元以下	580	0.06	小型	0.00	0.0052	0.0055	0.005
				微型	0.05	0.0471	0.0518	0.053
(8)邮政业	从业人员300人以下,或营业收入2000万元以下	500	0.05	小型	0.00	0.0013	0.0014	0.0013
				微型	0.05	0.0516	0.0553	0.0487
(9)住宿业	从业人员100人以下,或营业收入2000万元以下	2865	0.28	小型	0.04	0.0411	0.0422	0.0399
				微型	0.25	0.2459	0.2605	0.2466
(10)餐饮业	从业人员100人以下,或营业收入2000万元以下	3090	0.31	小型	0.04	0.0446	0.0447	0.0402
				微型	0.27	0.2524	0.2838	0.2688
(11)信息传输业	从业人员100人以下,或营业收入1000万元以下	2990	0.30	小型	0.00	0.0029	0.0028	0.003
				微型	0.29	0.3153	0.3272	0.296
(12)软件和信息技术服务业	从业人员100人以下,或营业收入1000万元以下	11757	1.17	小型	0.05	0.0516	0.0517	0.0515
				微型	1.12	1.0224	1.1292	1.1242

续表

行业	小型微型企业标准	所有企业总数(户)	占各类企业的比例(%)	其中	占各类企业的比例(%)	2011年小型微型企业数量(万户)	2012年小型微型企业数量(万户)	2013年一季度小型微型企业数量(万户)
(13)房地产开发经营	营业收入1000万以下,或资产总额5000万元以下	6044	0.60	小型	0.08	0.0924	0.099	0.0846
				微型	0.52	0.5286	0.5827	0.5198
(14)物业管理	从业人员300人以下,或营业收入1000万元以下	3429	0.34	小型	0.00	0.0031	0.0032	0.0032
				微型	0.34	0.3042	0.3352	0.3397
(15)租赁和商务服务业	从业人员100人以下,或资产总额8000万元以下	43274	4.30	小型	0.27	0.2773	0.3048	0.2756
				微型	4.03	3.7202	4.3541	4.0518
(16)其他未列明行业	从业人员100人以下	48577	4.83	小型	0.58	0.6844	0.7088	0.5874
				微型	4.24	4.4826	5.2353	4.2703
所有行业汇总		607886	60.42	小型	5.07	5.1298	5.4574	5.105
				微型	55.35	50.2128	56.2686	55.6836

安徽省小型微型企业发展情况的报告

安徽省工商行政管理局

小型微型企业在增加就业、促进经济增长、科技创新与社会和谐稳定等方面具有不可替代的作用,对国民经济和社会发展具有重要的战略意义。近年来,我省各级工商机关高度重视小型微型企业的健康发展,把支持小型微型企业的发展作为巩固和扩大应对国际金融危机冲击成果、保持经济平稳较快发展的重要举措放在更加重要的位置,对小型微型企业发展面临的新情况、新问题,科学分析,正确把握,积极研究并采取有针对性的政策措施,加大支持力度,全省小型微型企业有了长足的发展。现将有关情况报告如下:

一、我省小型微型企业发展的基本情况

(一)我省企业的总体情况。

据统计,我省2011年度各类企业合计33.5309万户(其中,国有集体企业6.6399万户,外资企业0.5427万户,私营企业26.3483万户);2012年度各类企业合计37.332万户(其中,国有集体企业6.5093万户,外资企业0.437万户,私营企业30.3857万户);2013年一季度各类企业合计37.1659万户(其中,国有集体企业6.3223万户,外资企业0.4371万户,私营企业30.4065万户)。

(二)2011年度我省小型微型企业情况。

按照工业和信息化部、国家统计局、国家发展和改革委员会以及财政部等四部委联合印发的《中小企业划型标准规定》(工信部联[2011]300号),结合2011年度企业

年度检验数据信息,2011年度我省小型微型企业合计29.1355万户,占我省企业总数的86.89%(其中,小型微型国有集体企业4.8943万户,占国有集体企业总数的73.71%;小型微型外资企业0.4216万户,占外资企业总数的77.69%;小型微型私营企业23.8196万户,占私营企业总数的90%)。

(三)2012年度我省小型微型企业情况。

根据我省2012年度企业统计数据和2011年度小型微型企业在企业总数中所占的比例,可以测算出2012年度我省小型微型企业合计约32.4377万户(其中,小型微型国有集体企业约4.798万户,小型微型外资企业约0.3395万户,小型微型私营企业约27.3002万户)。

(四)2013年一季度我省小型微型企业情况。

根据我省2013年一季度企业统计数据和2011年度小型微型企业在企业总数中所占的比例,可以测算出2013年一季度我省小型微型企业合计约32.2934万户(其中,小型微型国有集体企业约4.6601万户,小型微型外资企业约0.3395万户,小型微型私营企业约27.2938万户)。

二、我省小型微型企业发展的主要特点

(一)从企业数量上看,微型企业占我省企业的绝对多数。

2011年度我省小型微型企业统计数据显示:各类小型微型企业占我省企业总数的86.89%,其中小型企业0.8395万户,占企业总数的2.5%,微型企业28.296万户,占企业总数的84.39%。由此可见,微型企业占我省企业的绝对多数,小型企业和微型企业的比例约为1:33.75。

(二)从所有制结构上看,私营小型微型企业是小型微型企业的主体。

从企业的所有制结构来分析统计数据:1.国有集体小型微型企业占国有集体企业总数的73.71%,外资小型微型企业占外资企业总数的77.69%,私营小型微型企业占私营企业总数的90%。可见,私营小型微型企业占各类所有制企业的比重最大,数量也最多。2.2011年度我省国有集体小型微型企业4.8943万户,外资小型微型企业0.4216万户,私营小型微型企业23.8196万户,分别占小型微型企业总数29.1355万户的16.798%、1.447%和81.755%;2012年度我省国有集体小型微型企业、外资小型

微型企业和私营小型微型企业分别占小型微型企业总数的 14.791%、1.046% 和 84.162%;2013 年一季度我省国有集体小型微型企业、外资小型微型企业和私营小型微型企业分别占小型微型企业总数的 14.431%、1.051% 和 84.518%。对照这三期的数据,可以看出私营小型微型企业始终占我省小型微型企业总数的八成以上,构成小型微型企业的绝对主体。

(三)从行业分布上看,第三产业是我省小型微型企业的主导产业。

从企业的行业分布来分析统计数据:1. 我省小型微型企业行业分布排名前五位的分别是:(1)工业(包括采矿业,制造业,电力、热力、燃气及水生产和供应业)小型微型企业的数量约占各类企业的 20.84%;(2)批发业小型微型企业的数量约占各类企业的 17.56%;(3)零售业小型微型企业的数量约占各类企业的 11.83%;(4)租赁和商业服务业小型微型企业的数量约占各类企业的 11.48%;(5)其他未列明行业(包括科学研究和技术服务业,水利、环境和公共设施管理业,居民服务、修理和其他服务业,社会工作,文化、体育和娱乐业)小型微型企业的数量约占各类企业的 5.9%。这前五大行业小型微型企业的数量约占各类企业总数的 67.61%,约占小型微型企业总数的 77.81%。2. 从《中小企业划型标准规定》确定的总体 16 个行业来看,第一产业(农、林、牧、渔业)小型微型企业的数量只占各类企业的 2.4%,第二产业(工业和建筑业)小型微型企业的数量约占各类企业的 27.79%,第三产业小型微型企业的数量约占各类企业的 56.7%。可见,第三产业构成我省小型微型企业的主导产业。

三、我省促进小型微型企业发展的主要措施

(一)省委、省政府制定并出台支持小型微型企业发展的法规政策。

近年来,安徽省委、省政府高度重视民营经济发展工作,出台了一系列政策措施。2006 年省人大颁布实施了《安徽省中小企业促进条例》,2007 年省政府以 1 号文件出台《安徽省人民政府关于进一步加快个体私营等非公有制经济发展推进全民创业的实施意见》,2008 年出台《中共安徽省委安徽省人民政府关于进一步推动个体私营等非公有制经济又好又快发展的意见》,2009 年出台《关于进一步加快产业集群专业镇发展的若干政策意见》,2010 年出台《关于进一步促进非公有制经济和中小企业发展的实施意见》。结合我省"十二五"发展规划和当前经济形势发展需要,省政府于

2013年2月21日出台了《中共安徽省委安徽省人民政府关于大力发展民营经济的意见》(皖发[2013]7号)。2月22日，省委、省政府又隆重召开了全省发展民营经济大会，进一步解放思想，统一认识，拓宽发展空间，营造发展浓厚氛围，推动民营经济更好更快发展。

(二)省工商局多措并举积极为小型微型企业发展优化服务。

全省工商系统始终把促进小型微型企业发展作为服务经济发展的一项重要任务，认真贯彻落实《国务院关于进一步支持小型微型企业健康发展的意见》(国发[2012]14号)等政策文件精神，兑现在政策扶持、市场准入、收费减免等方面的优惠政策，畅通服务渠道，大力支持小型微型企业发展。

1. 制定出台促进小型微型企业发展的新举措。

近年来，我局先后制定了10多个促进小型微型企业发展的具体文件。这些文件主要精神包括：

一是"放"。本着在不违反法律法规规定情况下，最大限度方便全民创业的原则，从投资主体、注册资本、出资方式、经营范围、名称登记、投资领域、集团登记等方面放宽准入条件。

二是"简"。精简审批项目，行政审批事项由原来的30个减少为20个；进一步减少审批环节，全省全面推行了企业登记"并联审批"、"一审一核"和"首席代表"制，缩短办事时间，简化工作流程，提高工作效率。

三是"宽"。对于情节轻微、社会危害不大的违规当事人采取限期改正等警示措施，能按要求在限期内改正其违规行为的，可不予经济处罚，变"事后处罚"为"事前规范"，寓监管于服务之中，营造和谐的发展环境。

四是"扶"。近年来，全省各级工商部门积极创新载体，先后开展了一系列红盾帮扶行动。特别是2012年，我局在全系统部署开展了为期4个月的"进万企、优服务、促发展"活动，走访企业3.19万户，帮助企业解决问题1.5万件，在社会上产生较大的影响。今年，我局把这项活动常态化开展、制度化推进。我局还认真贯彻财政部和国家发改委有关文件精神，从2012年1月1日起，免征小型微型企业注册登记费，从2013从1月1日起，全面免征企业注册登记费和个体工商户注册登记费。免征各类企业登记费，实现工商"零收费"，全年可为企业减负1.5亿元。

此外，我省各级工商机关还纷纷出台政策促进小型微型企业发展。例如，淮南市工商局制定了开辟"绿色通道"实行"帮助办理"制度等促进帮扶个体工商户升级转企的十项优惠政策。

2. 推进登记改革，优化民营经济的市场准入环境。

一是清理行政审批项目。对不符合行政许可法的审批项目一律予以取消，进一步优化了市场准入的环境。

二是提高工商窗口服务效能。在推行和完善"一审一核"制、"并联审批"制、首席代表制，在总结首问负责制、限时办结制等办法基础上，不断完善各级工商窗口的服务功能，简化工作流程，创新服务的方式方法，使机关运转更加规范有序、办事更加公开透明、工作更加高效便民。各级政务中心工商服务窗口着力提高服务水平，提高办事效率。2012年，所辖16个市、2个直管县政务服务中心工商窗口实现了红旗窗口全覆盖，在全省第三届文明行业窗口单位评比中，黄山、池州工商窗口被评为优秀窗口。

三是简政放权。我局全面清理了行政审批事项和非行政审批事项，除国家法律、法规确定由省级工商部门办理的项目外，将能下放到市、县工商部门办理的审批项目，一律下放到市、县工商部门办理。除法律、法规明确的外，全面实行私营企业在属地登记和监管，尽可能地方便投资者。对合芜蚌三市下放了各类企业直冠省名核准权；在12个试点县(市)下放了个人独资企业的登记权限，委托给有条件的工商所办理登记注册。

3. 紧扣小型微型企业融资难题，在解难帮困上另辟蹊径。

我局积极推动省政府办公厅印发了《关于印发安徽省商标专用权质押贷款工作指导意见的通知》，省局出台了实施意见，并于2009年9月份在桐城市召开了商标专用权质押贷款银企对接会。目前，"融资助企"工程扎实推进，全省工商系统组织工商干部深入金融机构和广大企业，宣传商标无形价值、商标质押法律依据，指导帮扶企业利用商标、动产、股权等破解融资难题，得到了省政府领导的高度重视和省金融办的大力支持。仅2012年，共帮助企业实现融资700多亿元。今年第一季度，全省通过抵押、质押登记，共帮助企业实现融资239.57亿元。其中，办理股权出质登记1074件，担保债权184.27亿元；办理动产抵押登记846件，金额45.3亿元；办理商标质押贷款40件，金额10亿元。

4. 正确处理监管和发展的关系，促进小型微型企业发展。

全省各级工商机关立足于服务、着眼于发展、致力于和谐,正确处理严格执法与热情服务、整顿规范与加快发展的关系,做到治理与引导相结合,处罚与教育相结合,查处与转化相结合,引导无证无照经营户办证办照合法经营。

四、下一步打算

2013年2月21日《中共安徽省委安徽省人民政府关于大力发展民营经济的意见》(皖发[2013]7号)印发后,省工商局高度重视,结合工商行政管理职能,立即采取有效措施进行任务分解,将大力发展小型微型企业等民营经济工作列入了工作重点,并在全省个私工作会议上进行了部署,具体为:

1. 加大法律法规的宣传教育力度,增强小型微型企业等民营经济主体的法律意识,促使其依法经营,依法维护自身的合法权益。

2. 在注册登记上,根据国务院即将实施的企业登记制度改革,要求全省各级工商机关及时转变观念,顺应改革的要求,本着在不违反法律法规规定的前提下,最大限度地放宽准入条件,缩短办事时间,简化工作流程,全面提高工作效率。

3. 认真落实国家工商总局、省局的相关规定,免收企业和个体工商户的注册登记费[包括开业注册登记、变更登记、年度检验、补(换)证照等费用]。

4. 帮助小型微型企业等民营经济主体拓宽融资渠道,引导并帮助其通过股权质押、商标权质押、动产抵押等进行融资。鼓励、引导民间投资积极参与、支持小型微型企业等民营经济主体增资扩股,推进小型微型企业等民营经济主体做大做强。

5. 鼓励小型微型企业等民营经济主体参与"守合同重信用"活动,帮助其建立健全合同管理制度,推进小型微型企业诚信体系建设。

6. 正确引导小型微型企业等民营经济主体利用各类媒体进行产品的广告宣传,鼓励其参加各类展览会、展销会等,扩大产品知名度。

7. 帮助指导小型微型企业等民营经济主体申请注册商标和申报驰名、著名、知名商标,培育自主品牌,实施名牌战略,增强市场竞争力。

8. 大力宣传有关政策文件精神,支持有一定规模的个体工商户通过转型升级,改变组织形式,做大做强。

9. 充分发挥工商行政管理的行政指导作用,帮助小型微型企业等民营经济主体规范内部管理制度,促进其健康可持续发展。

10. 扎实做好小型微型企业的非公党建工作。在省委非公有制经济和社会组织工委的统一领导下,发挥监管、服务个私经济的职能优势,尤其要注重发挥好各级个私协会的作用,指导市县工商部门重点做好尚未建立党组织的个体工商户、小型微型企业和专业市场的"两个覆盖"工作。通过独立组建、联合组建和依托挂靠等多种方式把分散在个体工商户、小型微型企业和专业市场中的零散党员组织起来,建立党组织。注意引导流动党员亮明身份,及时接转组织关系,积极参加党组织活动。严格按照党员标准,帮助做好发展党员工作,充分发挥党员在企业中的模范带头作用。

附件：

填报单位：安徽省工商局

小型微型企业数量分析测算表

(一)

类型		国有集体企业（万户）	外资企业（万户）	私营企业（万户）	各类企业合计（万户）
小型微型企业占比		73.71%	77.69%	90%	86.89%
2011年度	2011年各类企业数量	6.6399	0.5427	26.3483	33.5309
	2011年小型微型企业数量	4.8943	0.4216	23.8196	29.1355
2012年度	2012年各类企业数量	6.5093	0.437	30.3857	37.332
	2012年小型微型企业数量	4.798	0.3395	27.3002	32.4377
2013年一季度	2013年一季度各类企业数量	6.3223	0.4371	30.4065	37.1659
	2013年一季度小型微型企业数量	4.6601	0.3395	27.2938	32.2934

(二)

行业	小型微型企业标准	占各类企业的比例（%）	其中		占各类企业的比例（%）	2011年小微企业数量（万户）	2012年小型微型企业数量（万户）	2013年一季度小型微型企业数量（万户）
(1)农、林、牧、渔业	营业收入500万以下	2.4	小型	营业收入50万元及以上	0.79	0.2647	0.2949	0.2936
			微型	营业收入50万元以下	1.61	0.5415	0.6010	0.5983
(2)工业	从业人员300人以下，或营业收入2000万元以下	20.84	小型	从业人员20人及以上，且营业收入300万元及以上	0.12	0.0406	0.0448	0.0446
			微型	从业人员20人以下或营业收入300万元以下	20.72	6.9467	7.7352	7.7008
(3)建筑业	营业收入6000万元以下，或资产总额5000万元以下	3.97	小型	营业收入300万元及以上，且资产总额300万元及以上	0.67	0.2253	0.2501	0.249
			微型	营业收入300万元以下或资产总额300万元以下	3.3	1.1079	1.2319	1.2265

续表

行业	小型微型企业标准	占各类企业的比例(%)	其中		占各类企业的比例(%)	2011年小型微型企业数量(万户)	2012年小型微型企业数量(万户)	2013年一季度小型微型企业数量(万户)
(4)批发业	从业人员20人以下,或营业收入5000万元以下	17.56	小型	从业人员5人及以上,且营业收入1000万元及以上	0.35	0.1186	0.1307	0.1301
			微型	从业人5人以下或营业收入1000万以下	17.2	5.7687	6.4211	6.3925
(5)零售业	从业人员50人以下,或营业收入500万元以下	11.83	小型	从业人员10人及以上,且营业收入100万元及以上	0.05	0.0186	0.0187	0.0186
			微型	从业人员10人以下或营业收入100万以下	11.78	3.9486	4.3977	4.3781
(6)交通运输业	从业人员300人以下,或营业收入3000万元以下	3.242	小型	从业人员20人及以上,且营业收入200万元及以上	0.002	0.0008	0.0008	0.0007
			微型	从业人员20人以下或营业收入200万元以下	3.24	1.0847	1.2096	1.2042
(7)仓储业	从业人员100人以下,或营业收入1000万元以下	0.251	小型	从业人员20人及以上,且营业收入100万元及以上	0.001	0.0004	0.0004	0.0004
			微型	从业人员20人以下或营业收入100万元以下	0.25	0.0839	0.0933	0.0929
(8)邮政业	从业人员300人以下,或营业收入2000万元以下	0.715	小型	从业人员20人及以上,且营业收入100万元及以上	0	0	0	0
			微型	从业人员20人以下或营业收入100万元以下	0.715	0.2398	0.2669	0.2657
(9)住宿业	从业人员100人以下,或营业收入2000万元以下	0.592	小型	从业人数10人及以上,且营业收入100万元及以上	0.009	0.0030	0.0034	0.0033
			微型	从业人员10人以下或营业收入100万元以下	0.583	0.1955	0.2176	0.2167

续表

行 业	小型微型企业标准	占各类企业的比例(%)	其 中		占各类企业的比例(%)	2011年小型微型企业数量(万户)	2012年小型微型企业数量(万户)	2013年一季度小型微型企业数量(万户)
(10)餐饮业	从业人员100人以下,或营业收入2000万元以下	1.25	小型	从业人数10人及以上,且营业收入100万元及以上	0.03	0.0112	0.0112	0.111
			微型	从业人员10人以下或营业收入100万元以下	1.22	0.4085	0.4554	0.4534
(11)信息传输业	从业人员100人以下,或营业收入1000万元以下	2.28	小型	从业人数10人及以上,且营业收入100万元及以上	0.05	0.0156	0.0187	0.0186
			微型	从业人员10人以下或营业收入100万元以下	2.23	0.7485	0.8325	0.8288
(12)软件和信息技术服务业	从业人员100人以下,或营业收入1000万元以下	1.84	小型	从业人数10人及以上,且营业收入50万元及以上	0.06	0.0207	0.0224	0.2223
			微型	从业人员10人以下或营业收入50万元以下	1.78	0.5961	0.6645	0.6615
(13)房地产开发经营	营业收入1000万元以下,或资产总额5000万元以下	1.41	小型	营业收入100万元及以上,且资产总额2000万元及以上	0.13	0.0407	0.0485	0.0483
			微型	营业收入100万元以下或资产总额2000万元以下	1.28	0.4315	0.4778	0.4757
(14)物业管理	从业人员300人以下,或营业收入1000万元以下	1.32	小型	从业人员100人及以上,且营业收入500万元及以上	0	0	0	0
			微型	从业人员100人以下或营业收入500万元以下	1.32	0.4442	0.4928	0.4906
(15)租赁和商务服务业	从业人员100人以下,或资产总额8000万元以下	11.48	小型	从业人员10人及以上,且资产总额100万及以上	0.02	0.0064	0.0075	0.0074
			微型	从业人员10人以下或资产总额100万元以下	11.46	3.8445	4.2782	4.2592

续表

行 业	小型微型企业标准	占各类企业的比例(%)	其 中		占各类企业的比例(%)	2011年小型微型企业数量(万户)	2012年小型微型企业数量(万户)	2013年一季度小型微型企业数量(万户)
(16)其他未列明行业	从业人员100人以下	5.9	小型	从业人员10人及以上	0.22	0.0729	0.0821	0.0817
			微型	从业人员10人以下	5.68	1.9054	2.128	1.8189
所有行业汇总		86.89	小型	小型企业	2.5	0.8395	0.9333	0.9291
			微型	微型企业	84.39	28.2960	31.5044	31.3643

统计说明：按照工信部等四部委《中小企业划型标准规定》，根据2011年度企业年检数据，统计本省(自治区、直辖市)2011年度小型微型企业数及在企业总数所占比例，并根据数据测算本省(自治区、直辖市)2012年度和2013年一季度小型微型企业数及在企业总数中的比例。

福建省小型微型企业发展情况报告

福建省工商行政管理局

根据《工商总局办公厅关于请报送小型微型企业发展情况的通知》(办字[2013] 29 号)文件精神,我局专门成立小型微型企业发展课题组,收集整理了福建省小型微型企业发展的基本情况,深入研究我省小型微型企业的整体现状,探索在新形势下进一步发挥工商职能扶持小型微型企业成长的合理方式。现将有关情况报告如下:

一、福建省小型微型企业的总体状况

截至 2012 年年底,福建省共有各类市场主体(包括国有、集体、私营、外商投资、农民专业合作社、个体工商户)136.7 万户,其中,各类企业 40.2 万户、个体工商户 95 万户、农民专业合作社 1.5 万户。

按照工信部、国家统计局、国家发改委、财政部 2011 年 6 月联合印发的《中小企业划型标准规定》,我们综合利用 2011 年年底企业工商年检数据,根据从业人员、营业收入、资产总额三项指标,对福建省小型微型企业数量进行了分析测算。2011 年底,各类企业总数 38 万户,小型微型企业约占 94.63%,其中,在内资企业(含国有、集体及私营)中,小型微型企业约占 96.24%;外资企业(不含分支机构)中,小型微型企业约占 61.9%。截至 2011 年年底,我省小型微型企业约为 35.96 万户,其中,内资小型微型企业约为 34.86 万户、外资小型微型企业约为 1.1 万户(见表一)。

表一 2011年我省小型微型企业占比

类型	内资（含国有集体）企业（万户）	外资企业（万户）	各类企业合计（万户）
小型微型企业占比	96.24%	61.9%	94.63%
2011年年底各类企业数量	36.22	1.78	38
2011年年底小型微型企业数量	34.86	1.1	35.96

我省小型微型企业发展主要有以下特点：

（一）微型企业数量占据绝对多数。

从上表可看出，2011年年底，各类企业共计38万户，小型微型企业约占94.63%，其中，小型企业数量为4.09万、约占企业总数10.76%，微型企业数量为31.87万、约占83.87%。如果再加上95万户个体工商户和1.5万户农民专业合作社，这个比例将更为庞大。可以说，微型企业的数量占据了我省各类市场主体的绝大多数。从吸纳从业人员的总数来看，按调查统计，2012年6月份和上年同期相比，私营企业雇工人数298.49万人，比上年同期增加34.51万人，同比增长13.1%，个体工商户从业人员数239.97万人，比上年同期增加26.99万人，同比增长12.71%。而按照福建省人社厅统计，2012年福建省城镇新增就业人数65.38万人。可见，福建省的小型微型企业，加上个体工商户，已成为福建省新增就业人数的主要去向。特别是小型微型企业所在行业往往是劳动密集型产业，有效解决了我省众多低端劳动力就业问题。

（二）小型微型企业发展规模稳步上升。

根据福建省统计局的调查统计，近年来福建省小型微型企业发展规模稳步上升。从工业来看，2011年全省规模以下的工业企业（含个体工商户）有22.5万家，比2006年增长了2.2%；从业人员228.04万，比2006年增长13.4%；年产值2886.69亿元，比2006年增长了56%（如表一所示）。从表二中可以看出：全省规模以下工业企业（含个体工商户）产值增长较快，高于从业人员的增长速度，较低的人员增长速度拉动了较高的产值增长。

表二　2011年福建省规模以下工业企业有关数据

项目	单位数(户)	产值(亿元)	从业人员(万人)
2011年全省规模以下工业企业（含个体工商户）	225283	2886.69	228.04
比2006年增长	2.2%	56.0%	13.4%

从商业来看，国家统计局把年主营业务收入200万以下的住宿餐饮业、年主营业务收入2000万以下的批发业和年主营业务收入500万以下的零售业定义为限下商业企业，这些企业均属于小型微型企业范畴。由于限下商业纳入统计调查范围时间不久，目前还缺乏近两年的统计数据，但根据2008年全国经济普查的数据，福建省限下商业企业（含个体工商户）共104.1万户，较2004年增长37.4%，从业人员393.05万，比2004年大幅增长了115.9%，零售额达到3523.5亿元，增长88.2%（如表三所示）。

表三　福建省限下商业企业2008年经济普查数据

项目	单位数(户)	零售额(亿元)	从业人员(万人)
2008年全省	1041445	3523.5	393.05
比2004年增长	37.4%	88.2%	115.9%

另外，根据国家统计局福建省调查总队2011年对小型微型企业其他服务业的抽样调查（抽中37694家）结果，37694家服务业企业共实现总营业收入959.59亿元，和2006年相比，增长195%，从业人员54.74万，和2006年相比，增长58.6%，如表四所示。

表四　2011年福建省部分服务业有关数据

项目	单位数(户)	营业收入(亿元)	从业人员(万人)
2011年	37694	959.59	54.74
比2006年增长	137.1%	195.0%	58.6%

从上述数据可以看出，福建省小型微型企业不论营业收入、单位数还是从业人员

在国民经济中都占有重要的地位,总体发展态势良好,规模稳步上升。可以说,小型微型企业是经济社会的基层网点,是市场肌体的基本组织,是群众生活的基础平台,具有数量大、分布广等特点。无论是从国际经验看,还是从国内看,小型微型企业都是国民经济不可或缺的基础动力。

(三)小型微型企业市场竞争日趋激烈。

2012年上半年,福建省内约有1687家企业由规模以下工业企业发展壮大,成为年主营业务收入超过2000万元的规模以上企业。与此同时,部分规模以下工业企业由于无法适应市场激烈竞争而逐渐退出市场。据统计,2011年至2012年上半年,福建省共关闭淘汰落后小型企业3460家,其中2012年上半年就关闭1068家,转产662家企业。同时,全省新投产的企业有1805家,个体工业户数同比减少7.2%。从这些数据上看,福建省小型微型企业的市场竞争已日趋激烈。与此同时,小型微型企业在激烈的竞争中,往往采取超常规,甚至非法的手段来降低生产成本,导致市场资源利用效率下降和市场秩序的混乱。

(四)小型微型企业产业分布不均。

改革开放以来,福建省小型微型工业发展主要以轻纺、食品的低端加工业和服务业为主,靠模仿,以量取胜,主要分布在劳动密集型的私营制造业企业、个体工业和服务业中,生产发展类、新兴类和创新类产品的企业占比较少。从第一、第二、第三产业户数的比例来看,截至2012年年底,全省各类企业第一产业实有12963户,占全省企业实有户数的3.23%;第二产业实有112481户,占全省企业实有户数的28.0%;第三产业实有276235户,占全省企业实有户数的68.77%(见下图)。

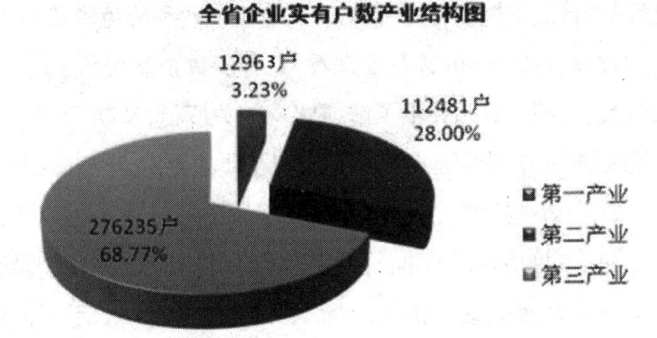

全省企业实有户数产业结构图

- 第一产业:12963户 3.23%
- 第二产业:112481户 28.00%
- 第三产业:276235户 68.77%

从行业分布情况看，全省企业仍以批发和零售业、制造业、租赁和商务服务业居多，分别为144887户、83833户、45542户，三个行业占企业总户数的68.28%。个体工商户的投资热点行业主要集中于批发和零售业、住宿和餐饮业、居民服务和其他服务业，这三大行业个体工商户占了全省新登记内资市场主体总数的89.80%。特别是，小微工业企业在国家重点扶持的先进制造业、战略性新兴产业中的占比偏小。同时，以文化创意、概念设计、影音娱乐、建筑设计为主的小型企业、小型工作室在福建省内还不成规模，与北京、上海等大城市有显著差异，民众的认知度也不高。总体上，产业分布存在较为明显的不均衡现象。

（五）小型微型企业创新能力较差。

据对福建省5033个农村劳动力抽样调查显示：劳动力受教育状况为不识字或识字很少占5.2%，小学程度占27.5%，初中程度占47.2%，高中程度占13.0%，中专程度占3.6%，大专及以上程度仅占3.5%。由于受人才等要素制约，技术创新能力不高，科技经费及技术投入较低，企业产品、工艺、技术创新能力较差，产业结构多为低端加工制造业，拥有自主知识产权和高技术含量的产品少，大多以贴牌生产为主，产品结构较为单一。在福州、厦门、莆田、南平、三明、宁德市的100户小微工业企业的调查中，仅有30%的企业调整产品结构，开发适销对路的新产品促进销量增长。随着内外需结构的调整升级，以及国际产业大格局的变迁，企业面临的市场竞争日趋严峻，产业转型升级严重乏力。

（六）小型微型企业政策受惠不足。

近年来，国家有关部门和地方各级政府为促进小型微型企业发展陆续出台了一些政策，包括减少行政审批项目、调整行政事业性收费和减免税费等，但目前看来，并没有达到预期效果。从宣传的普及度来看，只有少数企业表示了解部分对小型微型企业的优惠政策，大部分对此并不了解或感觉相关度低；从执行的方式来看，这些政策缺乏具体的实施细则，特别是关于小型微型企业的界定，小型微型企业政策的申报等，并不明确。对于小型微型企业如何界定，尽管国家已作了相应的界定，但在实践中不同的行业和不同的部门有不同的界定标准，如税务部门的小型微利企业，统计部门的规模以下企业等，缺乏统一的认定标准及明确的统计认定职能部门，使得政府各职能部门对小型微型企业特别是微型企业的界定标准，尚未形成比较明确的共识，必须提供许多相关资料实地核实，申请手续烦琐，再加上政府办事效率低以及工作人员寻租等因素,企业要耗费大量的时间和人力来处理与政府部门的关系,受益者积极性不高;从执行的力度来看,由于制度的因素,小型微型企业名义上的税费负担与实际税负往往差距较大,再加上一些部门对收入减少的担心和税务机关有税收指标的压力,使得政策设计的初衷往往难以落到实处,小型微型企业感觉不到减轻负担的成效。

二、小型微型企业发展困难的原因分析

(一)外部宏观因素。

当前,我国正处在经济结构调整的转型时期,节能减排、淘汰落后产能等一系列措施相继出台。受到影响最大的往往是处于产业链末端的小型微型企业。虽然国家一直要求平等准入,也鼓励小型微型企业转型,但事实上有价值的资源越来越向权力部门集中,向国企尤其是央企集中,而最具活力的个体私营经济的生存空间越来越小,转型艰难。2012年以来,国内经济增长速度开始减缓,经济增长存在明显的下行压力。国外主要经济体也出现了不同程度的经济衰退,尤其是欧洲债务危机的蔓延,使得全球经济陷入了低谷。严峻的外部因素使得小型微型企业劳动力成本、原材料成本、企业用地成本均有不同程度的上涨,市场容量逐渐萎缩,经营运作越来越紧张,生存处境日益恶化。

(二)内部经营模式。

多数小型微型企业都以粗放式的经营方式为主,大量集中在传统制造业和服务业领域。这些企业的经营者往往文化素质偏低、经营理念落后、信用意识不强,主要依赖廉价劳动力和低成本原材料获取利润。随着通货膨胀和各项成本的上涨,这种模式难以持续。同时,小型微型企业缺乏规范的公司治理结构,财务数据透明度低,风险管理能力严重不足。福建省内相当一部分小型微型企业的管理表面看是公司制企业,但内部管理仍然是传统的工厂制管理模式,个体私营企业基本上以家族式管理为主,缺乏健全的制度与科学的法人治理机构,难以适应市场经济发展要求。另外,受经营者自身专业水准低下的限制,多数小型微型企业的创新意识和开拓能力不强,较低的薪酬待遇也无法留住高水平人才,在战略性新兴产业、先进制造业、现代服务业和文化概念产业等国家大力支持的领域涉入偏少。

(三)市场融资环境。

由于小型微型企业的经营不确定性大、财务透明度低、固定资产少,商业银行往往难以准确识别和衡量其风险状况,给出合理的风险溢价。同时,小型微型企业自身的议价能力也比大中型企业差。其结果是小型微型企业往往难获银行信贷支持,即使贷款,多数银行给企业的贷款利率偏高,加重了企业经营的成本。在这个过程中,信息不对称是最主要的因素。商业银行难以全面了解小型微型企业的实际情况和经营能力,及时发现那些富有创意、持有技术的"潜力型"小型微型企业。同时,在间接融资占主导地位的金融环境下,发行债券、发行股票等直接融资方式对小型微型企业来说也难以实现。另外,不少风险投资公司、私募股权基金、融资担保公司运作尚未规范,与民间借贷有着千丝万缕的关系,高昂的民间借贷成本使得小型微型企业雪上加霜。

三、福建省小型微型企业的政策扶持情况

近年来,小型微型企业的发展,得到了国家和各级地方政府的重视和支持。福建省人民政府下发了《关于支持小型和微型企业发展的十二条金融措施》(闽政[2011]89号),福建省人民政府办公厅下发了《关于进一步落实扶持小型微型企业发展政策措施的意见》(闽政办[2012]71号),从金融信贷、税费减免、财政扶持、保障用地等多个方面提出了扶持小型微型企业的措施,还转发了福建省工商局《关于运用工商行政管理职能促进经济发展方式转变意见的通知》(闽政办[2010]194号)、《关于提高工商服务水平七条措施》(闽政办[2011]225号)等。省工商局也下发了《关于全面提升工商登记服务效能努力打造海西最便捷最高效服务通道的意见》(闽工商综[2012]317号)等文件。从相关政策规定以及工商部门的实际工作来看,福建省工商部门主要从以下几个方面开展了对小型微型企业的扶持工作。

(一)开展企业大走访,了解小型微型企业实际需求。

以"下基层、解民忧、办实事、促发展"为主题,组织全省工商系统企业注册登记部门开展市场主体大走访大调查活动。全省各地工商部门选择一批不同类型、有代表性的企业作为重点对象,组织工商干部根据企业实际和经济形势需要,主要针对小型微型企业和困难企业进行走访调查,传送解读工商各项优惠政策,深入了解企业当

前困难，广泛听取意见建议，以单独形成情况调查报告或结合市场主体数据分析报告形式，向党委、政府上报调查走访情况。对企业提出的涉及工商的个性化要求，采取"一企一策"的办法，积极予以扶持；对提出的普遍性问题，认真研究制定区域性的支持政策，帮助企业解难题、渡难关。全省共走访市场主体10万余户，收集意见建议5000多条，解决问题4000多个。

（二）减免企业登记费用，减轻小型微型企业实际负担。

2011年1月1日起，全省暂停征收企业年度检验费。2011年11月起，在全省范围内，免收个体工商户注册登记费，在福州市范围内免收企业注册登记费。目前免收注册登记费的范围已扩展到全省所有的企业。在企业年检中，对除一人有限公司、上市公司以及从事金融、证券等行业的企业，其他企业均免予提交审计报告，减轻了小型微型企业年检审计负担。

（三）支持企业盘活资产，拓宽小型微型企业融资渠道。

针对小型微型企业融资困难的问题，各级工商部门引导帮助投资者充分利用股权出质登记在解决小型微型企业融资难问题上的积极作用，为企业利用股权有效对接多层次资本市场开辟了新的融资渠道。2012年，全省办理内资企业股权出质登记1305件，出质股权数额162.54亿元，被担保债权数额达401.31亿元。同时，积极创新出资方式，支持以土地承包经营权、林地承包经营权和林木所有权出资设立农民专业合作社；在传统的货币、实物、知识产权、土地使用权等出资方式基础上，推广股权出资和债权出资，允许投资人以其持有的公司股权作为出资，债权人也可以以其依法享有的对公司债权，转为对公司股权，增加公司注册资本。股权出资和债权出资帮助企业和投资者利用股权和债权实现融资，扩大投资，盘活资产，进一步推动了公司改制和重组。

（四）放宽市场主体准入，克服小型微型企业登记难题。

按照非禁即入的原则，放宽企业登记条件。除国家法律法规及国务院决定规定禁止经营或需经前置审批许可的行业、项目外，允许小型微型企业根据发展需要自主选择经营范围和方式，在经营范围中可不作具体限定，支持小型微型企业开展跨行业多样化经营。在注册资金（本）上，对申办个人独资企业、合伙企业、农民专业合作社、个体工商户的，可自行申报，承诺出资，最低1元。对在福州市、平潭综合实验区设立注册资本100万元以下的内资有限公司实行注册资本"零首付"。在注册地址上，简化住所使用证明,各类开发区、投资区、高新技术园区的园区管委会出具的证明可作为产权有效证明,实行"格子间"办公,一定程度上减轻了小型微型企业住所的困难。

(五)提高登记工作效率,构建小型微型企业便捷通道。

2009年下半年开始试行"预约服务制",经过不断的实践与调整,2012年起,预约服务制度逐步在全省推行,目前已形成了较为完善的体系。企业可通过电话预约、网上预约以及现场预约等三种方式,预约办理工商登记,免去企业窗口排队等待时间,做到即到即办。此外,实行"县域通办制",个体工商户、个人独资企业、合伙企业、农民专业合作社等小微市场主体可以选择就近的工商所办理营业执照,较好解决偏远地区群众远途办照的难题。实行"当天核准制",优化登记流程,核准时限由法定的15个工作日,缩短为1个工作日,大幅度提高办事效率。此外,还推行了首问责任、一人办结等效能建设制度,构建了高效便捷的小型微型企业登记通道。

四、运用工商职能服务小型微型企业发展的政策建议

在经济发展的过程中,会有各种各样不同类型、不同行业的小型微型企业产生,它们在市场竞争中或发展壮大、或落后淘汰。在这个过程中,急于求成、拔苗助长的做法并不利于小型微型企业的成长壮大。因此,从发挥政府职能角度出发,扶持小型微型企业发展的重点不应仅仅局限于在资金需求、税费减免、行业准入等方面给出一系列特殊优惠,而是应该形成一个有利于小型微型企业优胜劣汰、良性发展的生长环境,使经营稳、信用好、创意新、技术强的小型微型企业脱颖而出,发展壮大,推动我国经济结构的转变。根据上文的分析,结合工商职能,我们在已有的政策扶持的基础上,从优化经济结构、解决资金瓶颈、规范经营行为等方面,探索提出如下建议:

(一)理顺现有政策,切实落实小型微型企业发展的扶持措施。

国务院2011年出台了9条意见,给予小型和微型企业财税方面的政策扶持。同时,福建省政府以及各个部门也结合实际情况出台了多条措施,有力地支持小型微型企业的健康发展。因此,要认真抓紧落实已出台的各项政策措施,切实帮助小型微型企业解决实际困难。第一,要切实解放思想,营造开明、开放的思想环境。各级政府部门要切实转变政府职能,从思想上真正重视小型微型企业的发展,而不是仅仅重视引进和服务大项目、大资金。第二,要建立完善制度,营造规范、有序的制度环境。特

别是要建立科学的绩效考评机制,从制度上规范、制约领导制造政绩的冲动,强化服务意识,尽可能避免出现在经济增速放缓的情况下,政府相关部门为完成任务而随意变更征收标准增加小型微型企业实际负担的现象,逐步提高民众的实际收入水平。第三,要加大宣传力度,营造亲企、重企的服务环境。梳理出有针对性的政策通过各种方式进行宣传,特别是要加大政府政务公开力度,政府牵头,开设小型微型企业专门网站,宣传小型微型企业的优惠政策,并受理小型微型企业的投诉、意见和建议,健全小型微型企业扶持政策。第四,要坚持依法行政,营造公平、公正的法制环境。要提高行政执法的公开性、透明度,坚决杜绝乱收费、乱罚款、乱摊派、乱检查等现象,切实维护好投资者的合法权益,全力维护企业的安定和社会的稳定,使投资者"投资放心、工作宽心、生活安定、财产安全"。

(二)提升服务水平,优化集约创新的小型微型企业经济结构。

总体上,要把对小型微型企业的扶持政策与海西经济规划紧密结合起来,针对海西的产业集群划分,对不同行业的小型微型企业给予不同的支持,努力引导小型微型企业向战略性新兴产业、先进制造业、现代服务业以及文化概念产业发展,推动区域经济的结构调整。一要加强登记信息引导,为小型微型企业产业选择提供依据。工商部门每年应及时将各个产业的企业登记数据向社会公布,并做好相关的数据分析,为政府各部门提供基础数据的同时,也提供投资人参考,推动小型微型企业从过剩产业和传统制造业向先进制造业、高科技产业转变,自觉调整产业结构。二要放宽登记事项限制,为小型微型企业适时转型提供便利。改革企业登记制度,推行商事登记,放宽企业名称、经营范围、注册资本等限制,企业可根据实际情况自主选择经营范围,在注册地址上,建立以小型微型企业为主的创业园区,对在园区内从事经营活动的小型微型企业放宽地址限制,不受产权证明的限制,可以格子间办公,努力推动小型微型企业朝绿色集约的方向发展。三要严格推进节能减排,引导小型微型企业产业结构调整。认真执行国家关于促进产业结构调整的相关文件,对小炼油厂、小玻璃厂、小水泥厂、小钢铁厂等产能过剩和污染性企业不予登记,积极参与淘汰落后产能工作,对投资节能环保、信息技术、新能源、新材料等企业提供相应的扶持性政策,着力推动绿色发展、循环发展和低碳发展。

(三)解决资金瓶颈,完善高效多元的小型微型企业融资渠道。

解决小型微型企业融资难题,应当将控制风险和持续发展相结合,既要有效减轻银行对小型微型企业信用不足的担心,又要避免对小型微型企业集中放贷导致风险失控。一要引导民间资本,促进小型微型企业融资主体多元化。规范网络金融、小贷公司、民间借贷等资本的市场行为,引导民间资本进入小型微型企业,促进小型微型企业融资形式的多元化。近年来,随着我国经济的快速发展,大量资金沉淀于民间,并成为小型微型企业融资的选择,但同时也引发了大量纠纷。因此,应积极引导其规范发展,构建良性的市场机制,发挥市场功能,控制市场风险。除了传统的银行贷款外,应当鼓励成立小额贷款公司、村镇银行、融资担保公司等,特别是要探索成立民间借贷登记机关,引导民间借贷从地下走上地面,规范民间借贷行为,充分利用民间资金优势,有效实现民间资本的集聚、扩散、流动和管理,使其成为支持小型微型企业发展的有力推手。二要创新融资方式,推进小型微型企业融资渠道多元化。在传统的银行信贷方面,推广股权质押、动产抵押、商标权质押等方式,在正确评估小型微型企业风险的前提下,适当降低小型微型企业贷款门槛,给出合理的定价,降低小型微型企业融资成本。同时,推广股权出资、债权出资等,为小型微型企业扩大经营规模提供新的选择。进一步鼓励成立创业投资基金、私募股权投资基金等风险偏好型资金,支持科技型、文化型小型微型企业的初期发展,逐步建立起以风险资本为主体的创投型小型微型资本筹集模式。同时,合理控制风险,将资本引导到富有创意、富有潜力的产业中,最终形成市场化的创业型小型微型企业资本运作机制。三要加强信息沟通,合理控制小型微型企业融资风险。与金融部门建立信息沟通机制,放开银行对小型微型企业工商登记信息和不良记录的查询,开展守合同重信用企业认定与信用良好企业、知名字号企业认定,提高银行对小型微型企业信用度的认识,正确评估小型微型企业风险。鼓励成立信用评级机构,优化征信管理、形成合理的信用评级机制,确保通过较高资信水平的外部评级机构强化对小型微型企业的信用约束,做到优胜劣汰,使成长性良好的企业真正得到所需资金。

(四)规范经营行为,搭建扎实有效的小型微型企业成长平台。

一要引导规范公司治理结构。在小型微型企业创业之初,集经营权、所有权于一身的家族式管理模式,具有凝聚力强、决策快、节省成本等优越性,是与企业的生产经营相适应的,但当企业发展到一定的规模后,这种经营管理模式将限制企业的进一步发展。工商登记通过提交规范的公司章程、股东会、董事会等公司登记资料,可以促进小型微型企业建立健全规范的公司议事方式,引导企业改变传统的家族式经营管理模式,学习并接受现代金融、经济、财务、投资等方面的理论知识,树立走现代企业管理道路的观念,用长远发展的战略眼光来经营企业、用先进科学的管理制度来管理企业,提高企业竞争力,推进企业健康、快速发展,从根本上促进小型微型企业经营方式的转型。二要完善社会信用体系建设。可以考虑政府牵头,工商部门积极配合,财政资金支持,各部门积极参与,建立健全社会信用体系,强化守信受益、失信惩戒的信用约束机制,最终形成良性的信息征集体制,提升小型微型企业信用意识,引导小型微型企业树立正确的信用价值观,促使小型微型企业建立信誉资产。三要开展小型微型企业行政指导。行政指导工作是工商监管理念的转变和工商监管方式的创新,通过建议、辅导、提醒、公示、约谈等非强制性方式,引导小型微型企业合法经营,推进和谐执法。行政指导有利于规范小型微型企业日常经营行为,避免违法违规行为的出现。特别是对于小型微型企业在经营过程中容易忽略的登记事项,如经营期限、出资、年检即将到期等,应及时进行提醒,避免企业不及时办理而违反法律法规。四要加强监管严格执法。和谐执法与严格执法是相辅相成辩证统一的。在市场竞争中小型微型企业面临许多困难,但同时,小型微型企业中也容易出现违法违规的现象。在引导小型微型企业合法经营的同时,也要加强监管,特别是对于关系国计民生的制假售假、虚假广告、侵害消费者合法权益等违法违规行为,要坚决予以制止,以切实维护公平交易的市场秩序,保护合法经营的企业和消费者的权益。

附件：

填报单位：福建省工商局

小型微型企业数量分析测算表

（一）

类　型		国有集体企业（万户）	外资企业（万户）	私营企业（万户）	各类企业合计（万户）
小型微型企业占比		96.17%	61.90%	96.243%	94.63%
2011年度	2011年各类企业数量	5.4856	1.783	30.7383	38.0069
	2011年小型微型企业数量	5.2794	1.1038	29.5835	35.9667
2012年度	2012年各类企业数量	5.4321	1.7954	34.7364	41.9639
	2012年小型微型企业数量	5.2279	1.1115	33.4314	39.7708
2013年一季度	2013年一季度各类企业数量	5.4313	1.7837	35.6736	42.8886
	2013年一季度小型微型企业数量	5.2272	1.1042	34.3333	40.6647

（二）内资

行　业	小型微型企业标准	占各类企业的比例（%）	其　中		占各类企业的比例（%）	2011年小型微型企业数量（万户）	2012年小型微型企业数量（万户）	2013年一季度小型微型企业数量（万户）
(1)农、林、牧、渔业	营业收入500万元以下	2.90	小型	营业收入50万元及以上	0.61	0.2224	0.2450	0.2507
			微型	营业收入50万元以下	2.29	0.8284	0.9186	0.9400
(2)工业	从业人员300人以下，或营业收入2000万元以下	20.58	小型	从业人员20人及以上，且营业收入300万元及以上	3.29	1.1920	1.3218	1.3526
			微型	从业人员20人以下或营业收入300万元以下	17.29	6.2617	6.9436	7.1054
(3)建筑业	营业收入6000万元以下，或资产总额5000万元以下	4.54	小型	营业收入300万元以上，且资产总额300万元及以上	0.32	0.1171	0.1299	0.1329
			微型	营业收入300万元以下或资产总额300万元以下	4.22	1.5276	1.6939	1.7334

续表

行 业	小型微型企业标准	占各类企业的比例(%)	其中		占各类企业的比例(%)	2011年小型微型企业数量(万户)	2012年小型微型企业数量(万户)	2013年一季度小型微型企业数量(万户)
(4)批发业	从业人员20人以下，或营业收入5000万元以下	14.33	小型	从业人员5人以上，且营业收入1000万元及以上	1.24	0.4474	0.4961	0.5077
			微型	从业人员5人以下或营业收入1000万元以下	13.10	4.7444	5.2610	5.3837
(5)零售业	从业人员50人以下，或营业收入500万元以下	20.55	小型	从业人员10人及以上，且营业收入100万元及以上	0.58	0.2102	0.2331	0.2385
			微型	从业人员10人以下或营业收入100万元以下	19.97	7.2343	8.0221	8.2091
(6)交通运输业	从业人员300人以下，或营业收入3000万元以下	1.70	小型	从业人员20人及以上，且营业收入200万元及以上	0.29	0.1058	0.1173	0.1201
			微型	从业人员20人以下或营业收入200万元以下	1.41	0.5106	0.5662	0.5794
(7)仓储业	从业人员100人以下，或营业收入1000万元以下	0.69	小型	从业人员20人及以上，且营业收入100万元及以上	0.03	0.0095	0.0105	0.0108
			微型	从业人员20人以下或营业收入100万元以下	0.66	0.2407	0.2669	0.2731
(8)邮政业	从业人员300人以下，或营业收入2000万元以下	0.38	小型	从业人员20人及以上，且营业收入100万元及以上	0.00	0.0007	0.0008	0.0008
			微型	从业人员20人以下或营业收入100万元以下	0.38	0.1377	0.1527	0.1563
(9)住宿业	从业人员100人以下，或营业收入2000万元以下	0.47	小型	从业人数10人及以上，且营业收入100万元及以上	0.12	0.0423	0.0469	0.0480
			微型	从业人员10人以下或营业收入100万元以下	0.35	0.1280	0.1419	0.1452

续表

行业	小型微型企业标准	占各类企业的比例(%)	其中		占各类企业的比例(%)	2011年小型微型企业数量(万户)	2012年小型微型企业数量(万户)	2013年一季度小型微型企业数量(万户)
(10)餐饮业	从业人员100人以下,或营业收入2000万元以下	1.16	小型	从业人员10人及以上,且营业收入100万元及以上	0.17	0.0611	0.0678	0.0693
			微型	从业人员10人以下或营业收入100万元以下	1.00	0.3609	0.4002	0.4095
(11)信息传输业	从业人员100人以下,或营业收入1000万元以下	0.85	小型	从业人员10人及以上,且营业收入100万元及以上	0.02	0.0082	0.0091	0.0093
			微型	从业人员10人以下或营业收入100万元以下	0.83	0.3014	0.3342	0.3420
(12)软件和信息技术服务业	从业人员100人以下,或营业收入1000万元以下	2.21	小型	从业人员10人及以上,且营业收入50万元及以上	0.30	0.1071	0.1188	0.1215
			微型	从业人员10人以下或营业收入50万元以下	1.92	0.6941	0.7697	0.7876
(13)房地产开发经营	营业收入1000万元以下,或资产总额5000万元以下	1.61	小型	营业收入100万元及以上,且资产总额2000万元及以上	0.04	0.0130	0.0144	0.0148
			微型	营业收入100万元以下或资产总额2000万元以下	1.58	0.5718	0.6341	0.6488
(14)物业管理	从业人员300人以下,或营业收入1000万元以下	0.87	小型	从业人员100人及以上,且营业收入500万元及以上	0.01	0.0048	0.0053	0.0054
			微型	从业人员100人以下或营业收入500万元以下	0.86	0.3102	0.3440	0.3520
(15)租赁和商务服务业	从业人员100人以下,或资产总额8000万元以下	10.56	小型	从业人员10人及以上,且资产总额100万元及以上	2.30	0.8320	0.9226	0.9441
			微型	从业人员10人以下或资产总额100万元以下	8.26	2.9919	3.3177	3.3950

续表

行业	小型微型企业标准	占各类企业的比例(%)	其中		占各类企业的比例(%)	2011年小微企业数量(万户)	2012年小微企业数量(万户)	2013年一季度小微企业数量(万户)
(16)其他未列明行业	从业人员100人以下	12.82	小型	从业人员10人及以上	0.14	0.0495	0.0549	0.0562
			微型	从业人员10人以下	12.69	4.5961	5.0966	5.2154
所有行业汇总			小型		9.45	3.4231	3.7959	3.8843
			微型		86.79	31.4398	34.8634	35.6762

(三)外资

行业	小型微型企业标准	占各类企业的比例(%)	其中		占各类企业的比例(%)	2011年小型微型企业数量(万户)	2012年小型微型企业数量(万户)	2013年一季度小型微型企业数量(万户)
(1)农、林、牧、渔业	营业收入500万元以下	2.21	小型	营业收入50万元及以上	0.44	0.0078	0.0079	0.0078
			微型	营业收入50万元以下	1.77	0.0315	0.0317	0.0315
(2)工业	从业人员300人以下,或营业收入2000万元以下	35.64	小型	从业人员20人及以上,且营业收入300万元及以上	14.26	0.2542	0.2560	0.2543
			微型	从业人员20人以下或营业收入300万元以下	21.38	0.3812	0.3839	0.3813
(3)建筑业	营业收入6000万元以下,或资产总额5000万元以下	0.11	小型	营业收入300万元以上,且资产总额300万元及以上	0.10	0.0018	0.0018	0.0018
			微型	营业收入300万元及以下或资产总额300万元以下	0.01	0.0001	0.0001	0.0001

续表

行业	小型微型企业标准	占各类企业的比例(%)	其中		占各类企业的比例(%)	2011年小微企业数量(万户)	2012年小微企业数量(万户)	2013年一季度小微企业数量(万户)
(4)批发业	从业人数20人以下,或营业收入5000万元以下	3.88	小型	从业人数5人及以上,且营业收入1000万元及以上	0.12	0.0021	0.0021	0.0021
			微型	从业人数5人及以下或营业收入1000万以下	3.76	0.0671	0.0676	0.0671
(5)零售业	从业人员50人以下,或营业收入500万元以下	0.29	小型	从业人数10人及以上,且营业收入100万元及以上	0.10	0.0018	0.0018	0.0018
			微型	从业人数10人以下或营业收入100万以下	0.19	0.0033	0.0033	0.0033
(6)交通运输业	从业人数300人以下,或营业收入3000万元以下	0.52	小型	从业人数20人及以上,且营业收入200万元及以上	0.12	0.0022	0.0022	0.0022
			微型	从业人数20人以下或营业收入100万元以下	0.40	0.0071	0.0071	0.0071
(7)仓储业	从业人员100人以下,或营业收入1000万元以下	0.30	小型	从业人员20人及以上,且营业收入100万元及以上	0.03	0.0006	0.0006	0.0006
			微型	从业人员20人以下或营业收入100万元以下	0.27	0.0049	0.0049	0.0049
(8)邮政业	从业人员300人以下,或营业收入2000万元以下	0	小型	从业人员20人及以上,且营业收入100万元及以上	0	0	0	0
			微型	从业人员20人以下或营业收入100万元以下	0	0	0	0
(9)住宿业	从业人员100人以下,或营业收入2000万元以下	0.46	小型	从业人数10人及以上,且营业收入100万元及以上	0.24	0.0042	0.0042	0.0042
			微型	从业人员10人以下或营业收入100万元以下	0.22	0.0039	0.0039	0.0039

续表

行业	小型微型企业标准	占各类企业的比例(%)	其中		占各类企业的比例(%)	2011年小微企业数量(万户)	2012年小微企业数量(万户)	2013年一季度小微企业数量(万户)
(10)餐饮业	从业人员100人以下，或营业收入2000万元以下	0.85	小型	从业人数10人及以上，且营业收入100万元及以上	0.08	0.0015	0.0015	0.0015
			微型	从业人员10人以下或营业收入100万元以下	0.77	0.0138	0.0139	0.0138
(11)信息传输业	从业人员100人以下，或营业收入1000万元以下	0.01	小型	从业人数10人及以上，且营业收入100万元及以上	0	0	0	0
			微型	从业人员10人以下或营业收入100万元以下	0.01	0.0002	0.0002	0.0002
(12)软件和信息技术服务业	从业人员100人以下，或营业收入1000万元以下	0.54	小型	从业人数10人及以上，且营业收入50万元及以上	0.15	0.0026	0.0026	0.0026
			微型	从业人员10人以下或营业收入50万元以下	0.39	0.0069	0.0069	0.0069
(13)房地产开发经营	营业收入1000万元以下，或资产总额5000万元以下	0.80	小型	营业收入100万元及以上，且资产总额2000万元及以上	0.15	0.0027	0.0027	0.0027
			微型	营业收入100万元以下或资产总额2000万元以下	0.65	0.0116	0.0117	0.0116
(14)物业管理	从业人员300人以下，或营业收入1000万元以下	0.30	小型	从业人员100人及以上，且营业收入500万元及以上	0.02	0.0004	0.0004	0.0004
			微型	从业人员100人以下或营业收入500万元以下	0.27	0.0049	0.0049	0.0049
(15)租赁和商务服务业	从业人员100人以下，或资产总额8000万元以下	1.48	小型	从业人员10人及以上，且资产总额100万及以上	0.16	0.0028	0.0028	0.0028
			微型	从业人员10人以下或资产总额100万元以下	1.32	0.0235	0.0237	0.0235

续表

行业	小型微型企业标准	占各类企业的比例(%)	其中		占各类企业的比例(%)	2011年小微企业数量(万户)	2012年小微企业数量(万户)	2013年一季度小微企业数量(万户)
(16)其他未列明行业	从业人员100人以下	14.53	小型	从业人员10人及以上	8.27	0.1474	0.1484	0.1475
			微型	从业人员10人以下	6.26	0.1117	0.1125	0.1117
所有行业汇总		61.90	小型		37.67	0.4321	0.4351	0.4323
			微型		24.23	0.6717	0.6764	0.6720

统计说明：按照工信部等四部委《中小企业划型标准规定》，根据2011年度企业年检数据，统计本省（自治区、直辖市）2011年度小型微型企业数及在企业总数所占比例，并根据数据测算本省（自治区、直辖市）2012年度和2013年一季度小型微型企业数及在企业总数中的比例。

江西省小型微型企业发展报告

江西省工商行政管理局

近年来,江西省围绕全面推进促进中部地区崛起、鄱阳湖生态经济区建设和赣南等原中央苏区振兴发展三大国家战略实施,着力激发市场主体的创造活力,增强经济发展的内生动力,全省小型微型企业呈现加速增长态势。

一、总体情况

截至 2012 年底,全省期末实有各类企业市场主体 30.21 万户,其中国有集体企业 6.89 万户,外资企业 0.73 万户,私营企业 22.59 万户。按照工信部、国家统计局、国家发改委、财政部 2011 年 6 月印发的《中小企业划型标准规定》,利用 2011 年度企业年检数据,根据从业人员、营业收入、资产总额三项指标,对我省 2012 年度小微企业数量进行了分析测算。在全省 30.21 万户各类企业市场主体中,我省小微企业有 27.33 万户,比重达 90.48%;其中在国有集体企业中,小微企业有 5.47 万户,比重为 79.42%;在外资企业中,小微企业有 0.35 万户,比重为 48.25%;在私营企业中,小微企业有 21.51 万户,比重为 95.20%。

二、主要特点

(一)小型微型企业是我省企业市场主体的主力军。

在全省各类企业市场主体中,小型企业有 6.13 万户,占企业比重 20.29%;微型企业约21.2万户,占企业比重70.18%。在各类企业市场主体中,小型微型企业十有其九。广大的小型微型企业就是促进可持续发展的重要基础,是我省经济发展的生力军、扩大就业的主渠道、全民创业的主战场。

(二)小型微型企业主要集中在私营企业。

私营小型微型企业占各类小型微型企业比重达78.70%,占所有私营企业的比重更高达95.20%。私营小型微型企业是支撑我省民营经济的基石,是推动经济转型升级的底层力量。

(三)小型微型企业的行业分布相对集中,尤其在第三产业更为明显。

第一产业小型微型企业有1.55万户,占该产业比重为85.28%;第二产业小型微型企业有8.14万户,占该产业比重为88.96%;第三产业小型微型企业有17.64万户,占该产业比重为91.68%。其中批发和零售业小型微型企业共8.91万户,工业小型微型企业(包括采矿业、制造业、电力、热力、燃气及水生产和供应业)6.6万户,租赁和商务服务业小型微型企业2.92万户,这三大行业小型微型企业共18.43万户,占所有小型微型企业比重67.44%,是小型微型企业较为集中的行业。

三、存在问题

一是从小型微型企业自身情况来说,我省小型微型企业负面特征比较明显。我省小型微型企业大多数处于产业链低端,小型微型企业相当一部分企业品牌意识不强,粗加工产品多、精加工产品少,一般性产品多、名优特产品少,转变发展方式显得十分必要和迫切。自主创新能力较低,市场竞争力和品牌影响力不强,创新意识和科技成果转化能力较弱,没有形成具有特色的产业集群。融资难问题尤为突出,由于资本的逐利性质导致信贷资金竞相追逐大企业、大项目,而小型微型企业规模小、产业层次低,财务制度不健全,大多数又无法提供合法、有效的担保和抵(质)押物,难以获得银行信贷资金支持,再加上我省小型微型企业融资渠道少,融资租赁、股权投资等融资渠道没有被充分利用起来,资本市场的融资功能没有得到有效发挥,成为长期以来制约我省小型微型企业发展的瓶颈。

二是从政府和社会角度来看,对小型微型企业的认识、扶持不够到位。2011年省政府就出台了《关于贯彻落实国务院支持小型微型企业发展若干政策的实施意见》，但一些地方和单位对小型微型企业的地位与作用认识不足，不能从壮大经济总量、调整经济结构、转变发展方式、扩大内需、增加税收、促进就业等方面充分认识其蕴涵的巨大能量，还没有形成重视、关心、支持小型微型企业发展的强大合力和社会氛围。另外近年来虽然各级政府出台了一系列鼓励和支持小型微型企业发展的政策措施，对小型微型企业的发展起到了一定的推动作用，但有些政策措施难以完全落到实处，有的甚至在执行过程中变了形、走了样，存在着"名义上开放、实际上限制"的"玻璃门"、"弹簧门"、"旋转门"现象，一定程度上挫伤了创业者的积极性。

四、服务措施及对策建议

一是要真正认识小型微型企业对社会经济发展的贡献。大中型企业和小型微型企业在地方经济发展中发挥着不同的作用，大企业在创造国民生产总值、增加财政收入上贡献巨大，而小型微型企业在拉动就业、稳定社会、促进竞争上优势明显。但部分地方政府和有关部门往往"过分"重视大中型企业，而不愿去关注甚至轻视众多的小型微型企业发展状况。如各级政府和有关部门在挂点帮扶时，大多选择大中型企业建立联系点，而很少会对口帮扶小型微型企业，由此也导致在施政观念上产生"重大轻小"的惯性思维。因此，一定要重新认识小型微型企业，要看到小型微型企业是缓解就业压力保持社会稳定的基础力量，是市场经济的主体和市场体制的微观基础，是深化改革的主要推动力量，将"重大轻小"转向"抓大扶小"，才能真正支持和促进小型微型企业的发展。我省工商系统将在省、市、县三级全面建立个体私营经济发展服务联系点，为各级政府和有关部门关注个体私营小型微型企业发展困境而"摇旗呐喊"。

二是要将做大小型微型企业总量作为一项重要指标。小型微型企业之所以能在经济社会发展中凸显重要地位，正是由于其数量庞大，处于经济体系"金字塔"中的塔基位置，支撑起为数不多的上规模企业。只有基础做大了，才能不断冒出更多上规模企业。要立足于培育更多的小型微型企业，千方百计地在培育市场主体上做文章、出政策、减负担。将促进小型微型企业发展工作纳入绩效考核范围，对支持小微型企业发展工作突出的地区和有关部门给予表彰，全力营造有利于小型微型企业可持续发展的社会环境。去年我省出台《关于大力促进非公有制经济更好更快发展的意见》，制定了推进非公有制经济市场主体成长计划，全省工商部门将主动发挥职能，大力培育和发展更多的市场主体，实现由量变到质变的飞跃，促进全省经济稳步快速健康发展。

三是要发挥市场在资源配置中的决定性作用。目前我国已成为全球储蓄金额最多的国家，也是目前全球储蓄率最高的国家。有40多万亿元的中国居民储蓄余额做后盾，有人民群众日益增长的消费升级需求，中国经济不缺强劲动力。但要让这动力活跃起来，让民间资本顺畅进行投资，必须先清除那些不合理的政策规定，消除不合时宜的发展障碍。要通过清理，真正让市场在资源配置中起决定性作用，凡是不应该有的障碍都要把它清除，在法定范围内，做到能宽则宽、能放则放、能减则减、能快则快、能改则改、能优则优，为小型微型企业创造宽松的进入和成长的环境，让小型微型企业实现"无障碍创业"。

四是在政策适当向小型微型企业倾斜。对于小型微型企业来说，虽然具有"船小好掉头"的灵活机制，但也同样存在抗不住"大风大浪"的问题。因此建议在金融方、税收、能源、土地等方面，出台针对小型微型企业的优惠政策，落实创业扶持政策，搭建小型微型企业创业平台为重点，降低小型微型企业创业成本，解决小型微型企业发展中的实际问题，提高小型微型企业成活率和市场竞争能力。

附件：

填报单位：江西省工商局

2012年度全省小型微型企业数量测算分析表

(一)

类　型	国有集体企业	外资企业	私营企业	各类企业合计
2012年各类企业数量(万户)	6.89	0.73	22.59	30.21
2012年度小型微型企业占比(%)	79.42	48.25	95.20	90.48
按比例测算2012年小型微型企业数量(万户)	5.47	0.35	21.51	27.33
2013年一季度各类企业数量(万户)	6.97	0.72	23.2	30.89
2013年度小型微型企业占比(%)	79.42	48.25	95.20	90.58
按比例测算2013年一季度小型微型企业数量(万户)	5.54	0.35	22.09	27.98

(二)

行　业	小型微型企业标准	其中		2012年小微企业占各类企业比例(%)	2012年小微企业数量(万户)	2013年一季度小微企业占各类企业比例(%)	2013年一季度小微企业数量(万户)
(1)农、林、牧、渔业	营业收入500万元以下	小型	营业收入50万元及以上	27.88	0.51	27.88	0.52
		微型	营业收入50万元以下	57.40	1.04	57.40	1.06
(2)工业	从业人员300人以下，或营业收入2000万元以下	小型	从业人员20人及以上，且营业收入300万元及以上	21.31	1.6	21.31	1.64
		微型	从业人员20人以下或营业收入300万元以下	66.77	5	66.77	5.12
(3)建筑业	营业收入6000万元以下，或资产总额5000万元以下	小型	营业收入300万元及以上，且资产总额300万元及以上	17.60	0.29	17.60	0.30
		微型	营业收入300万元以下或资产总额300万元以下	75.16	1.25	75.16	1.28

续表

行业	小型微型企业标准	其中		2012年小微企业占各类企业比例(%)	2012年小微企业数量(万户)	2013年一季度小微企业占各类企业比例(%)	2013年一季度小微企业数量(万户)
(4)批发业	从业人数20人以下,或营业收入5000万以下	小型	从业人数5人及以上,且营业收入1000万元及以上	9.34	0.63	9.34	0.64
		微型	从业人数5人以下或营业收入1000万以下	85.58	5.77	85.58	5.91
(5)零售业	从业人员50人以下,或营业收入500万以下	小型	从业人数10人及以上,且营业收入100万元及以上	18.74	0.56	18.74	0.57
		微型	从业人数10人以下或营业收入100万以下	64.97	1.95	64.97	2.00
(6)交通运输业	从业人数300人以下,或营业收入3000万元以下	小型	从业人数20人及以上,且营业收入200万元及以上	20.79	0.22	20.79	0.23
		微型	从业人数20人以下或营业收入100万以下	65.76	0.71	65.76	0.73
(7)仓储业	从业人员100人以下,或营业收入1000万以下	小型	从业人员20人及以上,且营业收入100万元及以上	13.78	0.01	13.78	0.01
		微型	从业人员20人以下或营业收入100万以下	60.24	0.03	60.24	0.03
(8)邮政业	从业人员300人以下,或营业收入2000万以下	小型	从业人员20人及以上,且营业收入100万元及以上	9.77	0	9.77	0.00
		微型	从业人员20人以下或营业收入100万元以下	88.37	0.04	88.37	0.04
(9)住宿业	从业人员100人以下,或营业收入2000万以下	小型	从业人数10人及以上,且营业收入100万元及以上	41.59	0.09	41.59	0.09
		微型	从业人员10人以下或营业收入100万元以下	52.09	0.12	52.09	0.12

续表

行业	小型微型企业标准	其中		2012年小微企业占各类企业比例(%)	2012年小微企业数量(万户)	2013年一季度小微企业占各类企业比例(%)	2013年一季度小微企业数量(万户)
(10)餐饮业	从业人员100人以上,或营业收入2000万以下	小型	从业人数10人及以上,且营业收入100万元及以上	35.41	0.07	35.41	0.07
		微型	从业人员10人以下或营业收入100万元以下	51.91	0.11	51.91	0.11
(11)信息传输业	从业人员100人以下,或营业收入1000万以下	小型	从业人数10人及以上,且营业收入100万元及以上	2.13	0.01	2.13	0.01
		微型	从业人员10人以下或营业收入100万元以下	89.02	0.44	89.02	0.45
(12)软件和信息技术服务业	从业人员100人以下,或营业收入1000万以下	小型	从业人数10人及以上,且营业收入50万元及以上	28.32	0.15	28.32	0.15
		微型	从业人员10人以下或营业收入50万元以下	66.62	0.35	66.62	0.36
(13)房地产开发经营	营业收入1000万元以下,或资产总额5000万元以下	小型	营业收入100万元及以上,且资产总额2000万元及以上	15.54	0.16	15.54	0.16
		微型	营业收入100万元以下或资产总额2000万元以下	62.53	0.65	62.53	0.67
(14)物业管理	从业人员300人以上,或营业收入1000万元以下	小型	从业人员100人及以上,且营业收入500万元及以上	2.48	0.01	2.48	0.01
		微型	从业人员100人以下或营业收入500万元以下	94.29	0.33	94.29	0.34

续表

行业	小型微型企业标准	其中		2012年小微企业占各类企业比例(%)	2012年小微企业数量(万户)	2013年一季度小微企业占各类企业比例(%)	2013年一季度小微企业数量(万户)
(15)租赁和商务服务业	从业人员100人以下,或资产总额8000万以下	小型	从业人员10人及以上,且资产总额100万及以上	35.73	1.09	35.73	1.12
		微型	从业人员10人以下或资产总额100万元以下	60.04	1.83	60.04	1.87
(16)其他未列明行业	从业人员100人以下	小型	从业人员10人及以上	30.09	0.73	30.09	0.75
		微型	从业人员10人以下	65.34	1.58	65.34	1.62
小微企业小计					27.33		27.98
所有企业合计					30.21		30.89

统计说明:按照工信部等四部委《中小企业划型标准规定》,分行业对2011年度企业年检报告中各企业所填写的从业人员、资产总额、营业收入数据进行统计汇总,得出各行业小型微型企业所占比例,得出全省(自治区、直辖市)2012年度和2013年一季度各行业小型微型企业的数量。

山东省小型微型企业发展情况报告

山东省工商行政管理局

近年来,在工商总局和省委、省政府的领导下,全省各级工商行政管理机关紧紧围绕"保增长、调结构、稳就业、促发展"的总体目标,全面落实中央和我省推进小型微型企业发展的政策措施,充分发挥职能作用,全力推进小型微型企业发展,在扩数量、提质量上下功夫,在强化服务上求突破,我省小型微型企业呈现出蓬勃发展的良好态势,对推进我省由大省到强省的战略性转变发挥了积极作用。现将有关情况报告如下:

一、基本情况

截至2013年3月底,全省实有各类市场主体(包括国有、集体企业、外商投资企业、私营企业、个体工商户、农民专业合作社)户数为370.8万户,其中实有各类企业81.7万户,个体工商户281.7万户,农民专业合作社7.5万户。

按照工信部、国家统计局、国家发改委、财政部2011年6月联合印发的《中小企业划型标准规定》,我们综合利用2011年度企业年检数据,根据从业人员、营业收入、资产总额三项指标,对我省小型微型企业数量进行了分析测算。在各类企业中,小型微型企业约占86.4%,其中,在国有集体企业中,小型微型企业约占71.2%;外资企业中,小型微型企业约占57.4%;私营企业中,小型微型企业约占91.3%。截至今年3月底,我省小型微型企业约为70.6万户,其中,国有集体小型微型企业约为8.9万户,外资小型微型企业约为1.5万户,私营小型微型企业约为60.8万户（因均按比例测算,三类小型微型企业和略大于总数）。据人力资源和社会保障部门统计,2012年全省实现城镇新增就业115.3万人,转移农村劳动力129.4万人;依据省工商局2012年度工商登记统计数据,全省小型微型企业吸纳新增就业人员191.7万人,占全省新增就业的78%。

我省小型微型企业主要有以下特点:一是微型企业数量占绝对多数。在各类企业中,小型微型企业约占86.4%,其中小型企业占5.2%、微型企业占81.2%,小型与微型企业的比例约为1:16。二是,私营小型微型企业是小型微型企业的主体。从我省小型微型企业的所有制结构看,私营小型微型企业的数量占我省小型微型企业数量的81.8%。在外资、国有集体企业中小型微型企业的比重较低,私营企业中小型微型企业比重高。三是,行业分布相对集中,第三产业是主导产业。我省第一、二、三产业小型微型企业的比重为1.3:34.2:70.5。小型微型企业相对集中的行业为:工业（包括采矿业、制造业、电力热力燃气及水生产和供应业）占各类小型微型企业的28.2%,批发业占22.3%,零售业占10.7%,租赁和商务服务业占7.8%。这四大行业中的小型微型企业占小型微型企业总数的七成左右。

二、主要工作

全省各级工商行政管理机关充分发挥服务经济发展"四个独特优势",即致力于培育市场和市场主体,推动地方经济发展的经验优势;工商职能覆盖市场主体准入、退出和经营行为全过程的职能优势;利用登记、年检、日常监管和行政执法活动,全面掌握企业动态经营情况的执法手段及信息优势;工商管理人员多,便于上下沟通协调的队伍优势,通过政策促动、职能推动、服务带动,积极促进了小型微型企业快速发展。

（一）加大政策扶持力度,促进小型微型企业增量。

一是以促进民营经济发展为载体,不断拓宽小型微型企业发展空间。以落实全省促进民营经济发展大会和省政府《关于促进全省民营经济加快发展的意见》为契机,坚持"非禁即入"的原则,着力拓宽小型微型企业投资领域。在全省系统内推广了邹城市工商局培育小微民营企业发展的经验和青岛、德州、莱芜等市工商局实施的"小老板创业工程"做法,实施全民创业工程,鼓励支持自然人创办小型微型企业。二是以加快实体经济发展为载体,创新小型微型企业发展政策。积极借鉴江苏、湖北等地发展小型微型企业的经验,紧密联系我省实际,出台实施了《关于发挥工商职能促进实体经济加快发展的意见》,在全国范围内率先实行了"三免扶持政策",即注册资本 50 万元以下小微公司可"免首付",对小型微型企业登记注册"免收费",部分生活便利行业个体工商户"免登记",降低了准入门槛,拓宽了快速通道,对全民兴业创业起到了积极的促进作用。三是以促进区域经济发展为载体,不断深化区域小型微型企业发展政策。制定出台了《关于进一步发挥工商行政管理职能促进县域科学发展的实施意见》,积极争取工商总局出台了支持"一黄一蓝"经济区建设的意见,并批准沂蒙革命老区执行总局支持蓝黄"两区"发展政策,出台了促进文化产业发展、支持菏泽打造科学发展高地、促进枣庄资源城市转型和可持续发展的意见等区域发展政策,进一步加大政策支持力度,在名称登记、准入登记、商标、广告、合同方面给予小型微型企业专门的扶持措施,因地制宜地促进小型微型企业发展。四是以发展农村经营主体为载体,大力发展涉农小型微型企业。研究制定了促进农民专业合作联合社、社区股份合作社、家庭农场三类农村经营主体发展意见,带动涉农小型微型企业发展,促进城乡生产要素流动,实现农业产业化和城乡一体化发展。

(二)不断拓展职能优势,推动小型微型企业提质。

一是拓宽融资渠道,切实帮助小型微型企业解决融资难的问题。支持具有自主知识产权的技术作为新能源、新医药等新兴产业公司的出资,允许公司股权、商标权、采矿权、林权出资,允许债权转为股权。积极开展了"四押五权"融资工作,助力小型微型企业融资。二是积极引导企业二、三产业分离,对主营业务突出、效益良好的二产企业,引导其采取独资、参股等形式将三产业务剥离设立小微三产企业,依托二产企业提升小型微型企业发展质量。2012 年,全省二、三产业分离户数 1012 户,注册资本 55.6 亿元,新增就业岗位 8.7 万个,新增营业收入 59.2 亿元。三是引导小型微型企业转型升级,调整优化产业结构,鼓励小型微型企业大力发展新能源、新材料、新医药、新信息等战略性新兴产业。

(三)不断强化服务理念,优化小型微型企业发展环境。

一是开辟"登记绿色通道",强化登记帮扶。在各市、县级工商局登记注册窗口及工商所设立"创业绿色通道咨询站(点)",在办理小型微型企业注册登记时，提供政策解读、项目选择、注册知识等咨询服务，最大限度地方便小型微型企业初生准入及发展壮大，努力打造全省工商系统服务发展"第一窗口"。二是积极改进完善监管执法工作。本着尊重、扶持、善待的原则，对小型微型企业经营中存在的不规范问题和轻微违规行为，采取行政指导、预先警示、限期改正的方式予以规范。以公司登记中介机构专项治理为突破口，会同省公安厅、省检察院联合印发《关于规范查处企业虚报注册资本虚假出资和抽逃出资违法行为案件的意见》并建立了联席会议制度，达成了宽严相济的共识，实现了经济效果、社会效果与法律效果的有机统一。三是充分发挥商标、广告、合同等综合职能作用，服务小型微型企业发展。深入实施了小型微型企业商标战略，积极指导小型微型企业申请注册商标，争创著名商标、驰名商标。全省注册商标已达到30.4万件，其中小型微型企业拥有率为77%。鼓励小型微型企业争创"守合同重信用"企业；全省实有国家、省、市三级"守合同重信用"企业1.2万户，其中小型微型企业占82%。积极推进广告园区建设，主动争取工商总局支持，在青岛、烟台、潍坊建立了三大广告产业园区，为小微广告企业发展提供了广阔空间。

三、下一步打算

小型微型企业是我省市场主体的重要组成部分。强力推动小型微型企业发展对于创造我省经济发展新活力，实现富民兴鲁、推进经济文化强省建设具有重大战略意义。近年来，我省小型微型企业取得了较快发展，呈现出良好的发展态势。但也存在总量偏少、资金实力较弱、自主创新能力不强等问题，同兄弟省市相比也有一定差距。下一步，全省各级工商机关将进一步发挥职能作用，按照工商总局和省委、省政府的部署要求，强化服务、优化环境、破解难题，促进小型微型企业实现大发展、大提高。

一是营造有利于小型微型企业发展的营商环境。根据省委、省政府关于推进政府职能转变简政放权的部署要求，结合全国工商系统工商登记制度改革，清理工商登记前置审批项目，推动减少行政许可项目，营造有利于小型微型企业发展的营商环境。认真落实国务院和省政府关于支持小型微型企业发展的政策，按照"非禁即入"的原则，鼓励民间资本投向所有法律法规和政策未明确禁入的行业和领域。

二是创新服务发展机制，为小型微型企业发展提供强大支持。学习重庆、温州等地经验，继续完善小型微型企业市场准入和培育机制。深入开展全民兴业创业工程，壮大小型微型企业市场主体数量。进一步推行"四押五权"融资出资助推工程，积极探索创新融资新形式、新渠道，为小型微型企业提供更多、更便利的投融资渠道。充分发挥工商部门登记监管的信息资源优势，定期对小型微型企业的登记数量、行业分布、发展趋势进行分析，为党委政府决策和小型微型企业投资提供参考服务。加强制度建设，简化工作环节，规范工作程序，落实服务承诺，提升工作效能。

三是发挥综合职能作用，优化小型微型企业发展的良好环境。坚持量质并举原则，深化商标战略实施机制，推动市场主体注册、运用、保护和管理好商标，实现商标注册量、驰（著）名商标量和商标国际注册量不断增长，促进小型微型企业品牌化经营。切实抓好3个国家级和4个省级广告产业园区建设，落实好"十二五"广告产业发展规划，促进全省广告产业科学发展。充分发挥个私协会作用，不断提升小型微型企业人员素质。

四是坚持"抓党建促发展"的思路，抓好小型微型企业党建工作。根据中央领导同志"由工商部门党组织负责个体工商户、专业市场和小型微型企业的党建工作是一种重要的管理体制创新和完善。现在党组织建设的空白点主要在这个领域。要实现党组织建设的全覆盖，首先要建立党建责任的全覆盖。而能管得上、用得上小型微型企业和个体户的还是工商系统。要把系统管理与属地管理结合起来，在基层以系统管理为主"的批示精神，充分发挥工商部门的职能、队伍、经验等优势，重点抓好个体工商户、专业市场和小型微型企业三个领域的党建工作，通过扩大党组织覆盖面、发挥党组织作用，带动小型微型企业发展。

附件：

填报单位：山东省工商局

小型微型企业数量分析测算表

（一）

类　　型		国有集体企业（万户）	外资企业（万户）	私营企业（万户）	各类企业合计（万户）
小型微型企业占比		71.2%	57.4%	91.3%	86.4%
2011年度	2011年各类企业数量	12.5	2.9	59.8	75.1
	2011年小型微型企业数量	8.9	1.7	54.6	64.9
2012年度	2012年各类企业数量	12.7	2.6	66.1	81.3
	2012年小型微型企业数量	9.0	1.5	60.3	70.2
2013年一季度	2013年一季度各类企业数量	12.5	2.6	66.6	81.7
	2013年一季度小型微型企业数量	8.9	1.5	60.8	70.6

注：因均按比例测算，国有集体、外资、私营三类小型微型企业和略大于总数。

（二）

行业	小型微型企业标准	占各类企业的比例(%)	其　中		占各类企业的比例(%)	2011年小型微型企业数量（万户）	2012年小型微型企业数量（万户）	2013年一季度小型微型企业数量（万户）
(1)农、林、牧、渔业	营业收入500万元以下	1.15	小型	营业收入50万元及以上	0.37	0.28	0.3	0.3
			微型	营业收入50万元以下	0.78	0.59	0.64	0.64
(2)工业	从业人员300人以下，或营业收入2000万元及以下	24.37	小型	从业人员20人及以上，且营业收入300万元及以上	1.29	0.97	1.05	1.05
			微型	从业人员20人以下或营业收入300万元以下	23.08	17.33	18.76	18.86

续表

行业	小型微型企业标准	占各类企业的比例(%)	其	中	占各类企业的比例(%)	2011年小型微型企业数量(万户)	2012年小型微型企业数量(万户)	2013年一季度小型微型企业数量(万户)
(3)建筑业	营业收入6000万元以下,或资产总额5000万元以下	5.16	小型	营业收入300万元及以上,且资产总额300万元及以上	1.15	0.87	0.94	0.94
			微型	营业收入300万元以下或资产总额300万元以下	4.01	3.01	3.26	3.28
(4)批发业	从业人员20人及以下,或营业收入5000万元以下	19.28	小型	从业人员5人及以上,且营业收入1000万元及以上	0.36	0.27	0.29	0.29
			微型	从业人员5人以下或营业收入1000万元以下	18.92	14.21	15.38	15.46
(5)零售业	从业人员50人以下,或营业收入500万元以下	9.26	小型	从业人员10人及以上,且营业收入100万元及以上	0.44	0.33	0.36	0.36
			微型	从业人员10人以下或营业收入100万元以下	8.82	6.62	7.17	7.2
(6)交通运输业	从业人员300人及以下,或营业收入3000万元以下	2.18	小型	从业人员20人及以上,且营业收入200万元及以上	0.14	0.1	0.11	0.11
			微型	从业人员20人以下或营业收入200万元以下	2.04	1.53	1.66	1.67
(7)仓储业	从业人员100人以下,或营业收入1000万元以下	0.25	小型	从业人员20人及以上,且营业收入100万元及以上	0.02	0.01	0.02	0.02
			微型	从业人员20人以下或营业收入100万元以下	0.23	0.17	0.19	0.19

续表

行业	小型微型企业标准	占各类企业的比例(%)	其中		占各类企业的比例(%)	2011年小型微型企业数量（万户）	2012年小型微型企业数量（万户）	2013年一季度小型微型企业数量（万户）
(8)邮政业	从业人员300人以下，或营业收入2000万元以下	0.54	小型	从业人员20人及以上，且营业收入100万元及以上	0.00	0	0	0
			微型	从业人员20人以下或营业收入100万元以下	0.54	0.41	0.44	0.44
(9)住宿业	从业人员100人以下，或营业收入2000万元以下	0.79	小型	从业人员10人及以上，且营业收入100万元及以上	0.05	0.04	0.04	0.04
			微型	从业人员10人以下或营业收入100万元以下	0.74	0.55	0.6	0.6
(10)餐饮业	从业人员100人以下，或营业收入2000万元以下	0.84	小型	从业人员10人及以上，且营业收入100万元及以上	0.06	0.04	0.05	0.05
			微型	从业人员10人以下或营业收入100万元以下	0.78	0.59	0.63	0.64
(11)信息传输业	从业人员100人以下，或营业收入1000万元以下	5.44	小型	从业人员10人及以上，且营业收入100万元及以上	0.09	0.07	0.08	0.08
			微型	从业人员10人以下或营业收入100万元以下	5.35	4.02	4.35	4.37
(12)软件和信息技术服务业	从业人员100人以下，或营业收入1000万元以下	2.74	小型	从业人员10人及以上，且营业收入50万元及以上	0.04	0.03	0.04	0.04
			微型	从业人员10人以下或营业收入50万元以下	2.70	2.03	2.2	2.21
(13)房地产开发经营	营业收入1000万元以下，或资产总额5000万元以下	1.79	小型	营业收入100万元及以上，且资产总额2000万元及以上	0.48	0.36	0.39	0.39
			微型	营业收入100万元以下或资产总额2000万元以下	1.31	0.99	1.07	1.07

续表

行业	小型微型企业标准	占各类企业的比例(%)	其中		占各类企业的比例(%)	2011年小型微型企业数量(万户)	2012年小型微型企业数量(万户)	2013年一季度小型微型企业数量(万户)
（14）物业管理	从业人员300人以下，或营业收入1000万元以下	0.91	小型	从业人员100人及以上，且营业收入500万元及以上	0.01	0.01	0.01	0.01
			微型	从业人员100人以下或营业收入500万元以下	0.90	0.68	0.73	0.74
（15）租赁和商务服务业	从业人员100人以下，或资产总额8000万元以下	6.76	小型	从业人员10人及以上，且资产总额100万元及以上	0.42	0.32	0.34	0.35
			微型	从业人员10人以下或资产总额100万元以下	6.34	4.76	5.15	5.18
（16）其他未列明行业	从业人员100人以下	4.94	小型	从业人员10人以上	0.25	0.19	0.2	0.2
			微型	从业人员10人以下	4.69	3.52	3.81	3.83
所有行业汇总	小型微型企业	86.40	小型	小型企业	5.17	3.88	4.2	4.22
			微型	微型企业	81.23	61.01	66.05	66.37

统计说明：按照工信部等四部委《中小企业划型标准规定》，根据2011年度企业年检数据，统计本省2011年度小型微型企业数及在企业总数所占比例，并根据数据测算本省2012年度和2013年一季度小型微型企业数量。

河南省小型微型企业发展情况报告

河南省工商行政管理局

随着国民经济的不断发展,小型微型企业地位日益重要。小型微型企业在增加就业、促进经济增长、科技创新与社会和谐稳定等方面具有不可替代的作用,对国民经济和社会发展具有重要的战略意义。国务院和省委、省政府高度重视小型微型企业的发展。2012年,省政府提出支持小型微型企业创业兴业是促进我省经济平稳较快发展,应对严峻经济形势的重要举措之一。河南省工商局结合自身职能,多项措施并举,为我省小型微型企业快速发展发挥了积极作用。现将有关情况汇报如下:

一、基本情况

截至2013年3月底,河南省全省实有各类市场主体户数为259.2万户,其中各类企业49.6万户,个体工商户204.9万户,农民专业合作社4.7万户。

按照工信部、国家统计局、国家发改委、财政部2011年6月联合印发的《中小企业划型标准规定》,我们综合利用2011年度企业年检数据,根据从业人员、营业收入、资产总额三项指标,对我省小型微型企业数量进行了分析测算。在各类企业中,小型微型企业约占91.6%,其中,国有集体企业中,小型微型企业约占79.5%;外资企业中,小型微型企业约占96.6%;私营企业中,小型微型企业约占96.1%。截至今年3月底,我省小型微型企业约为45.7万户,其中,国有集体小型微型企业约为9.2万户,外资小型微型企业约为0.97万户,私营小型微型企业约为35.6万户。

二、我省小型微型企业主要特点

从总体数量上看,小型微型企业数量在各类企业中占据绝对多数,在各类企业中,小型微型企业约占91.6%,其中小型企业占5.0%,微型企业占86.6%,小型微型企业中又以微型企业占多数,小型企业和微型企业比例约为1:17,微型企业数量占全部企业的数量超过八成以上。从企业性质分,私营小型微型企业是小型微型企业的主体,占全部小型微型企业的78%,处于绝对领先地位。从行业分布来看,我省小型微型企业主要集中在批发业、零售业、工业、租赁和商务服务业四个行业,数量分别占全部企业数量的19.9%、17.5%、15.3%、8.8%,四个行业的小型微型企业总数占到全部企业数量的六成多、小型微型企业总数的近七成。

根据省工业和信息化厅2012年中小企业、非公有制经济统计年报,我省小型微型企业在去年发展中呈现出缓中企稳的特点,保持了良性的发展势头,成为推动我省"十二五"经济社会发展和中原经济区的主要力量。小型微型企业占主体的非公有制经济2012年完成增加值20433.51亿元,同比增长13.4%,比全省增速高3.3个百分点,占全省GDP的68.5%,实交税金占全省地方财政收入的55%,出口交货值占全省的58%,成为我省经济又好又快发展的主力军。

2012年我省小型微型企业新增固定资产、新建、改建、扩建项目的完成投资额都较之前同期增长15%左右,拥有科研人员同比增长5.8%,科研经费投入同比增长11.6%,新产品研发项目数同比增长40%,各类新技术、新产品生产增加销售收入同比增长29%。小型微型企业技术创新能力不断提高,成果转化良好,为我省经济发展提供了有力支撑,增添了新的活力和后劲。

三、小型微型企业发展存在的困难

小型微型企业具有创业成本低、产权集中度高、吸纳就业能力大、发展见效快等特点,在转变经济发展方式、优化产业机构升级、促进就业等方面发挥着不可替代的作用。但我省小型微型企业在发展中也面临着一些困难，主要有：

（一）未能有效缓解融资难，束缚了企业向规模化发展。

一方面，小型微型企业普遍规模较小，抵御市场风险的能力差，信用度较低。特别是在信贷偏紧环境下，银行贷款投向更侧重于大中型企业，小型微型企业获得银行贷款难度加大。融资难依然是当前制约小型微型企业发展的重要瓶颈。

（二）企业自主创新能力较弱。

我省小型微型企业普遍存在资金、人才和技术落后的问题，导致企业技术创新整体实力弱，拥有自主知识产权的核心技术少，产业关键技术受制于人；企业大多尚未建立起完整的产品质量与技术标准体系，自主创新能力较弱，仍处于产业链的前端、价值链的低端，产品科技含量低、名优产品较少，在激烈的市场竞争中难以占到优势。

（三）小型微型企业生产经营稳定性低，自我发展能力不足。

一是小型微型企业具有传统的家庭经营色彩，业主与雇员知识结构偏低，现代经营管理知识相对不足，人员的流动性较大，自我发展和创新能力不足。普遍面临用工难、留住人才更难等一系列亟待解决的现实问题。二是家族式管理模式和陈旧的经营理念束缚了企业的发展，难以融入社会化大生产，守旧的经营模式也难以突破"作坊式"生产格局，这是束缚企业发展壮大的关键因素。加上财务制度不健全，内部管理不规范，也影响到企业的发展壮大。

（四）小型微型企业后续扶持政策有待强化。

小型微型企业大多数处于单兵作战、自生自灭状态，政策扶持力度明显不够，一方面是因为小型微型企业自身条件局限，如规模小、抗市场风险能力较弱，生存压力较大，经营随意性较强等；另一方面是因为后续扶持政策合力还未完全形成，地方政府对大中型企业给予了更多关注，对小型微型企业的政策扶持力度还明显不足。

四、服务小型微型企业发展的措施

河南省工商局认真贯彻《国务院关于进一步支持小型微型企业健康发展的意见》（国发［2012］14号）和《河南省人民政府关于进一步促进小型微型企业健

康发展的若干意见》(豫政[2012]81号)文件精神,从自身职能出发,积极开展了一系列扶持小型微型企业发展的工作。

(一)创新政策措施,大力拓展小型微型企业发展的政策空间。

省工商局出台了《河南省工商局服务建设中原经济区红盾计划(2012—2015年)》,明确提出实施小型微型企业提质增量行动,支持小型微型企业做大做强做优。组织起草并牵头实施《河南省创业人才发展中长期规划》,为我省小型微型企业发展壮大提供有力的人才支撑。下发了《关于支持小型微型企业创业兴业的通知》,率先提出小型微型企业注册资本零首付和登记费用减免措施。几年来,省工商局先后代省政府起草并以省政府名义下发了《关于改革市场主体准入制度优化经济发展环境的意见》、《关于大力促进个体私营经济发展的意见》、《关于促进我省开放型经济发展的意见》等一系列的政策措施,不断拓展小型微型企业的市场准入政策空间。

一是降低企业名称使用标准。凡注册资本或出资额达到100万元的小型微型企业,均可申请冠以省级行政区划的企业名称。冠以市级行政区划企业名称的,不受注册资本或出资额限制。二是放宽出资标准。创办合伙企业、个人独资企业,无最低出资数额限制;毕业两年内的高校毕业生、返乡创业农民、下岗失业人员等投资设立注册资本50万元以下的有限责任公司可以零首期出资注册,自公司成立之日起两年内缴足注册资本。三是拓展出资方式。认真贯彻执行国家工商总局《公司债权转股权登记管理办法》、《股权出资登记管理办法》,大力扶持小型微型企业以股权、债权等新兴出资方式出资。鼓励具有自主知识产权的技术作价出资,对投资战略性新兴产业的,支持不需要办理权属登记的技术作为首次出资。四是放宽经营领域。凡法律、行政法规和国务院未设定的前置许可项目,工商机关一律停止执行;对已被社会普遍接受或被有关部门认可,《国民经济行业分类》尚未包含的新兴一般性经营项目,工商机关可根据小型微型企业的申请核定企业名称和经营范围。五是降低集团设立条件。小型微型企业申请设立集团的条件降低为母公司注册资本达3000万,有3个以上控股子公司,母子公司资本总和达5000万即可。六是支持参股国企重组改制。省工商局制定出台了《大力支持企业战略重组的意见》,从重组改制的条件、程序、服务措施等多方面,支持鼓励小型微型企业参与国有企业重组改制。

（二）提升服务层次，提高行政效率，大力打造服务小型微型企业的一流政务平台。

全省工商机关以创建文明窗口为抓手，以为民服务创先争优活动为载体，全力提升服务层次，打造服务品牌，提高服务小型微型企业发展的行政效能。一是认真落实窗口工作各项制度。坚决执行岗位责任制、服务承诺制、首问负责制、AB岗制、限时办结制、办理事项公开制和过错责任追究制等一系列制度，从服务原则、服务内容、服务程序、职责管理等方面进行明确规定，从制度上保证为小型微型企业提供优质服务。二是以"服务标准化、程序规范化、审核法制化、文书格式化、条件公开化、手段信息化、管理军事化、人员资格化、考评制度化、评价社会化"的十化标准为准则，树立"不说不能办、只说怎么办"的理念，进一步健全完善规范、便民、高效、快捷的管理机制，为小型微型企业提供公平、公开的政务服务。三是扎实开展争当"服务标兵"、争做"注册能手"活动。加强窗口人员党性修养和作风养成，加大行政监察力度，提高办事效率，狠抓作风转变，全面激发窗口活力，让前来办事的小型微型企业切身感受到工商机关为民服务创先争优带来的新变化。

（三）实施商标兴省战略，大力扶持小型微型企业品牌发展。

各级工商机关积极向小型微型企业宣讲商标知识，提供商标注册咨询服务，引导小型微型企业实施商标、字号双重保护，争创著名、驰名商标，打造具有核心竞争力的产品品牌。将商标法规政策宣传、商标图样设计把关、商标发展规划、商标注册申请、著名商标申请认定、商标保护等工作集于一身，对小型微型企业实行全方位、零距离、面对面的商标服务。在工商机关的强力推动下，16个省辖市和138个县（市、区）政府出台了商标奖励措施，全省已经形成了扶持小型微型企业商标发展的良好氛围。

（四）加强市场监管，为小型微型企业营造有序的市场发展环境。

在创新政策、优化服务的同时，我们把加强小型微型企业的市场监管放在同等重要的位置上，坚持监管与发展的统一，积极为小型微型企业发展营造统一开放、公平竞争、和谐有序的市场环境。一是在全系统大力开展中原红盾集中整治"五个周边"市场行动，重点整治学校医院、交通枢纽、农贸市场、旅游景区、商场超市及其周边市场，集中查处各类违法违规经营行为，净化小型微型企业发展的市场环境。二是大力开展反垄断和反不正当竞争中原红盾"双反"行动,加大反垄断和反不正当竞争执法工作力度,坚决查处不正当竞争行为、限制竞争行为和垄断行为,坚决查处侵犯小型微型企业商标、商号等知识产权的行为,保护自主创新,维护小型微型企业合法权益。三是各级工商机关综合运用企业年度检验、经济户口管理、市场巡查、企业信用分类监管等方式,大力推行网格化管理模式,切实加强日常监管。依托企业信用分类监管,建立企业信用档案,制定相应的失信惩戒和守信激励措施,对严重失信企业向社会予以披露,大力规范各专项行业市场秩序,重在宣传、重在教育、重在警示,组织企业开展自查自纠,对认真开展自查自纠并积极整改的可免予行政处罚。

五、下一步工作打算

当前河南省小型微型企业发展的总体水平与经济社会发展需要相比还有许多不适应的地方,小型微型企业仍存在着总量不够大、整体结构不够优、总体水平不够高、竞争力不够强等问题,与发达省份相比仍有很大差距。

下一步支持小型微型企业发展工作中,全省工商机关将继续依法放宽经营条件和住所要求限制、放宽出资方式,通过依法放宽市场准入条件,促进小型微型企业的增量发展;开辟急事急办、特事特办、专人专办的小型微型企业登记注册"绿色通道",在登记、年检、融资等方面帮扶小型微型企业,促进小型微型企业的存量增加;开展商标帮扶、合同帮扶、效能帮扶,进一步拓宽服务领域,促进小型微型企业质量提高;全面推行企业信用分类监管,严厉查处垄断交易、强制服务、滥收费用等限制小型微型企业竞争的行为,加强行政指导、消费维权和建立完善信息服务制度,通过进一步加强行政指导,为小型微型企业创造良好环境。

全省工商机关将继续立足本省实际,继续紧紧围绕河南省委、省政府和国家工商总局的中心工作,按照省局党组的决策部署,认清形势、明确任务、理清思路、狠抓重点,主动融入中原经济区建设发展大局,进一步摆正思想位置,进一步完善政策措施,进一步加强队伍建设,积极推进、扎实工作,为推动河南省小型微型企业快速发展、为实现中原崛起河南振兴做出新的更大的贡献。

附件：

填报单位：河南省工商局

小型微型企业数量分析测算表

（一）

类型		国有集体企业（万户）	外资企业（万户）	私营企业（万户）	各类企业合计（万户）
小型微型企业占比		79.45%	96.57%	96.10%	91.61%
2011年度	2011年各类企业数量	14.55	1.04	34.95	50.55
	2011年小型微型企业数量	11.56	1	33.59	46.16
2012年度	2012年各类企业数量	12.76	1.02	39.36	53.14
	2012年小型微型企业数量	10.13	0.98	37.83	48.94
2013年一季度	2013年一季度各类企业数量	11.54	1	37.03	49.56
	2013年一季度小型微型企业数量	9.17	0.97	35.58	45.71

（二）

行业	小型微型企业标准	占各类企业的比例（%）	其中		占各类企业的比例（%）	2011年小型微型企业数量（万户）	2012年小型微型企业数量（万户）	2013年一季度小型微型企业数量（万户）
(1)农、林、牧、渔业	营业收入500万元以下	2.08	小型	营业收入50万元及以上	0.82	0.41	0.44	0.41
			微型	营业收入50万元以下	1.26	0.64	0.67	0.62
(2)工业	从业人员300人以下，或营业收入2000万元以下	15.25	小型	从业人员20人及以上，且营业收入300万元及以上	0.81	0.41	0.43	0.4
			微型	从业人员20人以下，或营业收入300万元以下	14.44	7.3	7.67	7.16
(3)建筑业	营业收入6000万元以下，或资产总额5000万元以下	4.19	小型	营业收入300万元及以上，且资产总额300万元及以上	0.89	0.45	0.47	0.44
			微型	营业收入300万元以下，或资产总额300万元以下	3.30	1.67	1.75	1.64

续表

行业	小型微型企业标准	占各类企业的比例(%)	其中		占各类企业的比例(%)	2011年小型微型企业数量(万户)	2012年小型微型企业数量(万户)	2013年一季度小型微型企业数量(万户)
(4)批发业	从业人员20人以下，或营业收入5000万元以下	19.93	小型	从业人员5人及以上，且营业收入1000万元及以上	0.46	0.23	0.24	0.23
			微型	从业人员5人以下，或营业收入1000万元以下	19.47	9.84	10.35	9.65
(5)零售业	从业人员50人以下，或营业收入500万元以下	17.54	小型	从业人员10人及以上，且营业收入100万元及以上	0.54	0.27	0.29	0.27
			微型	从业人员10人以下，或营业收入100万元以下	17.00	8.59	9.03	8.43
(6)交通运输业	从业人员300人以下，或营业收入3000万元以下	2.33	小型	从业人员20人及以上，且营业收入200万元及以上	0.07	0.04	0.04	0.03
			微型	从业人员20人以下，或营业收入200万元以下	2.26	1.14	1.2	1.12
(7)仓储业	从业人员100人以下，或营业收入1000万元以下	0.24	小型	从业人员20人及以上，且营业收入100万元及以上	0.02	0.01	0.01	0.01
			微型	从业人员20人以下，或营业收入100万元以下	0.23	0.12	0.12	0.11
(8)邮政业	从业人员300人以下，或营业收入2000万元以下	0.77	小型	从业人员20人及以上，且营业收入100万元及以上	0.01	0.01	0.01	0.01
			微型	从业人员20人以下，或营业收入100万元以下	0.76	0.38	0.4	0.38
(9)住宿业	从业人员100人以下，或营业收入2000万元以下	0.54	小型	从业人员10人及以上，且营业收入100万元及以上	0.07	0.04	0.04	0.03
			微型	从业人员10人以下，或营业收入100万元以下	0.47	0.24	0.25	0.23

续表

行业	小型微型企业标准	占各类企业的比例(%)	其中		占各类企业的比例(%)	2011年小型微型企业数量(万户)	2012年小型微型企业数量(万户)	2013年一季度小型微型企业数量(万户)
(10)餐饮业	从业人员100人以下,或营业收入2000万元以下	0.85	小型	从业人员10人及以上,且营业收入100万元及以上	0.08	0.04	0.04	0.04
			微型	从业人员10人以下,或营业收入100万元以下	0.77	0.39	0.41	0.38
(11)信息传输业	从业人员100人以下,或营业收入1000万元以下	3.18	小型	从业人员10人及以上,且营业收入100万元及以上	0.03	0.02	0.02	0.01
			微型	从业人员10人以下,或营业收入100万元以下	3.16	1.6	1.68	1.57
(12)软件和信息技术服务业	从业人员100人以下,或营业收入1000万元以下	1.50	小型	从业人员10人及以上,且营业收入50万元及以上	0.04	0.02	0.02	0.02
			微型	从业人员10人以下,或营业收入50万元以下	1.46	0.74	0.78	0.72
(13)房地产开发经营	营业收入1000万元以下,或资产总额5000万元以下	2.47	小型	营业收入100万元及以上,且资产总额2000万元及以上	0.25	0.13	0.13	0.12
			微型	营业收入100万元以下,或资产总额2000万元以下	2.21	1.12	1.17	1.1
(14)物业管理	从业人员300人以下,或营业收入1000万元以下	1.01	小型	从业人员100人及以上,且营业收入500万元及以上	0.00	0	0	0
			微型	从业人员100人以下,或营业收入500万元以下	1.00	0.51	0.53	0.5
(15)租赁和商务服务业	从业人员100人以下,或资产总额8000万元以下	8.81	小型	从业人员10人及以上,且资产总额100万元及以上	0.24	0.12	0.13	0.12
			微型	从业人员10人以下,或资产总额100万元以下	8.57	4.33	4.55	4.25

续表

行 业	小型微型企业标准	占各类企业的比例（%）	其 中		占各类企业的比例（%）	2011年小型微型企业数量（万户）	2012年小型微型企业数量（万户）	2013年一季度小型微型企业数量（万户）
（16）其他未列明行业	从业人员100人以下	10.93	小型	从业人员10人及以上	0.63	0.32	0.33	0.31
			微型	从业人员10人以下	10.30	5.21	5.47	5.11
所有行业汇总		91.61	小型		4.95	2.51	2.64	2.46
			微型		86.66	43.8	46.05	42.95

湖北省小型微型企业发展情况报告

湖北省工商行政管理局

近年来,全省各级工商部门认真贯彻落实省委、省政府培育和壮大市场主体的部署要求,围绕建设最优发展环境的目标,全面落实我省促进小型微型企业发展的政策措施,深入推进市场主体增量行动,在"做多增量、做活存量、提升质量、增强能量"上狠下功夫,我省小型微型企业呈现普增格局,发展态势喜人。省委、省政府领导全年对工商部门培育市场主体的工作成效作出肯定性批示18次。现将有关情况报告如下:

一、我省小型微型企业基本情况

截至2012年年底,全省实有市场主体总户数(包括内资企业、外商投资企业、私营企业、个体工商户、农民专业合作社五类)255.15万户,比上年增长16.48%,注册资本(金)总额22698.18亿元,比上年增长20.67%。其中企业类市场主体50.93万户,个体工商户201.44万户,农民专业合作社2.78万户。2012年度,全省新登记市场主体628494户,注册资本(金)总额2625.06亿元,分别比上年增长30.08%、11.05%。

根据工信部等四部委出台的《中小企业划型标准规定》,我们通过查询统计2011年度企业年检数据,根据行业门类、从业人数、营业收入、资产总额指标,对我省小型微型企业概况进行了摸底,测算了2012年的发展情况。截至2012年年底,我省约有小型微型企业45.18万户,其中国有集体小型微型企业10.67万户,外资小型微型企业 0.47 万户,私营小型微型企业 34.04 万户。小型微型企业约占企业类市场主体的 88.7%,其中,国有集体企业中小型微型企业约占 68.62%;外商投资企业中小型微型企业约占 58.5%;私营企业中小型微型企业约占 92.5%。从以上数据可以看出,我省小型微型企业的发展呈现以下特征:一是从企业类型来看,私营经济占小型微型企业发展的主导地位,私营小型微型企业占全省小型微型企业数量的 75.34%,2012 年全省新登记私营企业 60.7 万户,比上年增长 31.33%,高于新登记市场主体总户数增幅 1.25 个百分点,充分显示了民营经济促进市场主体增量提质的主力军作用。二是从行业分布来看,批发业、零售业、工业、租赁和商业服务业四个行业小型微型企业户数最多,分别有 10.01 万户、8.14 万户、8.88 万户和 2.68 万户,合计 29.71 万户,占小型微型企业总数的 65.76%;注册资本(金)总数 8882.05 亿元,占小型微型企业注册资本(金)总数的 47.08%。三是从发展速度看,农林牧渔业、建筑业、交通运输、仓储和邮政业、批发和零售业、房地产业、租赁和商业服务业、水利、环境和公共设施管理业、教育业等 8 个行业发展较为迅速、资金增幅最大,期末户数增长率在 8% 以上,注册资本(金)增长率在 10% 以上。其中交通运输、仓储和邮政业户数增幅最快,达 26%。显示了目前在国家重视"三农"问题积极促进第一产业发展、不断加大固定资产投资加强基础设施建设的行业背景下相关行业发展迅速的特点。

二、主要做法和成效

(一)进一步放宽市场准入政策,激发全民创业热情。

近几年,省工商局结合自身实际,在降低市场主体准入门槛、改革登记注册方式、简化登记注册流程等方面先后出台了一系列放宽、扶持政策累计 200 余条,对小型微型企业重点从企业名称、注册资本和出资方式、经营场所、经营方式、经营范围、股东或出资人、企业年检等方面实行"七个放宽",有力促进了小型微型企业增量。在贯彻落实好已有放宽政策的基础上,省工商局进一步解放思想、先行先试,2012 年又制发了《关于围绕"五进"抓服务促进发展新跨越的意见》、《贯彻省第十次党代会精神服务"五个"湖北建设若干措施》、《省工商局关于免收小型微型企业注册登记费的通知》等文件，实施了放宽预先核准名称保留期限制、放宽小型微型企业市场主体准入政策、放宽小型微型企业货币出资证明方式等31条政策举措，其中若干内容被省政府吸纳入《关于大力推进民营经济跨越式发展的意见》等政策性文件。此外，省工商局积极开展重点区域个性化准入政策新试验，在此前与多个市州签订局市合作协议的基础上，去年又先后制定了支持襄阳跨越发展、荆州"壮腰工程"、鄂州城乡综合配套改革、随州打造"中国专用汽车之都"、荆门创建"中国农谷"等意见，发起并推动湘鄂赣三省工商部门签署了"中三角"合作协议和服务市场主体发展子协议，对于促进区域经济发展起到了积极作用。2013年年初，省局又以1号文件的形式出台了《省工商局关于贯彻落实党的十八大精神提升履职效能服务"竞进提质"的意见》，其中放宽"零首付"公司股权转让、拓宽引进人才入股出资方式、在东湖国家高新示范区内试行知识产权协商作价出资等条款解决了小型微型企业发展的一些疑难问题，激发了小型微型企业发展新活力。

（二）进一步提升工商登记服务水平，优化小型微型企业准入环境。

一是进一步推行行政审批制度改革。根据省政府"四减五制三集中"的要求，完善"一个窗口许可"制度，将企业登记、公司登记、名称预核准、广告经营资格登记等由工商部门负责的七项行政审批职能全部合并到一个窗口办理，综合实施"简、快、优"行政审批服务措施。二是进一步加强窗口规范化建设，完善了一次性告知服务、首问负责制、限时办结制、群众评价制等服务举措，会同有关部门制定了全省小额贷款公司试点工作指引、融资性担保公司管理暂行办法、企业股权集中登记托管工作意见。三是积极利用信息化手段开展网上审批，目前全省县市企业冠省名网上核准、全省企业冠无行政区划名称变更核准、企业年检均全部通过网络申报、办理，大大节省了小型微型企业办事的时间成本和经济成本。宜昌市局自行研发了企业申报材料"一点通"软件，为企业办理工商登记提供了便捷工具。荆门市局全面推行企业工商联络员制度，深受企业欢迎。潜江市局建立市场主体准入"黄绿灯"、"四通"、"五零"和"个性化套餐服务"工作机制，获得当地广泛好评。

（三）进一步综合利用工商部门职能优势，扶持小型微型企业壮大。

一是帮助企业解决"贷款难"问题。按照全省每个县市具备一两家小额贷款公司的目标,重点发展一批小额贷款、融资担保、股权投资等资本市场类企业,增强县域金融经济的活力,增大小型微型企业贷款融资的便利性。积极开展银企合作,为有资金需求的企业和金融机构牵线搭桥,在为企业提供信息查询、出具信用报告方面予以便利条件。加大股权质押融资、注册商标专用权质押融资等新型质押方式的宣传、介绍,为小型微型企业办理质押提供绿色通道服务。2012年全省工商系统办理股权出质2512件,出质股权401.51亿元,融资458.33亿元,分别比上年同期增长7.13%、11.08%、6.12%。二是积极引导小型微型企业在新兴行业的发展,鼓励小型微型企业从事文化产业、家庭服务业、民俗旅游业等行业经营并给予额外政策优惠,如允许从事文化创意设计、动漫游戏、移动媒体广播电视、电子书包、数字出版、网络出版等新兴行业的经营主体,使用上述用语作为名称中的行业表述和具体经营项目。允许村委会、居委会设立社区家庭服务中心(站)企业法人,对本社区内从事不涉及前置许可项目的家政服务、照料服务、病患陪护服务、家庭教育等个人经营活动实行托管经营。三是全面落实"零收费",切实减轻小型微型企业负担。根据国务院有关要求,自2013年1月1日起,我省已全面免征企业、个体工商户注册登记费,真正实现企业工商登记"零收费"。为保障经费缺口,省工商局积极协调省财政安排专项经费,同时要求各市州对登记业务经费要给予有力保障,防止出现因保障不力衍生搭车收费、乱收费和弱化登记服务等现象。

三、下一步工作打算

一是不断提高思想认识,消除制约全省民营经济发展的主观障碍。按照进一步强化市场经济的意识观念、进一步强化市场经济体制导向和用市场经济的文化、理念、机制,打造更多"经济人"的要求,深入开展解放思想大讨论,培育对小型微型经济大胆放、大胆扶的土壤和气候,最大限度释放民间活力,

二是加强扶助创业力度,着重于创业宣传和创业辅导。把潜在的创业群体变成现实的创业主体,把无照经营群体变为合法创业主体,把外出务工经商群体变为回乡创业主体,把农村分散经营主体变为集群创业主体。加强对无照经营的疏导和分类治理。基本具备经营条件的,引导其办照合法经营;对因前置许可

门槛较高，无法办理营业执照的经营户，通过协调前置审批部门放宽准入、创新管理方式，将其转变为合法经营主体。

三是大力推进升级工程，促使个体工商大户升级企业。借鉴广东一些市县通过财政专项补助、税收一两年不变等政策，本着"主体自愿、市场主导、政府推动"的原则，以具有一定规模的个体工商户为重点，引导推动其向私营小型微型企业转型升级。积极引导传统服务业经营主体向现代服务业、先进制造业转型升级。对符合条件的转型升级企业，争取政府政策支持，联合有关部门在工商登记、财政资金支持、银行贷款、税收、劳动用工等方面给予优惠条件。

四是完善小型微型企业基础数据库，提高信息分析质量。现行工业和信息化部、国家统计局、发展改革委、财政部制定的《中小企业划型标准规定》中，对小型微型企业的划分标准主要是针对企业成立后用工规模、年产值、营业额划分的，与工商登记文书、年检文书的设计上有一定区别。下一步我省将根据国家工商总局、省政府对于小型微型企业发展情况掌握的需要，做好两者之间的衔接工作，通过修改登记软件、登记年检材料等方式补充完善小型微型企业基础数据库，提高数据质量，做好小型微型企业发展情况分析，为领导决策及创业者提供信息服务。

附件：

填报单位：湖北省工商局

小型微型企业数量分析测算表

（一）

类 型	国有集体企业	外资企业	私营企业	各类企业合计
2012年各类企业数量	15.55万户	0.80万户	34.59万户	50.94万户
小型微型企业占比	68.62%	58.50%	92.50%	88.70%
按比例测算2012年小型微型企业数量	10.67万户	0.47万户	34.04万户	45.18万户

（二）

行业	小型微型企业标准	其中		占各类企业的比例（%）	按比例测算2012年小型微型企业数量(万户)
(1)农、林、牧、渔业	营业收入500万元以下	小型	营业收入50万元及以上	0.72	0.36
		微型	营业收入50万元以下	1.59	0.81
(2)工业	从业人员300人以下或营业收入2000万元以下	小型	从业人员20人及以上,且营业收入300万元及以上	4.36	2.22
		微型	从业人员20人以下或营业收入300万元以下	13.08	6.66
(3)建筑业	营业收入6000万元以下或资产总额5000万元以下	小型	营业收入300万元及以上,且资产总额300万元及以上	0.93	0.47
		微型	营业收入300万元以下或资产总额300万元以下	3.17	1.61
(4)批发业	从业人员20人以下或营业收入5000万元以下	小型	从业人员5人及以上,且营业收入1000万元及以上	2.10	1.07
		微型	从业人员5人以下或营业收入1000万元以下	17.55	8.94
(5)零售业	从业人员50人以下或营业收入500万元以下	小型	从业人员10人及以上,且营业收入100万元及以上	4.63	2.36
		微型	从业人员10人以下或营业收入100万元以下	11.35	5.78

续表

行业	小型微型企业标准	其中		占各类企业的比例（%）	按比例测算2012年小型微型企业数量(万户)
(6)交通运输业	从业人员300人以下或营业收入3000万元以下	小型	从业人员20人及以上,且营业收入200万元及以上	0.57	0.29
		微型	从业人员20人以下或营业收入100万元以下	1.77	0.90
(7)仓储业	从业人员100人以下或营业收入1000万元以下	小型	从业人员20人及以上,且营业收入100万元及以上	0.65	0.33
		微型	从业人员20人以下或营业收入100万元以下	1.53	0.78
(8)邮政业	从业人员300人以下或营业收入2000万元以下	小型	从业人员20人及以上,且营业收入100万元及以上	0.76	0.39
		微型	从业人员20人以下或营业收入100万元以下	1.53	0.78
(9)住宿业	从业人员100人以下或营业收入2000万元以下	小型	从业人员10人及以上,且营业收入100万元及以上	0.50	0.26
		微型	从业人员10人以下或营业收入100万元以下	0.56	0.28
(10)餐饮业	从业人员100人以下或营业收入2000万元以下	小型	从业人员10人及以上,且营业收入100万元及以上	0.50	0.26
		微型	从业人员10人以下或营业收入100万元以下	0.56	0.28
(11)信息传输业	从业人员100人以下或营业收入1000万元以下	小型	从业人员10人及以上,且营业收入100万元及以上	0.16	0.08
		微型	从业人员10人以下或营业收入100万元以下	2.95	1.50

续表

行 业	小型微型企业标准	其 中		占各类企业的比例（%）	按比例测算2012年小型微型企业数量(万户)
(12)软件和信息技术服务业	从业人员100人以下或营业收入1000万元以下	小型	从业人员10人及以上，且营业收入50万元及以上	0.30	0.15
		微型	从业人员10人以下或营业收入50万元以下	2.82	1.44
(13)房地产开发经营	营业收入1000万元以下或资产总额5000万元以下	小型	营业收入100万元及以上，且资产总额2000万元及以上	0.32	0.16
		微型	营业收入100万元以下或资产总额2000万元以下	3.76	1.91
(14)物业管理	从业人员300人以下或营业收入1000万元以下	小型	从业人员100人及以上，且营业收入500万元及以上	0.15	0.08
		微型	从业人员100人以下或营业收入500万元以下	3.71	1.89
(15)租赁和商务服务业	从业人员100人以下或资产总额8000万元以下	小型	从业人员10人及以上，且资产总额100万元及以上	1.78	0.91
		微型	从业人员10人以下或资产总额100万元以下	3.48	1.77
(16)其他未列明行业	从业人员100人以下	小型	从业人员10人及以上	0.09	0.04
		微型	从业人员10人以下	0.78	0.40
所有行业汇总		小型微型企业		88.70	45.18

统计说明：按照工信部等四部委《中小企业划型标准规定》，分行业对2011年度企业年检报告中各企业所填写的从业人员、资产总额、营业收入数据进行统计汇总，得出各行业中、小、微企业所占比例，再对照今年上半年全省各类企业数量测算出各行业中、小、微型企业的数量。

湖南省小型微型企业发展情况报告

湖南省工商行政管理局

改革开放以来,小型微型企业作为非公经济的重要组成部分得到了迅猛发展。和全国各地一样,位于中部的湖南其小型微型企业发展经历了一个由慢到快、由少到多、由个体户逐渐转型到企业的过程。今年在国家工商总局统一部署下,湖南省工商系统以2011年度年检数据中营业收入和从业人员两项指标为依据,按照工信部各行业小型微型企业划分标准进行了详细测算和统计,现总结如下:

一、湖南省小型微型企业总体情况

截至2012年年底,全省各类企业实有数量为322159户,其中国有集体企业68332户、外资企业4882户、私营企业248945户,小型微型企业分别为23725户、1875户、195048户,占比分别为34.72%、38.41%、78.35%(近年小型国有集体企业改制加快和外商投资的放缓,两者小型微型企业的比重远小于私营企业),总占比为68.49%。

按行业划分,小型微型企业分别为:农林牧渔业71.89%、工业72.94%、建筑业83.86%、批发业61.74%、零售业67.44%、交通运输业74.12%、仓储业63.98%、邮政业94.45%、住宿业69.96%、餐饮业68%、信息传输业57.21%、软件和信息服务业61.69%、房地产开发经营业59.14%、物业管理55.44%、租赁和商务服务业67.34%、其它未列明行业71.94%。因年检率不高(仅72%),一部分企业没有统计进来,实际数据应该比测算数据高一些,即小型微型企业的实际数量比测算数量要多些。

二、湖南省工商系统为发展小型微型企业所做的工作

近年来,全省工商系统在省局党组的带领下,立足职能,始终将服务经济大局、服务企业发展特别是小型微型企业发展作为头等大事来抓,为促进全省小型微型企业发展壮大发挥了积极作用,主要做了以下工作:

(一)以发展为重,为地方经济发展营造宽松环境。

根据国际国内经济形势的变化和省委省政府的中心工作,我局立足工商行政管理职能,制定了一系列政策措施支持地方经济发展。2008年,为贯彻落实《湖南省人民政府关于积极支持承接产业转移促进加工贸易发展的意见》的要求,出台了《关于积极支持承接产业转移促进加工贸易发展的意见》;2009年,为贯彻省委、省政府关于"保增长、扩内需、调结构、促就业、强基础"的决策部署,出台了《关于促进经济平稳较快发展若干措施》(以下简称《20条》);2010年,为贯彻落实省委、省政府关于"转方式、调结构、抓改革、强基础、惠民生"的决策部署,出台了《关于推动经济发展方式转变和经济结构调整的措施》(以下简称《10条》);2011年,为拓宽创业和就业渠道,出台了《关于推进全民创业的若干措施》;今年年初,为推动我省文化产业快速健康发展,又新出台了《发挥工商行政管理职能促进文化产业发展的若干措施》。上述文件得到了省委、省政府主要领导的充分肯定,均由省政府办公厅转发;为支持长株潭两型社会建设,争取国家工商总局制定了《关于支持长株潭城市群"两型社会"建设的意见》,出台了支持长株潭城市群"两型社会"综合配套改革试验区的28条政策措施。这些政策措施的出台,放宽了市场领域,打破了垄断,降低了准入门槛。主要有以下几个方面:(1)放宽投资主体,允许城镇社区居委会、农村村民委员会作为股东发起人,投资设立公司制企业;允许未成年人、无民事行为能力人继承、接受赠予成为股东。(2)放宽企业名称登记条件,冠省名由原注册资本需800万元降为200万元。(3)放宽企业经营范围,按照非禁即入的原则,允许企业自主选择经营范围,鼓励、支持有条件的私营企业参与法律法规未禁止的电力、电信、铁路、民航、

石油、公用事业、基础设施等行业、领域的投资与经营。(4)放宽企业注册资本条件,允许全体股东首期出资合计达到注册资本的20%即可,非货币资产出资比例最高可达公司注册资本的70%,允许因资金紧张难以按时缴付资本金的企业,依申请可延长出资期限一年。(5)放宽企业经营场所登记条件,在提交相关证明文件情况下,允许未办理产权证的场所、征用或租赁的土地、住宅可以作为经营场所。(6)引导、支持私营企业等非公有制企业通过并购和控股、参股等多种形式,参与国有企业和集体企业的改组改制改造。(7)支持全民创业,鼓励下岗失业人员、高校毕业生、残疾人和退役军人经商办企业,免收登记类和证照类费用,为他们开辟绿色通道,开展政策咨询。

去年《国务院关于进一步支持小型微型企业健康发展的意见》(国发 2012) 14 号)下发后,我局党组高度重视,迅速研究制定落实方案。在广泛调研、整合上述政策的基础上,与时俱进,于当年六月中旬连续出台了《关于强化对个体私营经济的支持、保护和服务的若干意见》、《关于鼓励支持个体工商户转型升级为企业的实施意见》,旨在扶持包括小型微型企业在内的个私经济做大做强。为扶持发展农民专业合作社,今年五月又出台了《关于农民专业合作社联合社登记工作的指导意见》。

(二)以服务为先,提高服务发展的主动性。

一是扎实开展服务"四化两型"工商联络员活动和"走万家企业,解万道难题"活动,2011 年累计走访企业 52898 家,提供咨询 26927 次,现场解决协调了一大批实际困难和问题,并形成调研报告上报各级党委、政府,为党委、政府决策提供参考。并充分运用监管职能,对未年检企业进行了催检,对出资期限、经营期限快满的企业进行提醒警示。

二是不断创新服务方式。大力推行网上登记、网上名称核准和企业网上年检,对重点骨干企业实行上门服务、预约服务、提示服务,规范窗口服务,提高行政效能,尽可能方便企业办事。

三是多渠道帮助小型微型企业融资。为解决小型微型企业融资难的问题,2008 年我局率先制定了《湖南省股权出质登记实施办法》和《湖南省股权质押贷款指导意见》,鼓励中小企业到工商部门办理出质登记,以合法持有的股权、商标权等出质向银行申请抵押贷款;支持小型微型企业到工商部门办理动产抵押物登记,利用设备、原辅材料、产品或者商品以及其他可以依法抵押的动产作为抵押物向银行申请贷款。2008—2011年,湖南省工商局、湖南省个体劳动者私营企业协会携手湖南省工商银行,成功举办了五次银企融资洽谈会,促成近千家企业与工商银行签定了贷款协议。工商部门通过多种渠道帮助企业融资,共为企业办理股权出质登记794笔,抵押贷款558.67亿元;办理动产抵押登记4836笔,抵押贷款263.8亿元,加上与工商银行银企洽谈签约的贷款,累计帮助企业融资1197.19亿元,有力地缓解了小型微型企业融资难的问题。

四是实施品牌战略,提升企业发展水平。全省工商系统选择了800家具有创新能力的企业进行跟踪服务、跟踪指导,鼓励企业争创著名商标、驰名商标,支持企业做大做强,上规模、上档次。2012年全年新认定中国驰名商标112件,全省驰名商标累计达265件,居中部六省第一。

(三)小型微型企业发展过程中存在的问题和建议。

主要体现在以下方面:一是支持政策多,兑现落实难;二是垄断行业门槛高,市场准入难;三是自身发展能力需进一步加强,如生产经营不规范,企业诚信缺失,人才培养引进难,发展后劲不足,企业产权结构单一,管理水平低下等等。目前反映最突出的问题是大部分小型微型企业存在融资难的问题,融资困难已成为制约其发展的最大障碍。原因在于企业融资渠道窄,贷款抵押物品少;民间融资不规范,非法集资对小型微型企业杀伤力很大;金融部门对小型微型企业服务意识薄弱,有效需求难以得到满足。为促进我省小型微型企业可持续健康发展,我们做如下建议:

1. 进一步放宽市场准入。要进一步拓宽民间投资的领域和范围,进一步消除私营经济在市场准入方面的种种限制,凡是鼓励外资进入的领域,都应向国内民间资本开放;凡是实行特殊优惠政策的领域,其优惠政策对进入该领域的民间资本同样适用。

2. 进一步健全支撑体系。一是加强宏观指导,支持和鼓励小型微型企业建立现代管理制度;二是发挥税收调节作用,采取优惠的税收政策,给小型微型企业予以扶持;三是建立小型微型企业发展基金;四是建立风险投资机制,加大对科技型小型微型企业的支持力度,形成风险投资资金退出和再投入机制;五是加强小型微型企业与高校、科研机构、大型企业的合作,形成一套完善的服务体系。

3. 完善融资体系,帮助企业融资。一是要加大商业银行支持力度,要积极调整信贷政策,适当放宽贷款审批权限,减少贷款审批环节,建立适合小型微型企业的授信体制和程序,制定符合小型微型企业金融服务特点和要求的信用等级评定标准,促进小型微型企业融资。二是商业银行要建立和完善小型微型企业信用库,深入了解小型微型企业的经营状况、管理水平、财务状况和发展前景,做到择优扶持,使风险防范和扶持优良客户相辅相成。三是要加大民间借贷规范力度,金融监管部门要进一步规范民间借贷管理办法,避免发生地方金融风险。

附件：

填报单位：湖南省工商局

小型微型企业数量分析测算表

（一）

类型		国有集体企业（万户）	外资企业（万户）	私营企业（万户）	各类企业合计（万户）
小型微型企业占比		34.72%	38.41%	78.35%	68.49%
2011年度	2011年各类企业数量	6.6250	0.5257	21.9127	29.0634
	2011年小型微型企业数量	2.1588	0.1937	18.3783	20.7308
2012年度	2012年各类企业数量	6.8332	0.4882	24.8945	32.2159
	2012年小型微型企业数量	2.3725	0.1875	19.5048	22.0648
2013年一季度	2013年一季度各类企业数量	6.9104	0.4815	25.3522	32.7441
	2013年一季度小型微型企业数量	2.4082	0.1817	20.0985	22.6884

（二）

行业	小型微型企业标准	其中		占各类企业的比例（%）	按比例测算2012年小型微型企业数量(万户)
（1）农、林、牧、渔业	营业收入500万元以下	小型	营业收入50万元及以上	40.62	0.3667
		微型	营业收入50万元以下	31.27	0.4759
（2）工业	从业人员300人以下，或营业收入2000万元以下	小型	从业人员20人及以上，且营业收入300万元及以上	40.28	1.8519
		微型	从业人员20人以下或营业收入300万元以下	32.86	1.3005

续表

行业	小型微型企业标准	其中		占各类企业的比例（%）	按比例测算2012年小型微型企业数量(万户)
(3)建筑业	营业收入6000万元以下，或资产总额5000万元以下	小型	营业收入300万元以上，且资产总额300万元及以上	47.69	0.1877
		微型	营业收入300万元以下或资产总额300万元以下	36.17	0.1038
(4)批发业	从业人员20人以下，或营业收入5000万元以下	小型	从业人员5人及以上，且营业收入1000万元及以上	44.81	3.0755
		微型	从业人员5人以下或营业收入1000万以下	16.93	1.3732
(5)零售业	从业人员50人以下，或营业收入500万元以下	小型	从业人员10人及以上，且营业收入100万元及以上	30.39	1.1976
		微型	从业人员10人以下或营业收入100万元以下	37.05	1.8625
(6)交通运输业	从业人员300人以下，或营业收入3000万元以下	小型	从业人员20人及以上，且营业收入200万元及以上	48.42	0.1572
		微型	从业人员20人以下或营业收入200万元以下	35.70	0.0734
(7)仓储业	从业人员100人以下，或营业收入1000万元以下	小型	从业人员20人及以上，且营业收入100万元及以上	42.65	0.1184
		微型	从业人员20人以下或营业收入100万元以下	21.33	0.0662
(8)邮政业	从业人员300人以下，或营业收入2000万元以下	小型	从业人员20人及以上，且营业收入100万元及以上	51.22	0.0035
		微型	从业人员20人以下或营业收入100万元以下	43.23	0.0027

续表

行 业	小型微型企业标准	其 中		占各类企业的比例(%)	按比例测算2012年小型微型企业数量(万户)
(9)住宿业	从业人员100人以下,或营业收入2000万元以下	小型	从业人员10人及以上,且营业收入100万元及以上	43.91	0.0715
		微型	从业人员10人以下或营业收入100万元以下	26.05	0.0384
(10)餐饮业	从业人员100人以下,或营业收入2000万元以下	小型	从业人员10人及以上,且营业收入100万元及以上	37.47	0.1161
		微型	从业人员10人以下或营业收入100万元以下	30.53	0.0816
(11)信息传输业	从业人员100人以下,或营业收入1000万元以下	小型	从业人员10人及以上,且营业收入100万元及以上	39.25	0.4988
		微型	从业人员10人以下或营业收入100万元以下	17.96	0.2294
(12)软件和信息技术服务业	从业人员100人以下,或营业收入1000万元以下	小型	从业人员10人及以上,且营业收入50万元及以上	26.77	0.3811
		微型	从业人员10人以下或营业收入50万元以下	34.92	0.4759
(13)房地产开发经营	营业收入1000万元以下,或资产总额5000万元以下	小型	营业收入100万元及以上,且资产总额2000万元及以上	37.84	0.4446
		微型	营业收入100万元以下或资产总额2000万元以下	21.30	0.2659
(14)物业管理	从业人员300人以下,或营业收入1000万元以下	小型	从业人员100人员及以上,且营业收入500万元及以上	31.93	0.1143
		微型	从业人员100人以下或营业收入500万元以下	23.51	0.0977

续表

行业	小型微型企业标准	其中		占各类企业的比例（%）	按比例测算2012年小型微型企业数量(万户)
(15)租赁和商业服务业	从业人员100人以下，或资产总额8000万元以下	小型	从业人员10人及以上，且资产总额100万及以上	36.85	2.0443
		微型	从业人员10人以下或资产总额100万元以下	30.49	1.6744
(16)其他未列明行业	从业人员100人以下	小型	从业人员10人及以上	34.53	1.1065
		微型	从业人员10人以下	37.41	1.1976
所有行业汇总		小型微型企业		68.49	22.0648

统计说明：按照工信部等四部委《中小企业划型标准规定》，分行业对2011年度企业年检报告中各企业所填写的从业人员、资产总额、营业收入数据进行统计汇总，得出各行业小型微型企业所占比例，得出本地区2012年度和2013年一季度各行业小型微型企业的数量。

广东省小型微型企业发展情况报告

广东省工商行政管理局

近年来,在国家工商总局及省委、省政府的正确领导下,全省工商系统深入贯彻科学发展观,立足职能,着力创新,全力服务小型微型企业平稳较快发展,取得了较好成绩。

一、基本情况

截至2013年3月底,我省实有各类市场主体(企业、个体工商户和农民专业合作社)共522.6万户,其中各类企业(含分支机构,下同)155.8万户,个体工商户(含港澳台个体工商户,下同)365.2万户,农民专业合作社1.6万户。

按照工信部、国家统计局、国家发改委、财政部2011年6月联合印发的《中小企业类型标准规定》,我们综合利用2011年度企业年检数据,根据从业人员、营业收入、资产总额三项指标,对全省小型微型企业数量进行了分析测算。在各类企业中,小型微型企业约占76.7%,其中,在国有集体企业中,小型微型企业约占41.9%;外商投资企业中,小型微型企业约占58.5%;私营企业中,小型微型企业约占80.8%。截至今年3月底,我省小型微型企业约为119.5万户,其中,国有集体小型微型企业约为7.3万户,外资小型微型企业约为5.8万户,私营小型微型企业约为103.7万户。

我省小型微型企业登记呈以下特点:一是微型企业数量占绝对多数。小型企业占企业总数的6.9%,微型企业占企业总数的69.9%,小型与微型企业的比例约为1:10.2。二是私营企业是小型微型企业的主体。私营小型微型企业数量占全省小型微型企业总数的80.8%，截至2013年一季度总数超百万户大关，达103.7万户。三是在第二产业的行业比重最高，主要集中在零售业、工业、租赁和商务服务业。全省第一、第二、第三产业的小型微型企业比重分别为72.8%、89.9%和71.6%。在具体行业分布上，零售业占各类小型微型企业的29.4%，约45.9万户；工业（包括采矿业，制造业，电力、燃气及水的生产和供应业），占28.6%，约44.6万户；租赁和商务服务业占11.7%，约18.2万户；批发业占5.2%，约8.1万户；建筑业占4.1%，约6.3万户。这五大行业中的小型微型企业总计约123.2万户，占小型微型企业总数的79%。

二、主要工作及成效

（一）着力先行先试，营造小型微型企业投资创业的良好环境。

按照《珠江三角洲地区改革发展规划纲要》"科学发展、先行先试"精神，我们积极推进登记注册领域的改革。一是放宽准入，着力培育小型微型企业主体。省工商局先后制定下发了《关于服务我省加快经济发展方式转变的若干意见》、《服务广东争当实践科学发展观排头兵的实施意见》等改革文件，进一步放宽企业名称、住所、经营范围、注册资本、出资方式等限制。下发了《关于全力支持创业带动就业的意见》，出台了包括注册资本"零首期"、登记管理"零收费"等扶持政策，大力支持创业带动就业，受到创业者的普遍欢迎。二是大胆先试，鼓励港澳台小型微型企业发展。在全国先行放宽港澳个体工商户经营行业限制，开展台湾居民申办个体工商户试点登记。截至2012年年底，全省共登记港澳居民个体工商户4304户，资金数额3.24亿元，同比增长8.1%和17.7%，占全国的70%以上；登记台湾居民个体工商户1072户，资金数额6749万元，同比增长33.8%和27.1%。三是拓宽融资渠道，解决小型微型企业融资难题。积极开展股权出资、股权出质登记试点，鼓励发展小额贷款公司、村镇银行和各类担保机构，破解小型微型企业融资难题。截至2012年年底，全省已办理股权出资企业138户，出资金额287.9亿元；办理股权出质登记1.4万件，担保金额6198.5亿元。登记小额贷款公司达225户，村镇银行36户，各类担保企业4071户，涉及注册资本 1627.4 亿元。四是积极合理行政,解决小型微型企业审批难题。先后与省有关部门沟通协调,通过联合发文等形式,逐一理顺了多项前置审批与登记注册的衔接,妥善解决由于法规政策不明确造成的"审批登记难"问题。

(二)着力科学发展,营造小型微型企业转型升级的良好环境。

一是支持个体工商户转型升级。下发了《关于个体工商户升级为企业的登记注册指导意见》,截至 2012 年年底,全省已核准 4.6 万户个体户转型升级为企业,合计注册资本 151.4 亿元。二是支持"三来一补"企业转型登记。下发了《关于充分发挥工商职能作用 全力支持"三来一补"企业转型升级的指导意见》,保障企业转型登记不中断经营。全省共办理"三来一补"企业转型登记 3260 户,涉及注册资本 209.5 亿元。三是实施名称、商标品牌带动。进一步放宽企业冠省名条件。2012 年以来,全省核准冠省名企业 6700 户(次),同比增长 10.4%。鼓励支持中小企业免冠行政区划,已帮助 400 多家企业申请名称免冠行政区划。实施品牌带动战略,积极培育中小企业申请认定驰名、著名商标。截至目前,我省有驰名商标 445 件,著名商标 2759 个。实施信用带动战略,开展"守合同重信用"评选公示活动。全省共有 5000 多家私营企业被公示为"守合同重信用"企业。四是服务小型微型企业迁移。两次下发关于推进产业转移和劳动力转移的决定的意见,为迁移企业提供政策便利。2008 年来,全省通过"绿色通道"办理企业迁移登记 2112 户,涉及注册资本 628.8 亿元。

(三)着力提升服务,营造小型微型企业加速发展的良好环境。

一是以窗口建设为核心,全面提升规范水平。规范窗口硬件建设,统一工作标准并实施动态管理。探索推行"一个窗口许可"、相对集中登记的许可模式,进一步规范服务行为。二是改进服务方式,全面提升服务水平。组织开发了"网上登记注册大厅",全面推行网上预审,推行"网上登记、双向快递"服务,开展全流程无纸化网上登记年检试点。三是拓展服务空间,全力提升服务层次。加强对小型微型企业行业、产业、区域发展状况的统计分析,按月和专题公布报送小微经济统计分析信息,已成为工商服务政府决策的一大品牌。四是营造和谐的执法氛围。努力做到"三能":能整改的先指导,能教育的不处罚,能轻罚的不重罚。推行"一支队伍办案"的执法办案体制改革,把批评教育、劝诫、引导、预警、行政指导等柔性手段融入监管执法程序中。2012 年全省共查处无照经营案件5.5万宗,引导办照6.8万户,有效地遏制了无照经营行为。

2012年3月10日,《国家工商行政管理总局关于支持广东加快转型升级、建设幸福广东的意见》给予了广东32条支持政策,其中19条涉及企业注册登记改革,12条属于全国首创性政策。《意见》以"宽入严管"为原则,是迄今为止国家工商总局在支持地方发展方面,改革创新力度最大的一份文件,这些突破性、创新性的政策,对我省小型微型企业发展将发挥十分重要的作用。3月22日,省政府转发了这份文件,并提出要用足用好《意见》的政策措施,加快推进政府职能转变。《意见》同时明确支持我省在深圳和珠海横琴开展商事登记改革试点。此后,总局又先后批复同意我省商事登记改革试点范围扩大为深圳、珠海、东莞和佛山顺德,批复同意在深圳、珠海两地率先试行精简后的新版营业执照。省政府亦先后批准在惠州、肇庆、揭阳、清远、佛山、梅州等地市开展企业登记及相关领域行政审批制度改革试点。我省商事登记改革包括将工商登记注册与经营项目审批相分离,理顺工商登记与其他审批许可的关系,改革经营范围登记方式;开展公司注册资本认缴制改革;放宽企业场所登记条件,简化场所证明;创新企业登记服务方式,试点全程电子化网上服务;改革企业监管方式。在省人大修订的《广东省查处无照经营行为条例》中确立"谁审批、谁监管"原则。进一步厘清各部门监管职责,落实监管责任;建立商事主体登记许可及信用信息公示平台,强化市场自律和社会监督等。改革进一步放宽市场准入门槛,推动加快行政审批制度改革进程,构建市场监管体系和企业信用体系,激发市场主体活力。截至今年5月底,全省各类市场主体达535万户,同比增长10%,市场主体总数继续位居全国第一。今年3—5月,深圳、珠海新设市场主体同比分别增长133%和76%,即使是商事登记改革试点近一年的东莞和顺德,今年3—5月新设市场主体也保持了25%和20%的较高增幅。

三、下一步打算

虽然我们在服务小型微型企业发展上做了一些工作,但还存在许多差距和不足,下一步,全省工商系统将认真学习中共第十八届中央委员会第二次全会和省委十一届二次全会精神,进一步发挥职能作用,特别是围绕国家工商登记制度改革的整体部署，进一步创新机制，深化改革，为我省经济发展方式转变、促进小型微型企业发展做出新的贡献。

（一）认真贯彻落实国家、省有关支持小型微型企业发展的政策。

进一步提高认识，把促进小型微型企业发展作为全省工商系统服务经济社会发展的一项重要工作抓紧抓好。认真落实国务院和省政府关于支持小型微型企业发展的政策，鼓励民间投资兴业。认真贯彻对小型微型企业减免登记注册费用的政策，确保政策落实到位。

（二）加强改革工作的绩效评估。

抓紧组织完成全省商事登记改革试点工作的绩效评估工作，认真总结试点经验，研究解决试点中遇到的问题和困难。同时，按照国家工商总局的方案部署，把握便捷高效、规范统一、宽进严管的原则，做好在全省开展工商登记制度改革的相关基础性准备工作，营造服务小型微型企业发展的良好营商环境。

（三）加快建设市场监管体系。

按照"宽进严管"原则，加快市场准入体系建设，深入推进企业信用分类监管，改革市场监管方式，着重研究商事登记改革后的"严管"措施，推动各部门和社会力量参与到监管体系建设中来。建设广东省工商系统企业信用信息平台，推进12345申诉举报统一平台建设，营造促进小型微型企业发展的良好市场环境。

附件：

填报单位：广东省工商局

广东省小型微型企业数量分析测算表

（一）

	类型	国有集体企业	外资企业	私营企业	各类企业合计
	小型微型企业占比(%)	41.9	58.5	80.8	76.7
2011年度	2011企业数量(万户)	17.6	9.7	110.8	138.1
	2011年小型微型企业数量(万户)	7.4	5.7	89.5	106.0
2012年度	2012年企业数量(万户)	17.5	9.9	125.6	153.0
	2012年小型微型企业数量(万户)	7.3	5.8	101.4	117.4
2013年一季度	2013年一季度企业数量(万户)	17.5	9.9	128.5	155.8
	2013年一季度小型微型企业数量(万户)	7.3	5.8	103.7	119.5

（二）

行业	小型微型企业标准	占各类企业的比例(%)	其中		占各类企业的比例(%)	2011年小型微型企业数量(万户)	2012年小型微型企业数量(万户)	2013年一季度小型微型企业数量(万户)
(1)农、林、牧、渔业	营业收入500万元以下	0.8	小型	营业收入50万元及以上	0.12	0.16	0.18	0.18
			微型	营业收入50万元以下	0.63	0.88	0.97	0.99
(2)工业	从业人员300人以下，或营业收入2000万元以下	22.0	小型	从业人员20人及以上，且营业收入300万元及以上	3.05	4.22	4.67	4.76
			微型	从业人员20人以下或营业收入300万元以下	18.91	26.12	28.94	29.47
(3)建筑业	营业收入6000万元以下，或资产总额5000万元以下	3.1	小型	营业收入300万元及以上，且资产总额300万元及以上	0.28	0.38	0.43	0.43
			微型	营业收入300万元以下或资产总额300万元以下	2.85	3.93	4.36	4.44

续表

行业	小型微型企业标准	占各类企业的比例(%)	其中		占各类企业的比例(%)	2011年小型微型企业数量(万户)	2012年小型微型企业数量(万户)	2013年一季度小型微型企业数量(万户)
(4)批发业	从业人员20人以下,或营业收入5000万元以下	22.6	小型	从业人员5人及以上,且营业收入1000万元及以上	0.79	1.09	1.21	1.23
			微型	从业人员5人以下或营业收入1000万元以下	21.80	30.10	33.35	33.96
(5)零售业	从业人员50人以下,或营业收入500万元以下	4.0	小型	从业人员10人及以上,且营业收入100万元及以上	0.42	0.58	0.64	0.66
			微型	从业人员10人以下或营业收入100万元以下	3.57	4.94	5.47	5.57
(6)交通运输业	从业人员300人以下,或营业收入3000万元以下	2.0	小型	从业人员20人及以上,且营业收入200万元及以上	0.15	0.21	0.23	0.24
			微型	从业人员20人以下或营业收入200万元以下	1.88	2.60	2.88	2.93
(7)仓储业	从业人员100人以下,或营业收入1000万元以下	0.1	小型	从业人员20人及以上,且营业收入100万元及以上	0.01	0.01	0.02	0.02
			微型	从业人员20人以下或营业收入100万元以下	0.08	0.12	0.13	0.13
(8)邮政业	从业人员300人以下,或营业收入2000万元以下	0.1	小型	从业人员20人及以上,且营业收入100万元及以上	0.01	0.01	0.01	0.01
			微型	从业人员20人以下或营业收入100万元以下	0.05	0.07	0.08	0.08

续表

行业	小型微型企业标准	占各类企业的比例（%）	其中		占各类企业的比例（%）	2011年小型微型企业数量（万户）	2012年小型微型企业数量（万户）	2013年一季度小型微型企业数量（万户）
(9)住宿业	从业人员100人以下，或营业收入2000万元以下	0.5	小型	从业人员10人及以上，且营业收入100万元及以上	0.06	0.08	0.09	0.09
			微型	从业人员10人以下或营业收入100万元以下	0.42	0.58	0.64	0.65
(10)餐饮业	从业人员100人以下，或营业收入2000万元以下	0.7	小型	从业人员10人及以上，且营业收入100万元及以上	0.07	0.09	0.10	0.10
			微型	从业人员10人以下或营业收入100万元以下	0.59	0.82	0.91	0.93
(11)信息运输业	从业人员100人以下，或营业收入1000万元以下	0.5	小型	从业人员10人及以上，且营业收入100万元及以上	0.01	0.02	0.02	0.02
			微型	从业人员10人以下或营业收入100万元以下	0.50	0.69	0.76	0.78
(12)软件和信息技术服务业	从业人员100人以下，或营业收入1000万元以下	2.1	小型	从业人员10人及以上，且营业收入50万元及以上	0.16	0.22	0.24	0.25
			微型	从业人员10人以下或营业收入50万元以下	1.95	2.70	2.99	3.04
(13)房地产开发经营	营业收入1000万元以下，或资产总额5000万元以下	2.1	小型	营业收入100万元及以上，且资产总额2000万元及以上	0.03	0.05	0.05	0.05
			微型	营业收入100万元以下或资产总额2000万元以下	2.04	2.81	3.11	3.17

续表

行业	小型微型企业标准	占各类企业的比例(%)	其中		占各类企业的比例(%)	2011年小型微型企业数量(万户)	2012年小型微型企业数量(万户)	2013年一季度小型微型企业数量(万户)
(14)物业管理	从业人员300人以下，或营业收入1000万元以下	1.0	小型	从业人员100人及以上，且营业收入500万元及以上	0.01	0.01	0.02	0.02
			微型	从业人员100人以下或营业收入500万元以下	1.02	1.41	1.56	1.59
(15)租赁和商务服务业	从业人员100人以下，或资产总额8000万元以下	9.0	小型	从业人员10人及以上，且资产总额100万元及以上	1.11	1.53	1.70	1.73
			微型	从业人员10人以下或资产总额100万元以下	7.88	10.88	12.05	12.27
(16)其他未列明行业	从业人员100人以下	6.3	小型	从业人员10人及以上	0.57	0.78	0.87	0.88
			微型	从业人员10人以下	5.70	7.87	8.71	8.87
所有行业汇总		76.7	小型		6.85	9.45	10.47	10.66
			微型		69.88	96.50	106.92	108.87

统计说明：按照工信部等四部委《中小企业类型标准规定》，根据2011年度企业年检数据，统计本省2011年度小型微型企业数及在企业总数所占比例，并根据数据测算本省2012年度和2013年一季度小型微型企业数及在企业总数中的比例。

广西壮族自治区
小型微型企业发展情况报告

广西壮族自治区工商行政管理局

2013年以来,全区工商系统认真贯彻落实党的十八大精神,按照全国工商行政管理工作会议的部署和要求,紧紧围绕自治区"抓大壮小扶微"工作部署,狠抓"五个创新",深化效能建设,有力地推动了小型微型企业蓬勃发展。现将有关情况报告如下:

一、基本情况

截至2013年3月底,全区实有各类市场主体(包括国有、集体企业、外商投资企业、私营企业、个体工商户、农民专业合作社)户数为147.36万户,其中国有、集体企业2.74万户、外资企业0.38万户、私营企业24.03万户。

按照工信部、国家统计局、国家发改委、财政部2011年6月联合印发的《中小企业划型标准规定》,根据2011年度企业年检数据,对我区小型微型企业进行了分析测算,并据此测算分析出2012年度和2013年一季度小型微型企业的情况。

2011年全区各类企业中,小型微型企业约占77.2%,有15.79万户。其中,国有集体企业中,小型微型企业占47.3%,有1.42万户;外资企业中,小型微型企业占80%,有0.37万户;私营企业中,小型微型企业占82.4%,有14万户。截止到2013年3月底,全区小型微型企业约为21.29万户,其中,国有集体小型微型企业约为1.29万户,外资小型微型企业为0.3万户,私营小型微型企业约为19.7万户。

二、广西小型微型企业有以下主要特点

(一)广西小型微型企业数量多,比重大。

在各类企业中,小型微型企业占77.2%,其中小型企业占3.9%,微型企业占73.1%,小型与微型企业的比例约为1:18。

(二)近九成小型微型企业为私营企业。

各类企业的小型和微型企业中,企业登记注册类型为非公经济的占91%,其中微型企业占95%。从企业登记注册类型来看,所占比重最大的是私营企业,占88.7%,国有集体企业占9%,外资企业占2.3%。

(三)八成小型微型企业从事第三产业。

按三次产业分类,我区小型微型企业中从事第一产业的占各类企业总数的4.5%,从事第二产业的占12.7%,从事第三产业的占82.8%。

(四)传统行业仍占主要地位。

在各类企业中,小型微型企业从事传统的批发零售和租赁商务服务业的企业最多,占58.1%,其次为工业占11%,其他未列明行业占11%。

三、广西小型微型企业发展亟需解决的问题

当前,小型微型企业发展主要存在以下问题:

一是小型微型企业生产经营的基础稳定性较低,抗风险能力差。目前,不少小型微型企业仍具有传统的家庭经营色彩,现代管理经验不足,文化建设、品牌经营、技术创新等方面都比较落后,在市场竞争中处于弱势。

二是小型微型企业融资难、用工难影响经营发展。由于小型微型企业信用度低,硬件设备和生产技术落后,企业竞争力不强,获得银行贷款难度较大,融资的空间有限。劳动力成本和原材料成本的快速上升,使得小型微型企业过去所依赖的廉价劳动力、低资源环境成本的优势逐渐丧失,相应的利润空间也越来越

小,经营更加困难,企业生存面临困境。

四、主要服务措施及工作成效

为促进小型微型企业快速发展,全区工商系统积极探索,采取有力措施,狠抓"五个创新",充分发挥"五大职能"作用,优质高效服务"五位一体"建设,使得小型微型企业发展呈现良好态势。

(一)创新服务发展举措,提高服务小型微型企业健康发展的质量。

自治区工商局作为发展微型企业的牵头部门,采取多种方式提高了微型企业的"出生率"。据统计,截至2012年12月末,实有微型企业33854户,从业人员238196人,注册资本(出资额)324773.7万元。与去年同比,分别增长150%、101%和156%,全区微型企业得到了快速发展。

1. 制定配套措施,推动小型微型企业发展。一是制定了《广西微型企业登记监管暂行办法》,从条件审查、登记注册、监督管理、微型企业取消等方面做出了相应的规定,为微型企业登记监管工作提供了规范、有效的政策指导。并组织财政等相关部门联合或单独制定了13套配套措施,为微型企业发展落实了优惠政策。二是在中国—东盟经济区合作、泛珠区域经济合作、北部湾经济区开放开发、中国—东盟自由贸易区全面建成的重大背景下,及时出台了服务非公经济发展"36条"、促进全民创业"21条"、经济发展方式加快转变"16条"、支持北部湾经济区"四放宽一支持"等一系列应对国际金融危机、促进经济平稳较快发展的政策措施;牵头扶持小型微型企业发展,得到了自治区党委、政府的肯定和重视,使其上升为自治区"抓大壮小扶微"工程的重要组成部分。

2. 深化为民服务窗口建设,营造公正透明、便捷高效的市场主体准入环境。全区1000多个基层工商登记窗口全面推行企业登记注册"一审一核"制度,窗口工作人员实行首办负责制、限时办结制、一次性告知制等制度,统一受理、集中办理小型微型企业登记注册申请;基层工商登记窗口专设服务小型微型企业的"绿色通道",对小型微型企业的投资者提供预约服务、延时服务和跟踪服务。

3. 建立全方位服务机制,促进小型微型企业经济结构转型升级。具体做到了"五个支持":

一是支持战略性新兴产业发展。全区各级工商机关通过实行"三提前"、"三告知"、"三提供",即提前预查企业名称、预审登记材料、进行合作方信用调查;告知出资规定、告知分期缴付要求、告知涉及经营范围的法律法规;提供政策咨询、提供登记要件、提供示范文本等服务,优质高效地办理相关企业登记,促进了战略性新兴产业发展。

二是支持现代服务业加快发展。出台了《自治区工商局关于发挥登记职能作用 促进服务业加快发展的实施意见》,优化服务业市场主体准入环境,重点支持物流、信息服务、电子商务、中介服务等现代服务业发展。全区各地工商机关认真贯彻落实有关政策措施,完善登记、监管、服务等手段,积极支持服务业拓展经营领域,创新经营模式,发展新兴业态;支持发展服务经济,调整产业结构,促进了服务业总量增加、结构优化。目前,全区现代服务业小型微型企业共有13.18万户,占小型微型企业的83.5%。

三是支持文化产业改革发展。根据中央、自治区和国家工商总局有关促进社会主义文化大发展大繁荣的政策要求,出台了《自治区工商局关于支持文化体制改革和文化产业发展的意见》,制定了18条政策措施。在未来五年,将围绕创意设计、数字服务创意、文化创意、时尚设计及咨询服务创意等领域,建设3万家创意机构、培育20万创意创业人员,建设广西创意中心。全区各级工商机关狠抓落实,充分发挥登记职能作用,做到主动跟进、主动献策、主动服务,积极支持文化体制改革,促进了文化产业发展。如桂林市高新区作为全国5个少数民族自治区中首个国家级高新区,按照"扶大、扶强、扶优、扶持原创"的原则,依托每年举办的"桂林创新创意文化节",以创新文化品牌、推动转型升级为重点,出台了一系列鼓励政策,推动了文化产业发展。据统计,桂林市高新区有文化业小型微型企业265家,去年实现产值超过38亿元,文化产业增加值已占辖区GDP增量的10%。

四是支持企业拓宽融资渠道。自治区工商局与国有四大商业银行均签订了合作协议,全面推广"工商验资e线通"系统,在提高登记效率和质量的同时,使企业能够享受到银行提供的优质服务。同时,各地工商机关主动搭建政银企合作平台,通过组织召开洽谈会、办理股权出质登记等形式,激活企业内生资源,使小型微型企业与金融机构搭建起融资良性关系,帮助小型微型企业解决融资难题。如自治区工商局和南宁、百色、玉林等地工商部门先后联合民生银行、北部湾银行、建设银行、工商银行等金融机构举办信贷帮扶推介座谈会。

五是支持服务区域经济合作与发展，为小型微型企业发展搭建广阔平台。积极落实桂沪、桂豫、桂渝、桂川、桂粤、闽桂、桂琼、桂港等合作框架协议，加大工商机关注册登记部门的服务力度，支持企业跨区域投资，促进经济区企业合作发展。按照国家区域发展和自治区对外开放总体战略要求，积极服务广西—东盟经济技术开发区、中国—马来西亚钦州产业园区、钦州保税港区、凭祥综合保税港、东兴重点开发开放试验区等各类园区的发展。如防城港市工商局为东兴重点开放开发试验区探索边民入境经营监管模式。

（二）创新市场监管机制，营造小型微型企业发展良好市场环境。

1. 加大宣传力度，营造良好舆论氛围。一直以来，区工商局十分注重对小型微型企业发展的宣传工作。自2002年起至今，每年4月份在全区工商系统开展宣传月活动，借助广播、电视、网络、报纸等宣传媒介，广泛宣传国家和自治区鼓励、引导和支持小型微型企业发展的法律、法规和政策，进一步提高全社会的积极性和主动性，树立了工商部门促进经济发展、推动全民就业的新形象，为促进小型微型企业快速健康发展营造良好的社会舆论环境。同时，自治区工商局还拍摄了小型微型企业宣传片，组织了小型微型企业专题采访、专题访谈等宣传策划，鼓励、引导社会群众创办小型微型企业。如梧州市工商局的"创业课堂"，桂林市工商局的"促进农村微型企业发展"网络宣传专栏，防城港市工商局创建的农村经纪人微型企业创业基地和旅游产品微型企业创业基地。

2. 加强监管服务手段，力促小型微型企业做强。一是全区工商系统坚决打击各类制假售假、合同欺诈、无照经营等损害消费者权益、扰乱市场经济秩序的行为；二是积极推动全区商标战略。全区工商系统深入小型微型企业开展商标战略宣传和商标注册帮扶工作，提升小型微型企业的市场竞争力。三是查处"两虚一逃"专项整治等措施，通过企业回访、市场巡查、专项检查等方式，为小型微型企业打造公平的市场竞争环境。

（三）创新社会管理手段，推动小型微型企业诚信建设。

1. 充分发挥企业信用分类监管机制作用，引导促进小型微型企业诚信守法。一是立足自身职能，对内整合有关企业信用的信息资源，完善企业信用监管信息数据库；对外与各政府部门全方位共享信用信息，从而全面掌握企业的信誉状况、履约能力、失信情况及违法记录，充分发挥了企业信用信息系统的社会化作用，形成了合力，为小型微型企业信用体系搭建平台，为银行向小型微型企业融资打开了"绿色通道"。二是继续开展"守合同重信用"企业公示活动、诚信市场、文明市场创建活动，使小型微型企业自律经营与工商部门外部监管有机结合起来。

2. 搭建开放式服务平台，积极开展帮扶工作。一是改进年检手段，做好服务工作。全区企业登记机关利用年检期间可以广泛、密集、近距离接触企业的时机，通过走访、座谈、发放登记需求表等形式，向企业宣讲政策，了解其实际困难和需求。全区工商系统2012年年检期间共走访个体户和私营企业3.2万户。二是通过"定点帮扶、贴心帮扶、挂钩帮扶、融资帮扶"等措施，将帮扶活动与开展"项目建设年"、"服务企业年"活动结合起来，协调解决了小型微型企业遇到的问题，使一批小型微型企业迅速发展成长。

（四）创新依法行政方式，优化小型微型企业发展环境。

1. 加大行政审批制度改革，提高行政效率。自治区工商局成立了扩权强县工作领导小组，制定下发了《广西壮族自治区工商行政管理局关于公布行政审批项目下放方案的决定》（桂工商发[2012]62号），下放了9项行政审批项目，建立定期报送制度，减少审批环节，提高行政效率，为小型微型企业发展提供了强大助力。

2. 深入推进信息综合应用工作。完善登记管理信息的收集、披露制度，推进企业登记管理信息综合运用向规范化、常态化、实用化发展。进一步优化数据分析的指标体系，采用科学的分析方法和手段，加大对全区企业基础信息的分析力度，深度发掘信息资源，扩大信息服务"品牌效应"，编印《市场主体信息分析报告汇编》，更好地指导小型微型企业发展。

3. 以推进非公有制企业党建工作促发展。全区工商系统大力推进非公有制企业党建工作，以小型微型企业为重点，结合企业登记、年检验照、日常巡查等工作，采取单独组建、联合组建等方法，扩大党组织覆盖面，不断提升非公有制企业党组织的创造力，为更好地服务小型微型企业又好又快发展提供了坚强的组织保证。如柳州市工商局采取以"机关党建带非公经济组织党建"具有柳州特色的工作方法；梧州市工商局构建了以健全体制为"轴心"，以"四个狠抓"为"扇骨"，以丰富服务内容为"扇面"，层层拓展、纵横交错的"扇形"非公党建工作格局。

（五）创新队伍建设和基础建设方法，提高促进小型微型企业发展的综合保障效能。

近年来，自治区工商系统加大学习型工商的创建力度，建立教育培训基地16个，形成了覆盖全区工商系统的岗位教育网络。在全员培训的基础上，自治区工商局多次开展"岗位大练兵"、"业务大比武"活动，以比促学、以赛促练、以考促训，巩固学习培训成果，培养了一批业务能手，干部队伍的整体素质、业务能力和执法水平得到极大提升，为小型微型企业提供了强有力的服务保障。

五、今后服务小型微型企业发展的工作计划

今后，全区工商系统将继续深入贯彻落实党的十八大精神，按照全区经济工作会议的部署和要求，结合广西工商实际，以深化效能建设为抓手，以建设高素质干部队伍为保障，进一步开创工商行政管理工作新局面，为富民强桂新跨越作出新贡献。

（一）将加快经济发展方式转变作为推动小型微型企业健康发展的关键来抓。

研究解决小型微型企业发展中遇到的新情况、新问题的办法，继续抓好各项具体措施的落实。

（二）发挥职能作用，创新服务机制，加强服务帮扶，不断提高小型微型企业的"出生率"，切实保障小型微型企业的"存活率"，积极促进小型微型企业的"发展率"。

（三）大力培育融资主体，切实解决小型微型企业融资难问题。

一是要严格把好市场准入关，积极发展小型、新型金融机构。二是积极鼓励和支持民营资本设立小微金融机构。三是要积极开展股权出质登记，帮助企业拓宽融资渠道，增强抵御风险的能力，使股权由静态资产向动态资产转化，更大限度地扩大受益群体，拓宽小型微型企业融资渠道。

(四)继续抓好党建保障工程推进小型微型企业党建工作。

发挥工商职能作用,进一步加强小型微型企业党建工作的指导,创新工作体制机制,完善小型微型企业非公党建统计软件功能及填报审核机制,实现对全区小型微型企业中党组织、党员基本情况的网络动态管理,推进小型微型企业党建工作上台阶、上水平。

附件：

填报单位：广西壮族自治区工商局

广西壮族自治区小型微型企业数量分析测算表

（一）

类型		国有集体企业（万户）	外资企业（万户）	私营企业（万户）	各类企业合计（万户）
小型微型企业占比(%)		47.3	80	82.4	77.2
2011年度	2011年各类企业数量	3	0.46	17	20.46
	2011年小型微型企业数量	1.42	0.37	14	15.79
2012年度	2012年各类企业数量	2.86	0.37	22.69	25.92
	2012年小型微型企业数量	1.35	0.3	18.6	20.25
2013年一季度	2013年一季度各类企业数量	2.74	0.38	24.03	27.15
	2013年一季度小型微型企业数量	1.29	0.3	19.7	21.29

（二）

行业	小型微型企业标准	占各类企业的比例(%)	其中		占各类企业的比例(%)	2011年小型微型企业数量（万户）	2012年小型微型企业数量（万户）	2013年一季度小型微型企业数量（万户）
(1)农、林、牧、渔业	营业收入500万元以下	3	小型	营业收入50万元及以上	0.1	0.02	0.03	0.03
			微型	营业收入50万元以下	3	0.62	0.78	0.8
(2)工业	从业人员300人以下，或营业收入2000万元以下	8.3	小型	从业人员20人及以上，且营业收入300万元及以上	0.5	0.1	0.13	0.14
			微型	从业人员20人以下或营业收入300万元以下	7.8	1.6	2	2.1
(3)建筑业	营业收入6000万元以下，或资产总额5000万元以下	1.3	小型	营业收入300万元以上，且资产总额300万元及以上	0.05	0.01	0.01	0.01
			微型	营业收入300万元以下或资产总额300万元以下	1.3	0.26	0.34	0.35

续表

行业	小型微型企业标准	占各类企业的比例(%)	其中		占各类企业的比例(%)	2011年小型微型企业数量(万户)	2012年小型微型企业数量(万户)	2013年一季度小型微型企业数量(万户)
(4)批发业	从业人员20人以下,或营业收入5000万元以下	16	小型	从业人员5人及以上,且营业收入1000万元及以上	1.9	0.38	0.49	0.52
			微型	从业人员5人以下或营业收入1000万元以下	14.1	2.88	3.65	3.83
(5)零售业	从业人员50人以下,或营业收入500万元以下	20.5	小型	从业人员10人及以上,且营业收入100万元及以上	0.5	0.1	0.13	0.14
			微型	从业人员10人以下或营业收入1000万元以下	20	4.1	5.2	5.4
(6)交通运输业	从业人员300人以下,或营业收入3000万元以下	2	小型	从业人员20人及以上,且营业收入200万元及以上	0.05	0.01	0.01	0.01
			微型	从业人员20人以下或营业收入200万元以下	1.9	0.38	0.49	0.52
(7)仓储业	从业人员100人以下,或营业收入1000万元以下	0.1	小型	从业人员20人及以上,且营业收入100万元及以上	0	0.0006	0.0007	0.0007
			微型	从业人员20人以下或营业收入100万元以下	0.1	0.02	0.03	0.03
(8)邮政业	从业人员300人以下,或营业收入2000万元以下	0.6	小型	从业人员20人及以上,且营业收入100万元及以上	0.02	0.004	0.005	0.005
			微型	从业人员20人以下或营业收入100万元以下	0.6	0.12	0.16	0.16

续表

行业	小型微型企业标准	占各类企业的比例（%）	其中		占各类企业的比例（%）	2011年小型微型企业数量（万户）	2012年小型微型企业数量（万户）	2013年一季度小型微型企业数量（万户）
（9）住宿业	从业人员100人以下，或营业收入2000万元以下	0.5	小型	从业人员10人及以上，且营业收入100万元及以上	0.05	0.01	0.01	0.01
			微型	从业人员10人以下或营业收入100万元以下	0.5	0.1	0.13	0.14
（10）餐饮业	从业人员100人以下，或营业收入2000万元以下	0.6	小型	从业人员10人及以上，且营业收入100万元及以上	0.05	0.01	0.01	0.01
			微型	从业人员10人以下或营业收入100万元以下	0.6	0.12	0.16	0.16
（11）信息传输业	从业人员100人以下，或营业收入1000万元以下	1.6	小型	从业人员10人及以上，且营业收入100万元及以上	0.02	0.004	0.005	0.005
			微型	从业人员10人以下或营业收入100万元以下	1.6	0.32	0.41	0.43
（12）软件和信息技术服务业	从业人员100人以下，或营业收入1000万元以下	1.7	小型	从业人员10人及以上，且营业收入50万元及以上	0.05	0.01	0.01	0.01
			微型	从业人员10人以下或营业收入50万元以下	1.7	0.34	0.44	0.46
（13）房地产经营	营业收入1000万元以下，或资产总额5000万元以下	1.3	小型	营业收入100万元及以上，且资产总额2000万元及以上	0.01	0.002	0.003	0.003
			微型	营业收入100万元以下或资产总额2000万元以下	1.3	0.26	0.34	0.35

续表

行业	小型微型企业标准	占各类企业的比例(%)	其中		占各类企业的比例(%)	2011年小型微型企业数量(万户)	2012年小型微型企业数量(万户)	2013年一季度小型微型企业数量(万户)
（14）物业管理	从业人员300人以下，或营业收入1000万元以下	1	小型	从业人员100人及以上，且营业收入500万元及以上	0	0.0001	0.0001	0.0001
			微型	从业人员100人以下或营业收入500万元以下	1	0.19	0.26	0.27
（15）租赁和商务服务业	从业人员100人以下，或资产总额8000万元以下	8.6	小型	从业人员10人及以上，且资产总额100万元及以上	0.2	0.04	0.05	0.05
			微型	从业人员10人以下或资产总额100万元以下	8.5	1.73	2.2	2.3
（16）其他未列明行业	从业人员100人以下	9.7	小型	从业人员10人及以上	0.4	0.08	0.1	0.1
			微型	从业人员10人以下	9.3	1.9	2.4	2.5
所有行业汇总		77.2	小型		3.9	0.79	1	1.1
			微型		73.1	14.9	18.9	19.8

统计说明：按照工信部等四部委《中小企业划型标准规定》，根据2011年度企业年检数据，统计本省（自治区、直辖市）2011年度小型微型企业数及在企业总数所占比例，并根据数据测算本省（自治区、直辖市）2012年度和2013年一季度小型微型企业数及在企业总数中的比例。

海南省小型微型企业发展情况报告

海南省工商行政管理局

近几年来,我省工商行政管理机关充分发挥职能,认真贯彻落实《国务院关于进一步支持小型微型企业发展意见》和《工信部、财政部和国家工商总局关于大力支持小型微型企业创业兴业的实施意见》,出台了一系列扶持中小企业发展的政策措施,为市场主体登记注册提供高效快捷的服务,帮助小型微型企业拓宽出资渠道,解决融资难的问题,努力营造良好的投资环境,大力支持小型微型企业创业兴业,扩大社会就业,促进经济平稳较快增长,为我省小型微型企业营造日益和谐的创业兴业氛围,取得了明显成效。现将有关情况报告如下:

一、基本情况

我局把鼓励个体私营经济发展作为扶持和引导小型微型企业发展的一个重要组成部分,作为关系我省民生和社会稳定的头等大事来抓,不断探索和创新工作思路,先后研究出台了《贯彻落实省委五届四次全会精神服务我省农村改革发展的实施意见》、《支持服务海南农垦管理体制改革"一服务三促进"措施实施方案》、《关于服务文化体制改革与文化产业发展的若干措施》、《关于企业登记"绿色通道"实施办法》、《海南省股权质押贷款及出质登记指导意见》、《贯彻落实科学发展观积极促进经济发展方式转变的若干意见》、《贯彻落实国家工商总局关于支持海南国际旅游岛建设的若干意见的34项具体措施》和《关于企业登记制度改革和事权下放的意见》等一系列扶持中小型微型企业发展的政策措施,为扶持我省中小型微型企业稳定健康发展发挥了积极的作用。目前,以个体私营经济为代表的中小型微型企业呈现出良好发展势头,已经在我省经济社会发展中发挥着越来越重要的作用。

按照工信部、国家统计局、国家发改委、财政部联合印发的《中小企业划型标准规定》,根据总局的测算要求,对我省小型微型企业数量进行分析测算,截至2013年第一季度,全省实有各类企业12.0642万户,其中国有集体企业1.4445万户,外资企业0.194万户,私营企业8.9031万户。在各类企业中,小型微型企业约占85.9%,其中,在国有集体企业中,小型微型企业约占89.4%;在外资企业中,小型微型企业约占85%;在私营企业中,小型微型企业约占85.4%。

二、主要做法

(一)降低门槛,以个私经济为重点扶持小型微型企业发展。

近年来,我局结合实际提出了一系列服务措施,在政策上大胆创新,放宽市场准入条件,最大限度地降低市场准入门槛,全力扶持个体私营经济发展。

1. 放宽准入领域。实行"非禁即可"原则,除法律法规明令禁止外,所有经营领域均对私营企业放开,取消限制经营条件,尽力消除行业垄断;在经营范围上取消了经营项目限制,私营企业自主选择多行业经营;凡产业政策没有禁止和限制的行业和项目,大胆放开,鼓励私营企业发展我省旅游业、新兴工业和高效农业等优势产业。

2. 放宽准入条件。鼓励各种主体投资兴办企业,有民事行为能力的自然人和能独立承担民事责任的法人组织,凡法律不限制的,都可以作为投资主体;私营企业名称使用相关词语不受注册资本(金)数额和行业限制,可凭名称核准通知书先办理银行开户、验资手续,后办理营业执照;企业有经营困难的,可延长年检时间。

3. 放宽准入资本。取消有关注册资本的各种限制,只要达到法律规定的最低标准,大胆允许私营企业进入;企业资金暂有困难的,可申请延长入资期限;以高新技术成果或专有技术投资举办非公有制工业的,其注册资本比例不受限制;凡母子公司注册资本总额达3000万以上,有三个以上全资或控股子公司的,均可申办企业集团等。

4. 拓宽创业出资方式。鼓励投资者依法以股权、债权、知识产权等非货币形式评估作价出资和增资，支持以不需要办理权属登记的自有技术作为公司股东的首次出资。

5. 放宽对经营场所的限制。按照法律法规规定的条件、程序和合同约定，允许创业者将家庭住所、租借房、临时商业用房等作为创业经营场所。申办个体工商户无法提交经营场所产权证明的，申请人可以持市场主办单位、各类园区的管委会（居委会、村委会）出具的同意在该场所从事经营活动的相关证明，办理注册登记。

（二）优化程序，方便小型微型企业办理工商登记。

近年来，我局坚决执行窗口服务首问制、限时办结制和失职追究制的同时，不断下放权限，优化程序，提高效率，大大方便了企业办理工商登记。通过实行联络员制度、预约办理制度、绿色通道服务等为企业提供优质高效的登记管理服务。省局行政审批办在去年全省"万人评议省政务中心暨十佳审批服务窗口"投票评选活动中，以综合排名第一的成绩荣获"十佳审批服务窗口"。

1. 下放登记事权。将注册资本1000万元以下的公司登记权下放至市县工商局，由市县工商局直接核准冠有"海南"行政区划的名称。

2. 减少审批环节。试行"注册官"制度，企业个体工商户注册由原来的"三级审批"改为"一审一核"，其中大多数审批事项又从"一审一核"改为"一审制"。

3. 简化申请材料。实行注册登记"一表通"服务，申办私营企业由原来须提交9种材料改为只需1份表格、1份章程和1份住所证明就可办理企业注册登记，提高行政效率。

4. 实行网上年检。自2013年开始，全省私营企业均可申请网上年检，从网上申报材料后，企业到办事窗口提交书面材料，当天即可办结，此举提高了办事效率，给企业带来方便。

（三）减免费用，减轻小型微型企业负担。

我省各级工商行政管理机关认真贯彻落实国家工商总局、财政部有关规定，自2013年1月1日至2014年12月31日止，免征企业和个体工商户的登记费、年检费和工本费。

(四)发挥职能,拓宽小型微型企业融资渠道。

这几年来,我局充分发挥工商行政管理职能,积极帮助中小型微型企业拓宽出资渠道,解决融资难的问题。先后出台了《关于印发海南省股权质押贷款及出质登记指导意见的通知》(琼工商办字[2009]56号)、《关于小额贷款公司登记管理的指导意见》(琼工商企内字[2010]3号)、《关于进一步加强小额贷款公司登记管理问题的通知》(琼工商企内字[2012]21号)、《关于贯彻落实国家工商总局〈公司债权转股权登记管理办法〉的指导意见》(琼工商企内字[2012]2号)、《关于股权投资基金企业和股权投资基金管理企业注册登记的指导意见》(琼工商个字[2011]28号)、《关于股权投资基金管理企业登记注册有关问题的补充意见》(琼工商个字[2012]14号)等一系列文件,积极拓宽出资渠道,开展动产抵押、股权出质、公司债权转股权登记,指导中小型微型企业利用抵押、质押担保、公司债权转股权进行融资。规范资本市场运作,防范可能出现的金融危险,确实解决中小型微型企业融资难问题。截至2012年年底,共办理股权出资业务4笔,出资额9.56亿元;办理债权转股权出资业务7笔,业务数额18.56亿元;共办理股权出质登记514笔,出质股权267.74亿元,担保债权金额422.48亿元。

(五)实施商标战略,服务小型微型企业发展。

2012年全省共引导注册商标2725件,指导知名企业申报全国驰名商标7件,其中,"神农大丰"、"赛诺"、"康芝"和"品香园"4件商标已被国家工商总局商标局认定为驰名商标;基本完成了45类共635个项目的"国际旅游岛"商标注册申请工作,促进小型微型企业品牌化经营。

(六)完善数据,加强市场主体登记管理信息服务。

2012年,我局对全省工商系统登记数据进行清理,力争达到"入库率"100%、"准确率"98%、"完整率"95%的预期目标,在国家工商总局2012年数据质量现场检查中取得较好的成绩。同时,加强对市场主体登记管理信息的分析,在海南省工商行政管理局门户网站公开企业登记基本信息,及时反映市场主体发展动态,为政府决策、部门监管和公众投资创业提供参考。

三、存在问题

中小型微型企业的划分标准是根据企业从业人员、营业收入、资产总额等指标,结合行业特点制定的。通过登记注册和年检采集的数据均由企业提供,是否能准确地反映中小型微型企业的状况,取决于企业和登记人员是否及时、准确地提供和录入相关数据。目前,我局业务信息系统中小型微型企业的统计模块正在开发更新中。

四、下一步工作措施

为进一步贯彻落实十八大报告及海南省第六次党代会精神,把大力发展中小型微型企业提高到建设国际旅游岛的战略高度,为中小型微型企业发展创造更好的发展环境,推动我省经济社会健康和可持续发展,根据国务院和省政府的有关要求,结合我省工商行政管理实际,我局将继续做好以下工作:

一是贯彻落实好《关于企业登记制度改革和事权下放的意见》,最大限度地放宽市场主体准入门槛,加大对中小型微型企业支持的工作力度。

二是继续与各相关部门加强沟通与配合,组织开展各种创业兴业服务活动,加强对各类创业人员的指导和服务,营造小型微型企业创业兴业的良好环境。

三是尽快完成我局业务信息系统中小型微型企业统计模块的开发,为政府决策、部门监管和公众投资创业提供参考。

四是加快落实海南国家广告产业园建设工作,服务小型微型企业的发展。发挥广告产业园区的示范引领作用,提高广告业专业化、高端化和品牌化水平;认真组织开展主题公益广告活动,推进公益广告事业发展;发挥广告监管执法联动机制,健全广告审查制度,完善广告监测技术体系,推动海南广告业的健康发展。

五是要积极帮助个体工商户、小型微型企业、专业市场把党组织建立起来,指导开展党的活动,发挥党组织的作用,努力推进党的建设在非公经济组织的全覆盖,不断增强非公经济组织党组织在政治上的引导力、组织上的凝聚力和发展上的推动力,以此带动小型微型企业的发展。

附件：

填报单位：海南省工商局

小型微型企业数量分析测算表

(一)

类型		国有集体企业(万户)	外资企业(万户)	私营企业(万户)	各类企业合计(万户)
2011年度小型微型企业占比		79.76%	85.12%	84.78%	84.11%
2011年度	2011年各类企业数量	1.4548	0.1916	9.0966	10.743
	2011年小型微型企业数量	1.1604	0.1631	7.7124	9.0359
2012年度	2012年各类企业数量	1.4499	0.1984	10.2229	11.8712
	2012年小型微型企业数量	1.2065	0.1687	8.6904	10.0656
2013年一季度	2013年一季度各类企业数量	1.4445	0.194	10.4257	12.0642
	2013年一季度小型微型企业数量	1.292	0.1649	8.9031	10.36

(二)

行业	小型微型企业标准	占各类企业的比例(%)	其中		占各类企业的比例(%)	2011年小型微型企业数量(万户)	2012年小型微型企业数量(万户)	2013年一季度小型微型企业数量(万户)
(1)农、林、牧、渔业	营业收入500万元以下	6.99	小型	营业收入50万元及以上	2.67	0.2869	0.2884	0.2953
			微型	营业收入50万元以下	4.32	0.4641	0.5173	0.5242
(2)工业	从业人员300人以下,或营业收入2000万元以下	6.32	小型	从业人员20人及以上,且营业收入300万元及以上	2.23	0.2396	0.2529	0.2535
			微型	从业人员20人以下或营业收入300万元以下	4.09	0.4396	0.4466	0.4955
(3)建筑业	营业收入6000万元以下,或资产总额5000万元以下	9.24	小型	营业收入300万元及以上,且资产总额300万元及以上	4.29	0.4611	0.5155	0.5338
			微型	营业收入300万元以下或资产总额300万元以下	4.94	0.5317	0.7267	0.7358

续表

行业	小型微型企业标准	占各类企业的比例（%）	其中		占各类企业的比例（%）	2011年小型微型企业数量（万户）	2012年小型微型企业数量（万户）	2013年一季度小型微型企业数量（万户）
（4）批发业	从业人数20人以下，或营业收入5000万元以下	12.48	小型	从业人数5人及以上，且营业收入1000万元及以上	5.56	0.5982	0.6226	0.6653
			微型	从业人数5人以下，或营业收入1000万元以下	6.92	0.7435	0.8169	0.8781
（5）零售业	从业人数50人以下，或营业收入500万元以下	13.5	小型	从业人数10人及以上，且营业收入100万元及以上	5.97	0.6419	0.6724	0.7114
			微型	从业人数10人以下或营业收入100万元以下	7.52	0.8088	0.8751	0.9185
（6）交通运输业	从业人数300人以下，或营业收入3000万元以下	0.73	小型	从业人数20人及以上，且营业收入200万元及以上	0.33	0.0361	0.0536	0.035
			微型	从业人数20人以下或营业收入200万元以下	0.4	0.0433	0.0709	0.0598
（7）仓储业	从业人员100人以下，或营业收入1000万元以下	0.69	小型	从业人员20人及以上，且营业收入100万元及以上	0.31	0.0343	0.0608	0.0286
			微型	从业人员20人以下或营业收入100万元以下	0.37	0.04	0.0831	0.0495
（8）邮政业	从业人员300人以下，或营业收入2000万元以下	0.6	小型	从业人员20人及以上，且营业收入100万元及以上	0.21	0.0228	0.0486	0.022
			微型	从业人员20人以下或营业收入100万元以下	0.38	0.0415	0.0778	0.0414

续表

行业	小型微型企业标准	占各类企业的比例(%)	其中		占各类企业的比例(%)	2011年小型微型企业数量(万户)	2012年小型微型企业数量(万户)	2013年一季度小型微型企业数量(万户)
(9)住宿业	从业人员100人以下,或营业收入2000万元以下	0.94	小型	从业人员10人及以上,且营业收入100万元及以上	0.34	0.0369	0.0458	0.0454
			微型	从业人员10人以下或营业收入100万元以下	0.59	0.0637	0.0624	0.0639
(10)餐饮业	从业人员100人以下,或营业收入2000万元以下	0.88	小型	从业人员10人及以上,且营业收入100万元及以上	0.35	0.0379	0.0468	0.0504
			微型	从业人员10人以下或营业收入100万元以下	0.53	0.0568	0.0712	0.0722
(11)信息传输业	从业人员100人以下,或营业收入1000万元以下	1.76	小型	从业人员10人及以上,且营业收入100万元及以上	0.64	0.0687	0.0716	0.0698
			微型	从业人员10人以下或营业收入100万元以下	1.12	0.1207	0.01306	0.1385
(12)软件和信息技术服务业	从业人员100人以下,或营业收入1000万元以下	1.8	小型	从业人员10人及以上,且营业收入50万元及以上	0.65	0.0701	0.0811	0.0811
			微型	从业人员10人以下或营业收入50万元以下	1.15	0.1237	0.1346	0.1401
(13)房地产开发经营	营业收入1000万元以下,或资产总额5000万元以下	5.85	小型	营业收入100万元及以上,且资产总额2000万元及以上	1.82	0.1955	0.2552	0.1756
			微型	营业收入100万元以下或资产总额2000万元以下	4.03	0.4326	0.408	0.4335

续表

行业	小型微型企业标准	占各类企业的比例(%)	其中		占各类企业的比例(%)	2011年小型微型企业数量(万户)	2012年小型微型企业数量(万户)	2013年一季度小型微型企业数量(万户)
（14）物业管理	从业人员300人以下，或营业收入1000万元以下	1.43	小型	从业人员100人及以上，且营业收入500万元以上	0.56	0.06	0.0731	0.0765
			微型	从业人员100人以下或营业收入500万元以下	0.87	0.0935	0.102	0.119
（15）租赁和商务服务业	从业人员100人以下，或资产总额8000万元以下	10.63	小型	从业人员10人及以上，且资产总额100万元及以上	4.22	0.4537	0.5371	0.5718
			微型	从业人员10人以下或资产总额100万元以下	6.41	0.6887	0.8596	0.8684
（16）其他未列明行业	从业人员100人以下	8.47	小型	从业人员10人及以上	3.03	0.3251	0.3517	0.4245
			微型	从业人员10人以下	5.45	0.5859	0.6122	0.6768
所有行业汇总		82.35	小型		33.2	3.5688	3.9772	4.04
			微型		49.1	5.2781	5.87746	6.2152

统计说明：按照工信部等四部委《中小企业划型标准规定》，根据2011年度企业年检数据，统计本省（自治区直辖市）2011年度小型微型企业数及在企业总数所占比例，并根据测算本省（自治区、直辖市）2012年度和2013年度一季度小型微型企业数及在企业总数中的比例。

重庆市小型微型企业发展情况报告

重庆市工商行政管理局

近年来,在市委、市政府的坚强领导下,全市各级工商行政管理机关认真贯彻市委、市政府大力发展小型微型企业的总体目标,全面落实中央和我市推进小型微型企业发展的政策措施,充分发挥职能作用,在"数质并举"上下功夫,在"创新服务"上求突破,在全国首开先河,大力扶持大中专毕业生、下岗失业人员、返乡农民工等"九类人群"创办微型企业。我市小型微型企业呈现出蓬勃发展的良好态势,在扩大就业、推动发展、改善民生、促进社会和谐稳定等方面的成效明显。现将有关情况报告如下:

一、基本情况

截至 2012 年 12 月底,全市实有各类市场主体(包括国有、集体企业、外商投资企业、私营企业、个体工商户、农民专业合作社)户数为 136.92 万户,其中各类企业 33.54 万户,个体工商户 101.75 万户,农民专业合作社 1.63 万户。

按照工信部、国家统计局、国家发改委、财政部 2011 年 6 月联合印发的《中小企业划型标准规定》,我们综合利用 2011 年度企业年检数据,根据从业人员、营业收入、资产总额三项指标,对我市小型微型企业数量进行了分析测算。在各类企业中,小型微型企业约占 64.22%,其中,在国有集体企业中,小型微型企业约占 58.00%;外资企业中,小型微型企业约占 62.39%;私营企业中,小型微型企业约占 65.06%。截至 2012 年 12 月底,我市小型微型企业约为 21.54 万户,其中，国有集体小型微型企业约为2.21万户，外资小型微型企业约为0.32万户，私营小型微型企业约为19.01万户。

我市小型微型企业主要有以下特点：一是微型企业数量占绝对多数。在各类企业中，小型微型企业约占64.22%，其中小型企业占8.22%、微型企业占56.00%，小型与微型企业的比例约为1:7。二是私营小型微型企业是小型微型企业的主体。从我市小型微型企业的所有制结构看，私营小型微型企业的数量占我市小型微型企业数量的65.06%。三是行业分布相对集中，第三产业是主导产业。我市第一、二、三产业小型微型企业的比重为7.42:23.71:68.87。小型微型企业相对集中的行业为：工业占各类小型微型企业的16.31%，约为3.51万户；批发业占15.48%，约为3.33万户；零售业占17.00%，约为3.66万户；租赁和商务服务业占11.40%，约为2.46万户。这四大行业中的小型微型企业总计12.96万户，约占小型微型企业总数的六成。

二、主要工作及成效

全市各级工商行政管理机关充分发扬敢为、能为、有为的"三为"精神，发挥"四个独特优势"，即致力于培育市场和市场主体，推动地方经济发展的经验优势；工商职能覆盖市场主体准入、退出和经营行为全过程的职能优势；利用登记、年检、日常监管和行政执法活动，全面掌握企业动态经营情况的执法手段及信息优势；工商管理人员多，便于上下沟通协调的队伍优势，通过政策促动、职能推动、服务带动，积极促进了小型微型企业快速发展。

（一）创新制度设计，健全工作机制。

借鉴国外发展微企的经验，结合重庆实际，建立了扶持发展微企"1+3+3+3"的政策体系，即"创业者自己出一点"，加"财政补一点、税收返一点、金融机构贷一点"，加搭建"创业培训、创业孵化、龙头企业对接"三个平台，加"准入门槛管理分类指导、非银行金融融通、建立成长和退出机制"三项跟踪服务。成立了市微型企业发展工作领导小组，市委、市政府及领导小组各成员单位先后联合或单独出台了配套文件和操作规则56个，形成了完整的微企发展操作规程。工商部门作为牵头单位构建了市局、区县局、基层工商所三级联动的工作架构，在工商所、高校和乡镇、街道分别建立1120个指导站,聘请了3200名创业指导员,形成了覆盖全市的发展微企网络体系。

(二)营造创业氛围,激发创业热情。

利用各类媒体广泛持续宣传创业政策和创业典型,引导群众转变创业就业观念,形成全民创业的良好氛围。组织编撰了微企发展简明读本及政策解读等宣传资料,开展了微企创业指导工作进大学、进园区、进农村、进社区活动,建立了国内首个微企发展网和微企创业平台网,举办了创新型微型企业、成长型微型企业、优秀微型企业、"百名巾帼微企创业先锋"等评选表彰活动,微企政策深入人心,民间活力有效激发。全市接受关于微企的各种咨询、来电来访达36万人次,其中书面和网上微企创业申请者超过了10万人。"微型企业"在互联网上各类相关信息达6000余万条,成为网络热词。

(三)加强财税支持,解决起步难题。

针对微企创业者缺乏资金的困难,按解决就业人数和产业导向等要素,给予每户平均3万元的财政资本金补助,目前,全市已累计发放微企财政补助资金25.37亿元。为了减轻税费负担,在税负标准上微企与同行业、同路段、同规模个体工商户相当,营业税起征点按国家优惠政策的上限2万元执行,同时在征收方式上可根据企业实际进行选择。当地财政部门在地方税收留存部分给予微企10万元返还奖励,目前已累计返还税收3725万元。工商、质监、环保、金融等部门免收各种行政事业性规费5000多万元。

(四)改善金融服务,缓解融资困难。

为解决流动资金困难问题,建立了小额担保贷款政策和创业扶持贷款风险补偿机制,由担保公司无抵押担保、银行对每户微企按基准利率给予不超过15万元的贷款支持,并给予担保公司微企融资担保1个点的奖励。担保公司与相关金融机构签订微企贷款担保合作协议,通过"见贷即保"、"见保即贷"、降低担保费用以及打捆批量担保等方式为微企提供便捷的融资服务。目前,全市微企金融服务银行达27家,累计发放微企贷款66.69亿元。

(五)强化后续帮扶,促进发展壮大。

目前,全市为微企申办者提供为期5天的免费创业培训8.89万人次,为成立后微企提供后续培训2.47万人次,提升了微企管理水平和市场竞争力;市政府安排 2300 万专项资金补贴 46 个微企创业园,帮助微企解决经营场所,有 6635 户微企入驻了园区;实施"大带小"结对帮扶,推动 1924 户大中型企业帮扶 6613 户微企发展;成立市和各区县微企协会 43 个,促进微企抱团发展;帮助微企实施品牌战略,成功注册商标 3306 件(其中 2 件著名商标)。市政府下达了 2000 户成长型微企重点帮扶计划,建立了帮扶责任制,实行领导干部"一帮二"和一般干部"一帮一",广泛开展助推和帮扶活动。据统计,2012 年以前发展的 4.79 万户微企,存活率达到 95.14%。全市迄今已有 8276 户微企成长为小中型企业。

(六)突出服务管理,推动健康发展。

注重产业导向,通过宣传引导、严格初审和产业导向等办法,鼓励和支持发展环保节能、高新技术、文化创意、现代服务和生态高效农业等产业。加强日常监管巡查,重点监控办空壳公司、抽逃资本金和投机经营行为。工商、财政、税务、银行、质监、环保等有关职能部门实现信用信息联网应用,构建了微企的信用监管体系,依法对恶意骗取、套取政府扶持资金的企业和个人进行查处,建立监管黑名单制度,引导其诚信经营,巩固发展率、保障存活率、提高成长率。

重庆市发展微企的做法和经验,引起了国内外的广泛关注,受到中央部委和经济学界的充分肯定和大力推介,匈牙利企业家考察团及浙江、四川等省先后 96 批次来渝学习考察,贵州、广西等省区全面借鉴重庆经验开展工作。目前,微型企业在扩大就业、推动发展、改善民生、促进社会和谐稳定等方面的成效明显:一是成为经济增长的"助推器"。微企已占民营企业总量的 1/4 强、增量的 1/2 以上,注册资本金总额达 87.44 亿元,实现产销值 485 亿元,上缴税收 2.11 亿元,重庆市场主体增速连续两年在全国名列前茅,有力地推动了民营经济发展。二是成为带动就业的"主渠道"。将政府发放失业补贴和低保等资金转换为微企资本金补助,不仅节约了资金,而且促进了就业观念转变,积聚了 70 多亿元社会闲散资金用于产业发展,创造了 65.52 万个就业岗位,户均带动就业 8 人左右,产生了以创业带就业促民富的良好效果。三是成为城乡统筹发展的"催化剂"。重庆外出务工人员从外地带回资本和管理技术返乡创业,已创办微企 3.69 万户,从事特色效益农业的微企达 2.35 万户,占微企总数的四分之一以上。"两翼"地区办理微企达 4.24 万户,不仅有效缓解了土地撂荒、留守儿童、空巢老人等经济社会问题,而且带动了现代农业和当地第三产业的发展,活跃了城乡市场,推动城乡统筹发展。四是成为新兴行业的"孵化器"。微企发挥"船小好调头"的灵活性,积极投身新兴行业,较好地弥补了社会和大中型企业配套服务的失位和缺位。目前,全市高新技术、文化创意服务类微企占比已达12.60%,1500多家传统民间工艺等非物质文化企业找到了发展舞台。五是成为社会管理的"新载体"。通过健全帮扶体系,畅通诉求渠道,实现了政府管理同民众需求的良性互动,拉近了与人民群众的距离。多名"老信访户"在创办微企后息诉停访,主动致信相关部门感谢党和政府的好政策。多名微企业主在创业培训后提出入党申请,2名微企业主被评为2011年"感动重庆十大人物",56名微企业主当选为市、区县人大代表或政协委员。

三、下一步打算

今年4月27日,4月23日,我市召开市委常委会和市政府常务会专题研究小型微型企业的发展工作。下一步工作中,我市将按照市委常委会和市委常务会的要求,大力支持小型微型企业发展。进一步激发全社会创业热情,不断提升小型微型企业发展水平。针对小型微型企业发展存在的困难和问题,研究制定针对性政策措施切实增强责任感和紧迫感,进一步强化政策措施,创新方式方法,加大工作力度,继续巩固和扩大微企发展工作成效,实现全市微企持续健康发展,确保把这件民生大事做深做细做实,取得新的成效。

一是营造创业氛围。通过电视、报纸、互联网等渠道,广泛宣传创业政策和创业典型,引导群众转变创业观念,使有创业愿望的人互动起来、联动起来,形成良好的创业大环境。

二是创新、完善和落实政策措施。坚持放开、减负、解难、引导,进一步降低准入门槛,落实好小型微型企业财税优惠政策,多渠道拓宽融资渠道,不断加大投入力度,规范各种行政性收费,坚决清理乱收费,着力解决小型微型企业在融资、担保、人才、招工等方面的难题,切实培育壮大一批小型微型企业。进一步强化产业引导,重点发展高新技术、环保节能、现代服务业、生态高效农业等产业,大力扶持科技型小型微型企业。进一步创新小型微型企业的商业模式和组织方式,不断提升小型微型企业的创新能力和经营管理能力。

三是健全服务保障体制机制。推动各级党委、政府和相关部门高度重视小型微型企业发展，着力完善规章制度，推动小型微型企业发展工作规范化、法制化、长效化。

附件：

填报单位：重庆市工商局

重庆市小型微型企业数量分析测算表

(一)

类型		国有集体企业（万户）	外资企业（万户）	私营企业（万户）	各类企业合计（万户）
小型微型企业占比(%)		59.92%	68.13%	83.29%	79.83%
2011年度	2011企业数量(万户)	3.6849	0.4694	22.8262	26.9805
	2011年小型微型企业数量(万户)	2.2081	0.3198	19.0119	21.5398
21012年度	2012年企业数量(万户)	3.8069	0.5126	29.2225	33.5420
	2012年小型微型企业数量(万户)	2.2812	0.3492	24.3394	26.9698
2013年一季度	2013年一季度企业数量(万户)	3.8158	0.5177	30.0829	34.4164
	2013年一季度小型微型企业数量(万户)	2.2865	0.3527	25.0560	27.6952

(二)

行业	小型微型企业标准	占各类企业的比例(%)	其中		占各类企业的比例(%)	2011年小型微型企业数量（万户）	2012年小型微型企业数量（万户）	2013年一季度小型微型企业数量（万户）
(1)农、林、牧、渔业	营业收入500万元以下	83.25	小型	营业收入50万元及以上	6.44	0.1235	0.2018	0.2102
			微型	营业收入50万元以下	76.81	1.4740	2.4088	2.5089
(2)工业	从业人员300人以下，或营业收入2000万元以下	75.02	小型	从业人员20人及以上，且营业收入300万元及以上	13.45	0.6297	0.7144	0.7237
			微型	从业人员20人以下或营业收入300万元以下	61.57	2.8827	3.2704	3.3132
(3)建筑业	营业收入6000万元以下，或资产总额5000万元以下	92.81	小型	营业收入300万元及以上，且资产总额300万元及以上	14.75	0.2535	0.2440	0.2507
			微型	营业收入300万元及以下或资产总额300万元以下	78.06	1.3411	1.2910	1.3266

续表

行 业	小型微型企业标准	占各类企业的比例(%)	其 中		占各类企业的比例(%)	2011年小型微型企业数量(万户)	2012年小型微型企业数量(万户)	2013年一季度小型微型企业数量(万户)
(4)批发业	从业人员20人以下,或营业收入5000万元以下	83.72	小型	从业人员5人及以上,且营业收入1000万元及以上	6.76	0.2689	0.3390	0.3466
			微型	从业人员5人以下或营业收入1000万元以下	76.96	3.0645	3.8589	3.9460
(5)零售业	从业人员50人以下,或营业收入500万元以下	74.53	小型	从业人员10人及以上,且营业收入100万元及以上	5.01	0.2463	0.3101	0.3171
			微型	从业人员10人以下或营业收入100万元以下	69.52	3.4165	4.3026	4.3998
(6)交通运输业	从业人员300人以下,或营业收入3000万元以下	74.07	小型	从业人员20人及以上,且营业收入200万元及以上	11.60	0.0787	0.0835	0.0842
			微型	从业人员20人以下或营业收入200万元以下	62.47	0.4239	0.4499	0.4533
(7)仓储业	从业人员100人以下,或营业收入1000万元以下	70.34	小型	从业人员20人及以上,且营业收入100万元及以上	9.04	0.0065	0.0069	0.0070
			微型	从业人员20人以下或营业收入100万元以下	61.30	0.0441	0.0468	0.0472
(8)邮政业	从业人员300人以下,或营业收入2000万元以下	84.81	小型	从业人员20人及以上,且营业收入100万元及以上	0.26	0.0005	0.0005	0.0005
			微型	从业人员20人以下或营业收入100万元以下	84.55	0.1652	0.1753	0.1767

续表

行业	小型微型企业标准	占各类企业的比例(%)	其中		占各类企业的比例(%)	2011年小型微型企业数量(万户)	2012年小型微型企业数量(万户)	2013年一季度小型微型企业数量(万户)
(9)住宿业	从业人员100人以下,或营业收入2000万元以下	86.11	小型	从业人员10人及以上,且营业收入100万元及以上	17.64	0.0192	0.0275	0.0288
			微型	从业人员10人以下或营业收入100万元以下	68.47	0.0745	0.1069	0.1117
(10)餐饮业	从业人员100人以下,或营业收入2000万元以下	74.48	小型	从业人员10人及以上,且营业收入100万元及以上	6.71	0.0437	0.0627	0.0655
			微型	从业人员10人以下或营业收入100万元以下	67.77	0.4413	0.6331	0.6614
(11)信息传输业	从业人员100人以下,或营业收入1000万元以下	93.83	小型	从业人员10人及以上,且营业收入100万元及以上	1.42	0.0040	0.0034	0.0035
			微型	从业人员10人以下或营业收入100万元以下	92.41	0.2599	0.2238	0.2287
(12)软件和信息技术服务业	从业人员100人以下,或营业收入1000万元以下	75.70	小型	从业人员10人及以上,且营业收入50万元及以上	7.87	0.0988	0.1196	0.1222
			微型	从业人员10人以下或营业收入50万元以下	67.83	0.8514	1.0306	1.0532
(13)房地产开发经营	营业收入1000万元以下,或资产总额5000万元以下	58.45	小型	营业收入100万元及以上,且资产总额2000万元及以上	10.62	0.0976	0.1062	0.1088
			微型	营业收入100万元以下或资产总额2000万元以下	47.83	0.4393	0.4782	0.4898

续表

行业	小型微型企业标准	占各类企业的比例（%）	其中		占各类企业的比例（%）	2011年小型微型企业数量（万户）	2012年小型微型企业数量（万户）	2013年一季度小型微型企业数量（万户）
（14）物业管理	从业人员300人以下，或营业收入1000万元以下	86.82	小型	从业人员100人及以上，且营业收入500万元及以上	3.49	0.0096	0.0105	0.0107
			微型	从业人员100人以下或营业收入500万元以下	83.33	0.2294	0.2497	0.2557
（15）租赁和商务服务业	从业人员100人以下，或资产总额8000万元以下	77.23	小型	从业人员10人及以上，且资产总额100万及以上	9.58	0.3047	0.3888	0.4045
			微型	从业人员10人以下或资产总额100万元以下	67.65	2.1518	2.7455	2.8564
（16）其他未列明行业	从业人员100人以下	97.52	小型	从业人员10人及以上	26.60	0.5714	0.8044	0.8272
			微型	从业人员10人以下	70.92	1.5236	2.1448	2.2056
所有行业汇总		79.83	小微企业			21.5398	26.8396	27.5451

统计说明：按照工信部等四部委《中小企业划型标准规定》，分行业对2011年度企业年检报告中各企业所填写的从业人员、资产总额、营业收入数据进行统计汇总，得出各行业小型微型企业所占比例，得出全市（自治区、直辖市）2012年度和2013年一季度各行业小型微型企业的数量。

四川省小型微型企业发展情况报告

四川省工商行政管理局

四川省工商行政管理局在省委、省政府的正确领导下,立足部门职能,按照党中央、国务院的部署要求,坚持以科学发展为主题,以加快转变经济发展方式为主线,牢牢把握"高位求进、加快发展"的工作基调,围绕"两个加快"战略实施和"5785"战略工程推进,积极贯彻落实国家和我省促进小型微型企业发展政策,不断创新工作思路,加大支持力度,优化服务环境,积极主动扶持小型微型企业发展,增强小型微型企业发展信心,促进全省经济平稳健康可持续发展。

一、基本情况

(一)总体态势。

按照工信部、国家统计局、国家发改委、财政部2011年6月联合印发的《中小企业划型标准规定》,我们综合利用2011年度企业年检数据,根据从业人员、营业收入、资产总额三项指标,对我省2012年小型微型企业数量进行了分析测算。在各类企业中,小型微型企业约占57.29%,其中在国有集体企业中,小型微型企业约占93.99%;外资企业中,小型微型企业约占5.14%;私营企业中,小型微型企业约占58.18%。截至2013年一季度,我省小型微型企业约为35.94万户,其中国有集体小型微型企业为4.45万户,外资小型微型企业为0.06万户,私营小型微型企业为26.41万户。

(二)我省小型微型企业的特点。

一是国有集体企业是小型微型企业的主体。从企业分类来看,我省小型微型企业数量占国有集体企业的93.99%,远远高于外资企业和私营企业。

二是第三产业仍然是主导。我省第一、二、三产业小型微型企业的比重为2.74∶16.75∶45.32。小型微型企业相对集中的行业为:批发业占各类小型微型企业的29.19%,约为10.19万户;工业占20.80%,约为7.26万户;租赁和商务服务业占17.24%,约为6.02万户。

(三)当前存在的主要问题。

一是市场前景不容乐观。

因出口市场下滑造成沿海相当数量的外向型小型微型企业停产、倒闭,我省外向型小型微型企业比重虽然很小,目前暂未出现大面积小型微型企业关停、倒闭现象,但因对市场和投资预期不稳定,已导致部分小型微型企业出现订单减少、开工不足等状况。

二是成本压力不断增大,尤其是小型微型企业"融资难、融资贵"问题进一步凸显。

当前,通货膨胀压力仍存、原材料价格波动较大、劳动力成本不断上涨、融资成本高,加上部分大企业对配套小型微型企业的资金拖欠,导致小型微型企业成本压力不断增大,利润空间受到严重挤压。特别是银行在贷款规模总量一定的情况下,资金多用于保大企业、大项目,小型微型企业更难获得贷款,许多完成担保手续的小型微型企业也需排队等待银行的贷款规模,且小型微型企业融资时效性与银行贷款流程之间的矛盾未得到有效改进,加上小型微型企业普遍规模小、缺乏抵押资产且有效担保不足,导致银行贷款意愿不高或"惜贷",造成小型微型企业"融资难"且"融资贵"现象更趋严重。

三是受资金、技术和人才等因素制约,小型微型企业自主创新能力滞后于其发展水平。

小型微型企业对技术创新的认识和重视程度不够,技术研发和创新能力普遍较弱,企业研发投入占销售收入比重不到1%,大部分小型微型企业技术、装备陈旧老化;拥有自主知识产权的核心技术少;小型微型企业大多未建立完善的产品质量与技术标准体系。

四是小型微型企业发展滞后且困难重重,导致发展后劲不足。

小微工业企业增速缓慢,融资更显困难且普遍存在技术创新能力弱,产品结构调整和产业转型难度较大等问题;因园区容量有限且门槛较高,一些小型微型企业面临关门还是转向的艰难选择;部分新办小型微型企业面临发展场地受限、较难落地等问题。

五是服务体系建设有待进一步加快。

服务体系需进一步完善,服务市场管理需进一步规范,服务体系建设资金需进一步加强;服务能力未能得到充分开发和有效利用;服务供给与企业需求对接不够;服务资源有待进一步整合,各级服务机构未形成有效的资源共享机制。

二、促进小型微型企业发展的重点工作及有关政策建议

(一)鼓励自主创业。

一是鼓励和指导下岗失业人员、大中专毕业生、退役军人、农民等自主创业;鼓励和支持外出务工人员回乡创业。鼓励具备企业和公司登记条件的个体工商大户"转型升级",向规模化企业和公司方向发展,并为他们"转型升级"提供方便和具体指导,解决其"转型升级"过程中的名称、字号延续问题。二是鼓励和支持创办一人有限责任公司和允许公司注册资本分期缴付。注册资本500万元以下的公司可零首付注册,3个月内注册资本到位20%,工商部门核发有效期3个月的营业执照。三是凡符合企业法人条件的生产型企业,经营项目涉及前置审批事项(涉及安全许可的除外)而暂未取得批准文件的,经企业申请,可核发有效期1年的营业执照,经营范围可核为"筹办"。

(二)鼓励和支持民间资本进入金融业。

支持民间资本投资小额贷款公司和村镇银行,积极支持农村信用社和城市商业银行改制发展。积极配合省金融办适当放宽小额贷款公司注册资本政策,努力解决企业融资难题。搭建银企对接平台,积极帮助和引导小型微型企业融资需求与金融机构的对接,为小型微型企业的健康发展提供资金保障。完善小型微型企业融资担保服务体系建设,进一步落实融资机构可享受的税收、补助等各项优惠政策,降低小型微型企业融资成本。积极推进小型微型企业集合债、集

合票据等直接融资工作。积极与有关创投机构、产业投资基金等合作，拓展企业直接融资渠道。

（三）加快推进小型微型企业信用制度建设。

建立和完善小型微型企业信用分类监管制度，积极应用省企业信用征信系统，加大小型微型企业非银行信用信息征集、整合的力度，推进信息共享共用，为相关部门建立和完善小型微型企业信用奖惩机制提供信用信息支持和服务。

（四）鼓励和支持小型微型企业培育和创立自主商标品牌。

通过政策引导、项目支持等措施，鼓励和支持小型微型企业加大技术创新和技术改造投入，开展关键核心技术攻关，培育打造具有区域特色和比较优势的名优产品；积极申请认定"四川省著名商标"，争创"中国驰名商标"，打造集体商标、地理标志证明商标等区域性品牌，提高企业品牌的知名度和美誉度。争取地方政府对通过商标国际注册的小型微型企业予以适当补贴。积极提升我省小型微型企业在知识产权创造、运用、保护和管理上的能力，加快培育一批拥有自主知识产权、知名品牌和市场竞争优势的产品、技术及重点企业。

（五）大力培育和发展小型微型企业管理服务咨询市场主体。

积极配合相关部门引导和规范小型微型企业完善法人治理结构，倡导小型微型企业守法诚实经营，履行社会责任。

（六）加强行政效能建设。

按照"一窗受理、提前介入、信息共享、同步审查、限时办结"的要求，"一窗进、一窗出"的原则，全面推行和实施并联审批、集中审批。依法清理和精简涉及企业登记和年检等行政审批事项，制定规范、简化、公开企业登记标准、内容、程序。除法律法规有规定的前置许可外，一律取消。切实做好企业治乱减负工作，为小型微型企业市场准入创造公平的环境。

附件：

填报单位：四川省工商局

小型微型企业数量分析测算表

(一)

类型		国有集体企业	外资企业	私营企业	各类企业合计
小型微型企业占比		93.989%	5.14%	58.18%	57.29%
2011年度	2011年各类企业数量	4.66万户	1.00万户	40.46万户	56.45万户
	2011年小型微型企业数量	4.38万户	0.059万户	7.28万户	30.60万户
2012年度	2012年各类企业数量	4.73万户	1.0478万户	43.81万户	60.94万户
	2012年小型微型企业数量	4.44万户	0.054万户	25.49万户	34.91万户

(二)

行业	小型微型企业标准	其中		占各类企业的比例(%)	按比测算2012年小型微型企业数量(万户)
(1)农、林、牧、渔业	营业收入500万元以下(13032)	小型	营业收入50万元及以上	1.22	0.4263
		微型	营业收入50万元以下	3.55	1.2403
(2)工业	从业人员300人以下，或营业收入2000万元以下(59086)	小型	从业人员20人及以上，且营业收入300万元及以上	4.58	1.5985
		微型	从业人员20人以下或营业收入300万元以下	16.23	5.6656
(3)建筑业	营业收入6000万元以下，或资产总额5000万元以下(24159)	小型	营业收入300万元及以上,且资产总额300万元及以上	1.70	0.5946
		微型	营业收入300万元以下或资产总额300万元以下	6.73	2.3487

续表

行 业	小型微型企业标准	其 中		占各类企业的比例（%）	按比测算2012年小型微型企业数量(万户)
(4)批发业	从业人员20人以下，或营业收入5000万元以下(92355)	小型	从业人员5人及以上，且营业收入1000万元及以上	3.18	1.1108
		微型	从业人员5人及以下或营业收入1000万元以下	26.01	9.0788
(5)零售业	从业人员50人以下，或营业收入500万元以下(46777)	小型	从业人员10人及以上，且营业收入100万元及以上	2.26	0.7881
		微型	从业人员10人以下或营业收入100万元以下	12.92	4.5121
(6)交通运输业	从业人员300人以下，或营业收入3000万元以下(10073)	小型	从业人员20人及以上，且营业收入200万元及以上	0.88	0.3061
		微型	从业人员20人以下或营业收入100万元以下	2.62	0.9152
(7)仓储业	从业人员100人以下，或营业收入1000万元以下(738)	小型	从业人员20人及以上，且营业收入100万元及以上	0.055	0.0192
		微型	从业人员20人以下或营业收入100万元以下	0.20	0.0696
(8)邮政业	从业人员300人以下，或营业收入2000万元以下(3431)	小型	从业人员20人及以上，且营业收入100万元及以上	0.0092	0.0032
		微型	从业人员20人以下或营业收入100万元以下	0.98	0.3426
(9)住宿业	从业人员100人以下，或营业收入2000万元以下(2644)	小型	从业人员10人及以上，且营业收入100万元及以上	0.28	0.0961
		微型	从业人员10人以下或营业收入100万元以下	0.68	0.2366

续表

行业	小型微型企业标准	其中		占各类企业的比例(%)	按比测算2012年小型微型企业数量(万户)
(10)餐饮业	从业人员100人以下,或营业收入2000万元以下(3782)	小型	从业人员10人及以上,且营业收入100万元及以上	0.52	0.1813
		微型	从业人员10人以下或营业收入100万元以下	0.87	0.3032
(11)信息传输业	从业人员100人以下,或营业收入1000万元以下(6079)	小型	从业人员10人及以上,且营业收入100万元及以上	0.049	0.0172
		微型	从业人员10人以下或营业收入100万元以下	1.74	0.6078
(12)软件和信息技术服务业	从业人员100人以下,或营业收入1000万元以下(13160)	小型	从业人员10人及以上,且营业收入50万元及以上	1.43	0.4975
		微型	从业人员10人以下或营业收入50万元以下	3.64	1.2711
(13)房地产开发经营	营业收入1000万元以下,或资产总额5000万元以下(6756)	小型	营业收入100万元及以上,且资产总额2000万元及以上	0.32	0.1129
		微型	营业收入100万元以下或资产总额2000万元以下	0.19	0.6611
(14)物业管理	从业人员300人以下,或营业收入1000万元以下(4405)	小型	从业人员100人及以上,且营业收入500万元及以上	0.084	0.0293
		微型	从业人员100人以下或营业收入500万元以下	1.25	0.4357
(15)租赁和商务服务业	从业人员100人以下,或资产总额8000万元以下(51536)	小型	从业人员10人及以上,且资产总额100万元及以上	6.24	2.1798
		微型	从业人员10人以下或资产总额100万元以下	11.01	3.8446

续表

行 业	小型微型企业标准	其 中		占各类企业的比例（%）	按比测算2012年小型微型企业数量(万户)
(16)其他未列明行业	从业人员100人以下	小型	从业人员10人及以上		
		微型	从业人员10人以下		
所有行业汇总		小型			20.7428
		微型			14.1676

贵州省小型微型企业发展情况报告

贵州省工商行政管理局

自 2012 年 2 月 8 日《省人民政府关于大力扶持微型企业发展的意见》出台以来,在省委、省政府的正确领导下,全省各地各部门积极行动起来,"3 个 15 万元"政策效应不断释放,全省扶持微型企业工作取得了阶段性的成绩。现对我省扶持微型企业发展工作现状分析报告如下:

一、"3 个 15 万元"政策实施的效果

(一)微型企业已成为私营企业发展新的增长极。

据统计,截至 2013 年 5 月底,全省共扶持微型企业达 30230 户,微型企业实际货币投资总额达到 35.9 亿元,户均 11.9 万元。其中,2012 年扶持微型企业 2 万户,占当年全省私营企业净增户数 4.93 万户的 40.56%[当年全省私营企业同比增长 52.11%,增速在全国各省份中排名第一,是全国平均增速 12.2% 的 4 倍,高于全国增速第二的重庆市(28.02%)24.09 个百分点];2013 年扶持微型企业净增 10230 户,占全省私营企业净增户数 1.88 万户的 54.41%。通过扶持微型企业发展,民营企业主体倍增计划中"民营企业超过 15 万户"指标已提前半年完成。

(二)微型企业行业结构日趋合理。

扶持的微型企业在一、二、三产业均有分布:第一产业达 1.05 万户,占总数的 35%;第二产业有 9561 户,占 31%;第三产业有 1 万户,占总数的 34%。从行

业结构看，全省3.02万户微型企业中，从事加工制造、特色食品加工、民族手工艺品加工、科技创新、软件开发、文化创意等六类重点行业微型企业达到11755户，占扶持总数的39%。

(三)微型企业带动就业作用明显。

据统计，"3个15万元政策"实施以来，全省微型企业累计带动就业人员16.6万人，占全省私营企业带动就业133.32万总人数的12.5%。2012年全省私营企业从业人员净增27.85万人，同比增长29.09%，是全国平均增速9.1%的3.28倍，其中当年微型企业带动就业11.2万人，贡献率达到40.21%；今年1至5月，全省私营企业从业人员净增11.72万人，微型企业从业人员净增5.4万人，贡献率达46%。

截至今年5月，政策重点扶持创业的返乡农民工、大中专毕业生、下岗失业人员、复员退伍军人等达到1.43万人，占创业者总数的46%。最为突出的是返乡农民工创办微型企业，2012年共有4850名返乡农民工创办微型企业，占创业者总数的23%；今年已有2790名返乡农民工创办微型企业，占创业者总数的28%。通过召开专题座谈会了解到：农民工返乡创业的主要原因除了在外打工已学到了技术、了解了市场、积累了一定的资金，就近照顾家庭以外，"3个15万"政策是吸引他们返乡创业重要因素。

二、扶持微型企业发展工作开展情况

(一)省领导小组和部门工作开展情况。

省领导小组着眼全省战略高度抓好顶层设计。分管副省长亲自主持召开了3次全省大会和5次领导小组会，安排部署工作任务，结合"同步小康"、"民营经济三年倍增计划"、"5个100工程"、"扶贫生态移民搬迁"等省委、省政府重大战略决策开展扶持微型企业发展工作，统筹谋划，科学实施；建立完善协作机制，成员单位打破工作壁垒，提高效率，会商出台相关扶持政策文件25个；去年年底组织开展了全省扶持微型企业发展工作专项督查，确保扶持工作有序推进。

省工商局党组高度重视，提出"不辜负省委、省政府重托，将扶持微型企业发展作为工商工作的重中之重，举全系统之力抓紧抓好"。一是统一思想、提高认识，在为省领导小组当好参谋助手，协调成员单位完善政策体系，落实各项政策措施，完成扶持工作任务，组织各类调研和专项督查，做好全省范围的宣传等方面发挥了牵头部门应有的作用；二是班子成员带队，职能处室参与经常性对扶持微型企业发展工作进行专题调研，范围覆盖 9 个市州和 70% 以上的县（市、区），通过党组会或会同成员单位召开专题会议等形式研究解决存在的问题；三是通过制定下发《关于在扶持微型企业发展工作中进一步严肃廉政纪律加强廉政建设的通知》，抓好扶持工作中的廉政建设，以廉洁高效促扶持工作健康发展；四是围绕"严把准入、营造环境、整合资源、选优扶强、强化监管、引入市场"实施帮扶。今年 3 月，省工商局出台了服务微型企业年检工作的通知，要求基层工商部门以上门服务的方式为微型企业办理网上年检，对微型企业的规范化发展起到了良好的作用。

扶持微型企业发展工作开展以来，省领导小组成员单位主动工作，积极配合，确保了工作的有效推进。省财政厅积极参与省政府扶持政策的起草和相关文件的制定，同时主动谋划，克服困难，确保省级财政补助资金按时到位，并认真研究和指导对财政补助资金的监管；省国税局和省地税局及时制定下发微型企业税收优惠政策，同时加强对系统的指导，确保税收优惠政策的落实。特别是在今年的税收奖励工作中，省、市、县三级财政、国税、地税和微企办，协作配合，加班加点，从数据库中逐户将微型企业的税收情况进行查证核对，保证了税收奖励工作的顺利开展，目前已经完成了省、市、县三级核审，即将开始兑现；省人社厅及时制定相关配套文件，安排全系统开展微型企业创业培训工作，通过努力保障了培训工作按时完成，同时还在就业小额担保贷款工作中，加强与微企办协作，探索就业小额担保贷款与扶持微型企业政策的整合运用；人民银行贵阳市中心支行提前动作，会同省微企办和相关部门共同制定下发了微型企业账户管理及金融扶持政策系列文件，保障扶持工作顺利起步，并对金融扶持政策的宏观管理进行了布置安排；省银监局今年上半年就专门组织召开了全系统电视电话会和银企座谈会，安排布置落实金融扶持微型企业发展政策；共青团省委主动参与扶持微型企业发展，会同省微企办、邮储银行共同制定下发了促进青年创办微型企业的意见，同时加强对微型企业的帮扶，组织开展了针对微型企业的导师结对帮扶，目前正策划组织全省青年创业博览会，将微型企业创业纳入为其中一个专门板块；省质监局、林业局等单位专门出台扶持政策支持微型企业发展；其他成员单位也根据自身职能积极配合推进扶持发展工作。

（二）"3个15万元"政策执行情况。

1. 财政资金兑现情况。全省累计23729户微型企业获得财政补助资金13.9亿元，获得财政补助户数占扶持总数30230户的78.5%。省财政厅积极筹划财政补助资金的预拨调度，去年省级资金全部到位，今年第一批省级资金于去年底已提前预拨，第二批省级资金正在调拨中。各市州、县区也克服困难积极筹措，本级补助资金基本到位。

2. 税收奖励开展情况。2012年全年累计有7838户微型企业产生了税收，占扶持总数20000户的39.2%；其中5962户微型企业可以获得税收奖励，占扶持总数的29.8%，预计可获得税收奖励总额约860万元。省微企办会同省财政厅、国税局、地税局于去年底即开始对此项工作进行安排。目前省市县三级税收奖励数据会审已经完成，正按程序进行后续奖励兑现工作。

3. 金融扶持政策落实情况。截至5月，全省累计6052户微型企业申请贷款支持，占全省扶持总数30230户的20%；有2974户微型企业获得贷款共计3.92亿元，获得贷款户数占申请数的49%，占全省扶持总数的9.8%。

4. 行政事业性零收费政策执行情况。针对去年初存在少数收费现象，省微企办会同相关部门对涉及微型企业的收费问题进行了检查，今年起省物价局、省财政厅对涉及微型企业的收费项目再次进行了梳理，并进行了公示。到目前省微企办和相关部门未接到有关收费问题的投诉或举报，零收费政策得以基本落实。

三、各地在工作中的探索性做法

（一）金融扶持政策落实方面。

2013年起，各地陆续采取多种措施推进融资工作。截至5月底，全省新增1077户微型企业申请贷款支持，有823户获得贷款支持1.08亿元。

安顺普定、遵义余庆、黔南三都等县银行业金融机构以授信为主要方式，积极为微型企业发放贷款。截至5月底，普定县已为微型企业发放贷款1501万元,余庆县已为微型企业发放贷款1310万元,排名全省前列。三都县扶持的44户微型企业中有27户通过信用担保方式获得银行贷款支持,贷款审批通过率达100%。这种方式不仅解决了微型企业发展之初的融资需求,也为我省建立多层次中小型微型企业金融服务体系的探索提供了范例。

六盘水市六枝特区有26户微型企业(占获得贷款户数的45.6%)获得了就业小额担保贷款213万元,并享受到政策贴息。贵阳市推出的"金保贷"保证保险业务,为微型企业打通了一条快捷、低成本的绿色融资通道,目前已办理"金保贷"业务39笔,发放贷款775万元。黔南州长顺县拨出100万元财政专项资金用于微型企业贷款担保和借款资金周转,基本实现对微型企业贷款担保的全覆盖。

(二)助推微型企业集聚发展方面。

微型企业规模小、抗风险能力弱、市场竞争能力低,进入比较规范的大型园区有很多障碍,但有些行业的微型企业只有集约化规模经营才能实现跨越发展,为了顺应这一需求,部分乡、镇政府结合自身特色和优势,克服困难,筹措资金,建设了一批形态多样的微型企业创业园。例如,安顺紫云县坝羊乡、黔南都匀市王司镇、惠水县摆榜乡等地以返乡农民工为主建设的水晶加工微型企业创业园,吸引了东部地区成熟产业的转移。遵义湄潭县复兴镇红坪村建设了加工制造、休闲旅游为一体的微型企业创业园。黔东南凯里市建立了民族风情园民族手工艺品加工一条街。黔西南兴仁县屯脚乡建设了薏仁米加工产业园,有效提高了传统农产品的附加值。六盘水市钟山区德坞镇打造了皮鞋加工一条街,入驻了34户微型企业。贵阳修文县建立了"猕猴桃产业微型企业创业园"。在推进微型企业聚集发展中乡、镇政府不等不靠不要,在攻坚克难中探索出了一条可行之路。

(三)强化后续帮扶措施方面。

扶持微型企业发展不仅要扶上马更要送一程,各地大胆进行了很多尝试。贵阳市小河区积极推动"微—企联姻",成功协调了微型企业与大企业联姻,为其提供技术培训、签订产品订单。遵义市通过政府专题会议,对微型企业需要提交的环评报告工作进行了专项协调,有效降低了微型企业发展初期的成本负担。黔南荔波、贵定两县将微型企业的产品纳入政府采购目录,荔波县驾欧拉金水泥砖厂已获得政府采购 17 万元的订单；长顺县建立了县领导、有关部门与微型企业结对帮扶制度，切实为微型企业解决实际问题。

虽然各地在工作方面进行了大量的探索，但许多好的做法还只是"星星之火"，并未形成"燎原"之势，制约微型企业发展的问题依然存在。

四、当前扶持微型企业发展中存在的主要问题

（一）少数地方对扶持发展工作重视程度不够。

扶持微型企业发展工作开展以来，仍有少数县、区没有充分认识到扶持微型企业发展的积极意义，工作推动上还是应付了事。例如，截至 5 月，有 12 个县区上半年目标任务完成率未达 50%，个别县仅完成了 10%；有 26 个县扶持的重点行业微型企业占比例低于 30%，其中 3 个县在已经扶持的微型企业中没有重点行业微型企业；截至 4 月底，全省县级财政补助资金应到位 2.03 亿元，实际到位 5671 万元，到位率 27.92%，有 51 个县区尚未到位；有 8 个县兑付财政补助资金不足应兑付的 50%，兑付比例最低的县仅兑现了 34%；有 15 个县没有一户微型企业获得银行贷款支持，金融扶持政策还有待突破零记录。

（二）金融扶持政策亟待下大力落实。

各地在落实金融扶持政策工作中依然是单兵作战，没有形成合力。与邻近的重庆市相比，重庆市截至 2012 年发展微型企业 8.06 万户，已发放贷款 58.8 亿元，户均 7.3 万元；截至今年 5 月，我省已扶持微型企业 3.02 万户，仅发放贷款 3.92 亿元，户均 1.3 万元，还有 15 个县区至今没有发放一笔微型企业贷款。通过座谈了解，绝大多数创业者都希望能有银行贷款支持，普遍认为当前最大的困难就是贷款难，造成贷款难的主要原因：一是贷款政策整合不足。就业小额担保贷款与微型企业金融扶持政策在实际工作中仍然是两张皮，两项政策未能充分叠加整合。二是担保机构助力较少。按照黔府办发（2013）4 号通知要求，各地应成立财政出资的担保机构服务微型企业贷款，但目前还未能发挥作用。民营担保机构由于缺乏激励机制和风险补偿保障等因素，参与此工作时积极性不高。三是银行业金融机构观念保守。目前针对微型企业开展贷款业务的主要是银行业地方法人机构，且大多只开展不动产抵押担保贷款。由于缺乏鼓励政策，

银行业金融机构基于现有监管约束及风险控制的考虑,在落实金融扶持政策上表现为"雷声大雨点小"。四是由于银企之间更多是一种市场关系,银监部门在其中很难利用目标考核手段进行调控,工作落实主要靠协调。五是缺少风险补偿机制。省级层面未建立微型企业贷款风险补偿机制,部分地方虽然有一定数量的风险补偿基金,但因为各种原因,未能发挥基金的杠杆作用。六是金融政策宣传培训不够。在调研座谈中,创业者普遍反映:不清楚我省有哪些融资优惠政策,知道政策的也不知晓办理程序。信息不对称的现象普遍存在,很大程度上制约了微型企业创业者获得贷款。

(三)微型企业入驻产业园区存在诸多障碍。

各地在微型企业融入产业园区建设工作中虽然做了一些探索,但从全省范围来看,微型企业集聚化、产业化发展进程仍然滞后,主要表现在:一是思想认识不到位,出现"有园区但进不去"的情况。部分地方对于引导微型企业入驻工业园区工作的认识不够,认为只有招大企业,引大项目才是发展区域经济的唯一出路,忽略了微型企业对地方经济发展的贡献,入驻工业园区门槛仍然较高;同时,很多地方对微型企业进入工业园区缺乏统筹规划,微型企业园中园建设力度明显不足,没有将扶持微型企业发展与"5个100工程"建设有机结合。二是存在微型企业"无园可进"的情况。各地产业园区许多处于正在建设中,园区竣工面积有限,导致微型企业"无园可进"。三是虽然部分乡、镇政府积极性很高,但囿于财力有限、统筹能力不足,乡镇微企园区发展缓慢,不能形成足够的规模。

(四)长效帮扶体系尚未完善。

虽然各地对微型企业的帮扶工作做了大量探索,但仍未形成系统的长效帮扶体系。有的地方认为扶持微型企业发展是牵头部门的责任,从而在工作配合中主动性和积极性不够;在帮扶微型企业发展中帮扶措施针对性不强;现有涉及企业扶持的项目、资金属于多家部门,部门政策未能正常叠加,有时会出现政策脱节的情况;对于微型企业发展需要市场配置资源解决的问题,如品牌建设、包装设计、市场营销等,政府"心有余而力不足",需要积极引导建立市场化的"第三方平台"为微型企业发展提供市场资源整合服务。

(五)培训工作有待深入。

截至5月,全省累计开办681期(次)创业培训班,培训创业者2.9万人。但同时，在微型企业中就业的大量的就业人员，还需要工作能力、职业技能、实用技术等的培训，此项工作目前还未能启动。

（六）"双百"评选活动待启动。

在今年的第五次省领导小组工作会和全省电视电话会上，安排布置了"双百"评选活动（百户明星微型企业、百名优秀创业人才），希望通过树典型起到示范作用，营造全民创业的氛围，但这项工作进展较为缓慢。

五、下一步工作打算

针对存在的主要问题，提出如下工作打算：一是统一思想、提高认识。要进一步将思想认识统一到省委、省政府大力扶持微型企业发展的战略决策上来，按照"各级政府为主、相关部门协作、社会各方参与、工商协调服务、建设管理并重"的工作机制，明确各级政府的主体地位，真抓实干，确保政策的落实。二是多措并举，力促金融扶持政策有突破。充分做好政策衔接，用好用活《国务院关于进一步支持小型微型企业健康发展的意见》，发挥好就业小额担保贷款主渠道的作用，积极建立贷款风险补偿机制，切实帮助解决微型企业融资难问题。三是围绕"5个100工程"和"扶贫生态移民搬迁工程"，抓好微型企业集聚发展；四是探索建立长效帮扶体系，搭建公共服务平台，引进市场化帮扶模式，促进微型企业蓬勃发展。

附件：

填报单位：贵州省工商局

小型微型企业数量分析测算表

（一）

类型		国有集体企业（万户）	外资企业（万户）	私营企业（万户）	各类企业合计（万户）
小型微型企业占比		28%	20.40%	69.20%	59.68%
2012年度	2012年各类企业数量	4.11	0.17	14.39	18.67
	2012年小型微型企业数量	1.15	0.03	9.96	11.14
2013年一季度	2013年一季度各类企业数量	4.17	0.17	15.44	19.78
	2013年一季度小型微型企业数量	1.17	0.03	10.68	11.80

（二）

行业	小型微型企业标准	占各类企业的比例（%）	其中		占各类企业的比例（%）	2012年小型微型企业数量（万户）
(1)农、林、牧、渔业	营业收入500万元以下	2.41	小型	营业收入50万元及以上	0.21	0.04
			微型	营业收入50万元以下	2.20	0.41
(2)工业	从业人员300人以下，或营业收入2000万元以下	10.44	小型	从业人员20人及以上，且营业收入300万元及以上	2.36	0.44
			微型	从业人员20人以下或营业收入300万元以下	8.09	1.51
(3)建筑业	营业收入6000万元以下，或资产总额5000万元以下	1.29	小型	营业收入300万元及以上，且资产总额300万元及以上	0.21	0.04
			微型	营业收入300万元以下或资产总额300万元以下	1.07	0.2

续表

行业	小型微型企业标准	占各类企业的比例（%）	其中		占各类企业的比例（%）	2012年小型微型企业数量（万户）
(4)批发业	从业人员20人以下，或营业收入5000万元以下	14.85	小型	从业人员5人及以上，且营业收入1000万元及以上	6.32	1.18
			微型	从业人员5人以下或营业收入1000万元以下	8.53	1.59
(5)零售业	从业人员50人以下，或营业收入500万元以下	9.96	小型	从业人员10人及以上，且营业收入100万元及以上	1.19	0.22
			微型	从业人员10人以下或营业收入100万元以下	8.76	1.64
(6)交通运输业	从业人员300人以下，或营业收入3000万元以下	1.27	小型	从业人员20人及以上，且营业收入200万元及以上	0.23	0.04
			微型	从业人员20人以下或营业收入100万元以下	1.04	0.19
(7)仓储业	从业人员100人以下，或营业收入1000万元以下	0.11	小型	从业人员20人及以上，且营业收入100万元及以上	0.01	0.00
			微型	从业人员20人以下或营业收入100万元以下	0.10	0.02
(8)邮政业	从业人员300人以下，或营业收入2000万元以下	0.63	小型	从业人员20人及以上，且营业收入100万元及以上	0.04	0.01
			微型	从业人员20人以下或营业收入100万元以下	0.58	0.11

续表

行业	小型微型企业标准	占各类企业的比例(%)	其中		占各类企业的比例(%)	2012年小型微型企业数量(万户)
(9)住宿业	从业人员100人以下,或营业收入2000万元以下	0.39	小型	从业人员10人及以上,且营业收入100万元及以上	0.17	0.03
			微型	从业人员10人以下或营业收入100万元以下	0.22	0.04
(10)餐饮业	从业人员100人以下,或营业收入2000万元以下	0.74	小型	从业人员10人及以上,且营业收入100万元及以上	0.17	0.03
			微型	从业人员10人以下或营业收入100万元以下	0.57	0.11
(11)信息传输业	从业人员100人以下,或营业收入1000万元以下	1.01	小型	从业人员10人及以上,且营业收入100万元及以上	0.31	0.06
			微型	从业人员10人以下或营业收入100万元以下	0.70	0.13
(12)软件和信息技术服务业	从业人员100人以下,或营业收入1000万元以下	1.40	小型	从业人员10人及以上,且营业收入50万元及以上	0.15	0.03
			微型	从业人员10人以下或营业收入50万元以下	1.26	0.23
(13)房地产开发经营	营业收入1000万元以下,或资产总额5000万元以下	1.78	小型	营业收入100万元及以上,且资产总额2000万元及以上	0.26	0.05
			微型	营业收入100万元以下或资产总额2000万元以下	1.52	0.28

续表

行业	小型微型企业标准	占各类企业的比例（%）	其中		占各类企业的比例（%）	2012年小型微型企业数量（万户）
（14）物业管理	从业人员300人以下，或营业收入1000万元以下	0.74	小型	从业人员100人及以上，且营业收入500万元及以上	0.03	0.01
			微型	从业人员100人以下或营业收入500万元以下	0.71	0.13
（15）租赁和商务服务业	从业人员100人以下，或资产总额8000万元以下	6.41	小型	从业人员10人及以上，且资产总额100万及以上	1.15	0.21
			微型	从业人员10人以下或资产总额100万元以下	5.26	0.98
（16）其他未列明行业	从业人员100人以下	6.23	小型	从业人员10人及以上	1.67	0.31
			微型	从业人员10人以下	4.56	0.85
所有行业汇总		59.68	小型		14.50	2.71
			微型		45.18	8.44

云南省小型微型企业发展情况报告

云南省工商行政管理局

小型微型企业是民营经济、县域经济、园区经济发展的基础,是推动云南实现科学发展、和谐发展、跨越发展的重要力量,也是创业带动就业改善民生的有效载体。近年来,在省委、省政府的领导下,全省工商系统认真贯彻落实中央和我省推进小型微型企业发展的政策措施,充分发挥职能作用,全力推进小型微型企业发展,全省小型微型企业呈现出蓬勃发展的良好态势,对服务我省桥头堡建设发挥了积极作用。

一、小型微型企业发展基本情况

截至 2013 年 3 月底,全省实有各类市场主体 167.21 万户,其中,各类企业 25.63 万户(国有集体企业 4.73 万户、私营企业 20.50 万户、外商投资企业 0.40 万户),个体工商户 139.88 万户,农民专业合作社 1.70 万户。

根据工信部、国家统计局、国家发改委、财政部 2011 年 6 月联合印发的《中小企业划型标准规定》,2013 年 5 月,我们综合利用 2011 年度全省企业年检数据(2012 年企业填报的 2011 年企业相关数据),按照从业人员、营业收入、资产总额三项指标,对全省小型、微型企业(不含个体工商户、农民专业合作社,以下相同)数量进行了分析测算。

年检数据分析显示,在 2011 年年末全省各类企业中,小型企业约占 6.3%、微型企业约占 70.1%,小型微型企业合计约占 76.4%,大中企业约占 23.6%;按企业所有制类型分析,在国有集体企业中小型微型企业约占 68.2%,在私营企业中小型微型企业约占 79.2%,在外资企业中小型微型企业约占 48.6%。

按照以上比例测算,截至 2013 年 3 月底,全省共有小型企业约为 1.61 万户,微型企业约为 17.97 万户,小型微型企业合计约为 19.58 万户,其中,国有集体小型微型企业约为 3.21 万户,私营小型微型企业约为 16.22 万户,外资小型微型企业约为 0.19 万户。大中型企业约为 6.05 万户。

从数量分析,全省小型微型企业呈现以下特点:

一是小型微型企业占各类市场主体的绝对多数。若将个体工商户和农民专业合作社纳入小型微型企业统计,则小型微型企业占到全省各类市场主体总数的 96.4% 左右,总数达到 161.16 万户,大中型企业仅占 3.6%。在小型微型企业中微型企业占 92%。

二是行业分布小型微型企业相对集中第三产业。批发业小型微型企业约 3.58 万户,占全部小型微型企业的 18.3%;零售小型微型企业约 4.16 万户,占小型微型企业的 21.2%;租赁和商务服务业小型微型企业约 1.55 万户,占小型微型企业的 7.9%,仅在这三个行业小型微型企业即达 9.29 万户,占到全部小型微型企业的近五成。

三是私营小型微型企业占全部小型微型企业大多数。从小型微型企业的所有制结构看,私营小型微型企业占全部小型微型企业的 82.6%。若将个体工商户和农民专业合作社纳入小型微型企业统计,则 98% 的小型微型企业属于私营或民营经济性质。

二、主要工作及成效

工商部门是与小型微型企业发展联系最紧密的部门之一,每一个小型微型企业的诞生、发展和壮大都离不开工商部门的支持与服务。近年来,全省工商系统充分发挥覆盖市场主体准入、退出和经营行为监管全过程的职能服务优势;利用登记、年检、监管执法活动,全面掌握企业动态经营情况的信息资源优势;工商管理干部人员多,便于上下沟通协调的队伍优势,通过政策促动、职能推动、服务带动,积极促进小型微型企业快速健康发展。

（一）贯彻政策措施，拓宽小型微型企业发展空间。

根据省委、省政府《关于加快民营经济发展的决定》，省工商局结合职能实际及时研究制定了 18 条贯彻措施，以促进民营经济发展为载体，不断拓宽小型微型企业发展空间。一是专门针对新办小微民营企业推行试营业备案制度。除国家明确限制的特殊行业和需要前置审批的经营范围外，经辖区工商机关备案后允许小微民营企业试营业一年，试营业期内可不办理工商注册登记。允许小微民营企业有限责任公司（一人公司除外）注册资本延期缴付，首期注册资本可在注册登记后 3 个月内缴纳，其余部分在规定期限内缴足。二是进一步优化小微民营企业登记注册程序。认真落实"一审一核"登记制度，完善"建议登记事项一人核准"登记制度，试行登记管理授权制度，简化审批程序，缩短审批周期。完善首问责任制、首办责任制、限时办结制、服务承诺制等制度，推行预约服务、上门服务、延时服务、一企一策等服务方式，促进民间资本投资便利化。三是积极引导小微民营企业规范经营。对小微民营企业发展过程中出现的轻微违法违规问题，坚持以教育规范为主，注重行政指导，实行"首违不罚"。对首次逾期年检企业责令补检，不予处罚，对逾期两个年检年度的企业按最低处罚标准进行处罚；对公司虚报注册资本、虚假出资、抽逃出资的违法行为，在查处前或查处中已主动改正，注册登记后正常经营、净资产达到或超过注册资本、或已补缴出资的，予以教育和督促整改，不予处罚，努力为小微民营企业成长营造宽松的发展环境。

（二）创新工作机制，提升小型微型企业服务效能。

按照见苗浇水、分类指导的原则，全省筛选 4623 户"大而优、小而优、专而特"私营企业，建立工商定点联系服务制度。一是主动提供工商职能服务。将联系服务企业及其分支机构的登记和年检等事项纳入绿色通道，主动提供高效便捷的市场准入服务；引导联系服务企业提高商标战略意识，指导争创知名、著名、驰名商标，主动提供商标品牌构建服务；综合运用合同管理、广告监管、商标行政保护、消费者权益保护、反垄断和反不正当竞争等手段维护企业合法权益，主动提供打假维权服务；发挥工商行政管理信息资源，帮助企业解决经营发展中的问题，为企业做大做强提供建议和参考，主动提供资讯咨询服务。二是主动协调解决困难问题。对联系服务企业在生产经营中遇到的超出工商行政管理职能职责的问题和需求,主动与有关职能部门沟通协调,尽力帮助协调解决。经协调仍不能解决的,汇总后专题向党委、政府报告。三是主动为政府决策提供参考。把联系服务企业作为了解民营企业生产经营和市场经济信息的重要调研渠道,把握市场经济运行趋势,主动为党委、政府制定经济发展政策措施提供决策参考。2012年11月,全省工商系统集中开展了"民企大走访"活动,全省工商干部深入定点联系服务企业,帮助企业解决具体困难3600多项。

(三)加强银政合作,破解小型微型企业融资难题。

充分发挥工商部门市场主体准入服务及市场监管执法的职能优势,牵头开展银政企合作,帮助民营企业解决融资难题。一是2012年7月省工商局与省工商联、省工商银行签订"工商搭台金融服务,助推民营经济发展"三方战略合作协议。省工商局、省工商联在充分征求企业意见的前提下,分期分批向省工商银行推荐信用条件好、有融资需求的民营企业,帮助企业运用动产、商标权、股权等向工商银行进行抵押、质押贷款,拓宽民营企业的融资渠道。工商银行在符合信贷政策和内部规章制度的范围内,根据企业需求和意愿,简化信贷手续、降低融资成本、提高工作效率,为推荐企业开辟金融服务"绿色通道",提供全方位、优质高效的金融服务。二是2013年4月省工商局和省农信社联合社签署了《加强银政合作服务经济发展合作协议》,双方在服务民营经济发展、服务高原特色农业、服务商标战略实施、服务广告战略实施、服务消费满意在云南等五个方面开展合作,省农信社联合社及下属机构为省工商局推荐的企业提供全方位、优质高效的金融服务。三是省工商局与招商银行昆明分行达成商标质押贷款合作意向,支持小型微型企业采取商标质押方式融资。

(四)落实"贷免扶补",鼓励创业带动就业。

坚持把"贷免扶补"工作列为全省工商重点工作,作为对各州市工商局全年工作目标考核的一项重要内容。全省各级个私协会认真落实"1+3"跟踪服务机制,结合工作实际,逐步建立和完善了"四帮一"网格管理、创业导师库、创业人员储备信息库、信息化宣传服务平台等工作运行模式。通过严格初审、定期回访、落实责任等措施,努力提高创业成功率和还贷率。全省协会扶持创业成功率和还款率连续3年达到或超过97%,2012年更是达到了98.56%。截至2012年年底,全省各级个私协会"贷免扶补"工作累计发放创业小额贷款3.97亿元,扶持6986人创业,带动2.4万人就业。

(五)开展非公党建,引导小型微型企业健康发展。

近年来,省工商局在省委组织部的领导下,增强"三个意识"、健全"三项统计机制"、突出"五个重点",推进全省非公有制经济组织党建工作,整体工作得到省委组织部和国家工商总局的肯定。目前,全省有7071户民营企业和5478户个体工商户组建了党组织或加入了党组织,全省非公有制经济组织中共有100082名党员。

三、下一步工作打算

通过开展民营企业大走访活动,我们了解到一些小型微型企业发展面临的困难和问题。一是融资难、用工难,已经成为制约小型微型企业发展的瓶颈。二是审批难,有些部门行政许可、行政审批程序繁琐、费用过高、协调不够,主要反映在土地、环保、消防等手续难办、时间较长。三是入园难(工业园区),一些规模较小的小型微型企业不能入驻工业园区,享受不到当地政府对土地、税收、融资等的种种优惠条件;四是生产经营难,主要集中在企业规模较小、产品竞争力不强、贷款难度大的小型微型企业和出口型企业。五是市场诚信度不高,希望监管部门加大监管执法力度,严厉打击扰乱市场秩序的各种违法违章行为,保护合法企业的正当利益。

今后,全省系统将认真学习贯彻党的十八大精神,全面落实国务院和省委、省政府促进小型微型企业发展的政策措施,破解难题,强化服务,促进小型微型企业实现跨越发展。一是全面贯彻落实国家出台的有关支持小型微型企业发展的政策,按照"非禁即入"的原则,鼓励民间资本投向所有法律法规和政策未明确禁入的行业和领域。二是创新服务发展机制,为小型微型企业发展提供强大支持。不断完善小型微型企业市场准入和培育机制,壮大小型微型企业市场主体数量。深入实施商标战略,推动市场主体注册、运用、保护和管理好商标,促进小型微型企业品牌化经营。深化银政合作,为小型微型企业提供更多、更便利的投融资渠道。三是探索建立小型微型企业信用监管体系,为小型微型企业健康快速发展营造良好的市场信用环境。四是坚持"抓党建促发展"的思路,做好小型微型企业党建工作。今年初,省工商局党组成立了推进非公有制经济组织党建工作领导小组,制定了工作实施意见,明确了工作机构,从 2013 年起,用三年左右时间每年推出一个主题实践年活动,即组织建设年、活动创新年、总结深化年,不断扩大党组织覆盖面、发挥党组织作用,带动小型微型企业发展。

附件：

填报单位：云南省工商局

小型微型企业数量分析测算表

（一）

类型		国有集体企业（万户）	外资企业（万户）	私营企业（万户）	各类企业合计（万户）
小型微型企业占比		68.2%	48.6%	79.2%	76.4%
2011年度	各类企业数量	4.81	0.39	17.88	23.08
	小型微型企业数量	3.28	0.19	14.16	17.63
2012年度	各类企业数量	4.77	0.40	20.29	25.46
	小型微型企业数量	3.22	0.19	16.04	19.45
2013年一季度	各类企业数量	4.73	0.40	20.50	25.63
	小型微型企业数量	3.21	0.19	16.18	19.58

（二）

行业	小型微型企业标准	其中		占各类企业的比例（%）	2011年小型微型企业数量（万户）	2012年小型微型企业数量（万户）	2013年一季度小型微型企业数量（万户）
(1)农林牧渔业	营业收入500万元及以下	小型	营业收入50万元及以上	13.2	0.11	0.13	0.13
		微型	营业收入50万元以下	69.0	0.57	0.66	0.68
(2)工业	从业人员300人以下，或营业收入2000万元以下	小型	从业人员20人及以上，且营业收入300万元及以上	5.4	0.15	0.15	0.15
		微型	从业人员20人以下或营业收入300万元以下	71.4	1.97	2.03	1.98
(3)建筑业	营业收入6000万元以下，或资产5000元以下	小型	营业收入300万元及以上，且资产300万元及以上	6.0	0.08	0.09	1.10
		微型	营业收入300万元以下或资产300万元以下	54.0	0.79	0.82	0.89

续表

行业	小型微型企业标准	其中		占各类企业的比例（%）	2011年小型微型企业数量（万户）	2012年小型微型企业数量（万户）	2013年一季度小型微型企业数量（万户）
(4)批发业	从业人员20人以下，或营业收入5000万元以下	小型	从业人员5人及以上，且营业收入1000万元及以上	4.6	0.18	0.25	0.25
		微型	从业人员5人以下或营业收入1000万及以下	61.9	2.51	3.35	3.33
(5)零售业	从业人员50人以下，或营业收入500万元以下	小型	从业人员10人及以上，且营业收入100万元及以上	3.3	0.16	0.15	0.15
		微型	从业人员10人以下或营业收入100万元以下	89.8	4.35	4.03	4.01
(6)交通运输业	从业人员300人以下，或营业收入500万元以下	小型	从业人员20人及以上，且营业收入200万元及以上	10.8	0.03	0.03	0.04
		微型	从业人员20人以下或营业收入200万元以下	58.4	0.17	0.15	0.20
(7)仓储业	从业人员100人以下，或营业收入1000万元及以下	小型	从业人员20人及以上，且营业收入100万元及以上	5.9	0.002	0.002	0.003
		微型	从业人员20人以下或营业收入100万元及以下	60.2	0.019	0.02	0.03
(8)邮政业	从业人员300人以下，或营业收入2000万元以下	小型	从业人员20人及以上，且营业收入100万元及以上	1.4	0.006	0.01	0.01
		微型	从业人员20人以下或营业收入100万元以下	96.2	0.42	0.47	0.61

续表

行业	小型微型企业标准	其中		占各类企业的比例(%)	2011年小型微型企业数量(万户)	2012年小型微型企业数量(万户)	2013年一季度小型微型企业数量(万户)
(9)住宿业	从业人员100人以下,或营业收入2000万元以下	小型	从业人员10人及以上,且营业收入100万元及以上	10.6	0.035	0.05	0.05
		微型	从业人员10人以下或营业收入100万元以下	78.9	0.26	0.39	0.35
(10)餐饮业	从业人员100人以下,或营业收入2000万元以下	小型	从业人员10人及以上,且营业收入100万元及以上	10.5	0.014	0.02	0.02
		微型	下从业人员10人以下或营业收入100万元以下	62.2	0.08	0.10	0.09
(11)信息传输业	从业人员100人以下,或营业收入1000万元以下	小型	从业人员10人及以上,且营业收入100万元及以上	6.8	0.05	0.08	0.08
		微型	从业人员10人以下或营业收入100万元以下	88.9	0.69	1.04	1.05
(12)软件和信息技术服务业	从业人员100人以下,或营业收入1000万元以下	小型	从业人员10人及以上,且营业收入50万元以上	3.7	0.02	0.004	0.005
		微型	从业人员10人以下或营业收入50万元以下	88.2	0.45	0.12	0.12
(13)房地产开发经营业	营业收入1000万元以下,或资产5000元以下	小型	营业收入100万元及以上,且资产2000万元及以上	8.9	0.05	0.09	0.09
		微型	营业收入100万元以下或资产2000万元以下	53.0	0.31	0.55	0.54
(14)物业管理	从业人员300人及以下,或营业收入1000万元以下	小型	从业人员100人及以上,且营业收入500万元及以上	0.4	0.002	0.001	0.001
		微型	从业人员100人以下或营业收入500万元以下	92.2	0.58	0.24	0.24

续表

行业	小型微型企业标准	其中		占各类企业的比例(%)	2011年小型微型企业数量(万户)	2012年小型微型企业数量(万户)	2013年一季度小型微型企业数量(万户)
(15)租赁和商务服务业	从业人员100人以下,或营业收入8000万元以下	小型	从业人员10人及以上,且资产100万元及以上	11.8	0.26	0.29	0.31
		微型	从业人员10人以下或营业资产100万元以下	46.9	1.04	1.17	1.24
(16)其他未列明行业	从业人员100人及以下	小型	从业人员10人及以上	10.2	0.30	0.26	0.24
		微型	从业人员10人以下	79.5	1.97	2.71	2.62
小型微型企业行业汇总		小型		6.3	1.45	1.60	1.61
		微型		70.1	16.18	17.85	17.97
		合计		76.4	17.63	19.45	19.58
大中型企业占比及数量				23.6	5.45	6.01	6.05
所有企业数量				100	23.08	25.46	25.63

西藏自治区小型微型企业发展情况报告

西藏自治区工商行政管理局

根据《工商总局办公厅关于请报送小型微型企业发展情况的通知》(办字[2013] 29号)的要求,按照工信部、国家统计局、国家发改委、财政部2011年6月联合印发的《中小企业划型标准规定》,我们综合利用2011年度企业年检数据,根据从业人员、营业收入、资产总额三项指标,对我区小型微型企业数量进行了分析测算。

一、基本情况

近年来,自治区党委、政府把非公经济作为民生经济,召开发展大会、出台优惠政策、降低准入门槛、减免多项税费、营造宽松环境,为非公经济持续健康发展注入了强大活力。全区各级工商机关主动担当,倾力作为、全力而为,尽心尽力,促进非公经济健康快速发展。截至2013年一季度,全区实有各类市场主体12.59万户,同比增长6.41%。其中内资企业(含私营企业11008户)16801户;个体工商户107831户;农牧民专业合作社1078户;外资企业211户。

在各类企业中,小型微型企业约占72.32%,其中,在国有集体企业、外资企业、私营企业中小型微型企业分别约占57.94%、86.81%和80.00%。截至2013年第一季度,我区小型微型企业约为12303户,其中,国有集体小型微型企业约为3357户,外资小型微型企业约为183户,私营小型微型企业约为8806户。

我区小型微型企业主要有以下特点：一是微型企业数量占多数。在各类企业中，小型微型企业约占 72.32%，其中小型企业占 19.74%、微型企业占 52.58%，小型与微型企业的比例约为 1∶2.7。二是私营小型微型企业是小型微型企业的主体。从我区小型微型企业的所有制结构看，私营小型微型企业的数量占我区小型微型企业数量的 70.16%。三是各地区小型微型企业比例差别较大。在拉萨注册的企业 90% 以上是小型微型企业，日喀则的小型微型企业比例达 86.19%，而阿里的小型微型企业比例为 31.5%。

二、主要工作及成效

全区各级工商行政管理机关充分发挥职能、体制和队伍优势，通过政策促动、职能推动、服务带动，促进了小型微型企业快速发展。

（一）加大政策支持力度，促进小型微型企业量的增加。

按照"五放"、"六支持"的新观点、新要求和《自治区党委 政府关于推进非公有制经济跨越式发展的意见》，我们及时制定了 45 条实施意见，积极支持企业投资各类产业、拓宽经营范围、灵活选择企业名称、资本运作，免收各项费用，为企业自主选择投资经营权利、降低"入门"成本、优化资源配置、平等参与竞争，真正放心、放开、放宽、放胆、放手发展，奠定了基础。一是放宽投资领域、组织形式及经营方式。按照"非禁即许、非限即准、宽进严管、强化服务"的原则，降低市场准入门槛，积极支持小型微型企业进入法律、法规未禁止的所有行业和项目。二是放宽投资人资格审查，支持全民创业，凡法律、法规允许的公民均可申请投资小型微型企业。三是放宽名称登记条件，支持灵活选择企业名称，特别是支持入驻拉萨经济开发区、达孜工业园区及那曲物流中心企业及招商引资企业灵活选择企业名称，支持小型微型企业名称直接使用"西藏"作为行政区划，不受注册资本数额限制。四是放宽经营场所，除法律法规对经营场所有特殊规定外，允许以家庭住所、租用宾馆、旅店、商场（厦）、办公楼、写字楼等作为小型微型企业的经营场所。五是放宽出资方式，支持以实物、知识产权、非专利技术、土地使用权、股权出质、动产抵押、债权转股权等方式出资，支持以高新技术入股办企业。六是放宽大中专毕业生、复退军人、残疾人、城镇低保人员、城镇登记失业人员、农牧民申办公司制企业的准入条件,注册资本最低限额 2 万元人民币,并无首付注册资本要求,注册资本可 3 年内分期到位。七是简化审批手续,除法律法规和政府规章规定必须办理前置许可事项外,其他部门规定一律不作为登记注册的前置审批条件。2013 年第一季度,全区小型微型企业达到 12303 户,占企业的 73.23%。

（二）**不断提升服务效能,促进小型微型企业健康快速发展。**

全区工商系统把转变作风、提高服务质量作为服务小型微型企业的重要内容和有力抓手,不断完善服务手段,提升服务效能。一是提供高效准入服务,完善便民服务制度,认真落实"限时办理"、"预约服务"、"延时服务"、"绿色通道"等服务制度,全面推进企业登记"一审一核"制,对一般登记事项逐步推行"审核合一"制,减少审批环节,提高办结效率。提供政策解读、项目选择、注册知识等咨询服务,最大限度地方便小型微型企业初生准入及发展壮大。二是积极推进行政指导。本着尊重、扶持、善待的原则,对小型微型企业经营中存在的不规范问题和轻微违规行为,采取行政指导、预先警示、限期改正的方式予以规范。三是提供投资信息服务,加强工商登记统计分析,定期向社会发布市场主体信息动态,对投资主体投资创业进行提示,帮助经营者确定有利的投资发展方向。四是提供融资服务。建立非公经济融资需求信息库,收集企业项目资金需求状况。加强与金融单位的联系沟通,利用工商职能,以信息共享、服务同步、信用共建为手段,组织召开银企对接会、洽谈会,搭建政府部门、金融机构与非公经济的融资服务平台。截至 2012 年年底,办理股权出质登记 52 笔,出质的股权为 22.4 亿元,担保债权总额为 72.4 亿元。五是加强重点企业联系服务,各级工商机关联系一批重点小型微型企业为重点服务对象,实行领导挂钩联系和走访制度,充分发挥工商综合职能,服务经济发展。六是推进商标品牌战略。自治区著名商标 53 件,中国驰名商标 9 件,提高了产品和企业的知名度和竞争力。

（三）**支持特色产业发展,促进小型微型企业质的提升。**

各级工商部门坚持"提升一产、壮大二产、做强三产"的基本要求,支持小型微型企业做大做强。一是积极支持小型微型企业转型升级,支持非公司制企业转型升级为公司制企业,转型升级的企业在名称、经营场所、前置审批许可证件的继续使用和出资期限均享有扶持政策。二是积极支持集团化经营,对从事农牧业、旅游业等特色优势产业的龙头企业申请集团公司登记时，准入条件优于普通集团公司登记条件。三是积极支持招商引资和项目建设，设置"绿色通道"，实行专人专件办理，试行重大项目先行主体登记，对筹建期间暂时无法提交前置审批许可证件的经营项目（非煤矿山、危险化学品生产经营、食品生产经营、娱乐场所等涉及公共安全和人身健康以外），需要营业执照开设账户、签订合同、采购等筹建所需物资等，先核发筹建营业执照。四是积极支持园区经济、文化产业大发展。

三、下一步工作思路

近几年，全区小型微型企业发展较快，呈现出良好的发展态势。但是还存在很多不容忽视的问题。一是随着经济发展和生态环保的要求，小型微型企业发展受到了土地、水电、人才、经营场所制约，面临土地难、用电难、用工难及房租高，经营成本居高不下的困境。二是管理部门多。三是小型微型企业自我维权难，缺少话语权，一部分小型微型企业成了弱势群体。下一步，全区各级工商机关将进一步发挥职能作用，完善扶持政策，放宽投资准入，促进非公经济组织和小型微型企业大发展、大提高。

一是公平对待，进一步营造小型微型企业转型升级的良好环境。一方面，坚持"要素共享"的原则，营造公平的资源配置环境，从根本上破解资源配置不公的问题，真正让小型微型企业更加公平地分享资源要素。另一方面，推行商事登记，先行先试，敢于突破、大胆创新，把大量的民间资本纳入实体经济的发展中来，让民营资本在投资中获得良好的回报，走出一条激活民资、集聚民力的新路子。

二是积极引导，进一步强化小型微型企业转型升级的政策导向。公平的环境，是政策落实到位的土壤。要强化政策导向，把好的政策和措施化为具体的行动和做法，实实在在地促进小型微型企业的转型升级。坚持"该放的放开、该给的给足"的理念，既要坚决贯彻落实，又要及时清理，进一步消除限制小型微型企业发展的体制性障碍。另一方面，坚持"护小、扶优、汰劣、促转"的原则，强化对小型微型企业转型升级的政策导向。

三是提升竞争力,进一步培育小型微型企业的产业亮点和增长点。一方面,引导小型微型企业向自主创新为主转型,进一步增强市场竞争力。另一方面,充分实施商标战略,鼓励小型微型企业做精产品、创出品牌,进一步提高产品的知名度、美誉度和市场占有率,赢得市场定位和定价的话语权。

四是坚持党的领导,促进小型微型企业做多做大做强。按照"围绕发展抓党建,抓好党建促发展"的目标,坚持把非公经济组织党建工作作为促进经济发展、维护社会稳定的有力抓手,认真贯彻自治区"五放"、"六支持"的政策措施,完善扶持政策,放宽投资准入,破除阻碍民间投资的"玻璃门"、"弹簧门"等体制障碍,为小型微型企业营造良好的发展环境。把抓非公党建工作与抓发展、抓监管、抓维权、抓执法高效有机结合起来,保证小型微型企业依法平等获取生产要素、公平参与市场竞争、同等受到法律保护,促进小型微型企业增加总量、转型升级。

附件：

填报单位：西藏自治区工商局

小型微型企业数量分析测算表

(一)

类型		国有集体企业（万户）	外资企业（万户）	私营企业（万户）	各类企业合计（万户）
小型微型企业占比		57.94%	86.81%	80.00%	72.32%
2011年度	2011年各类企业数量	0.3783	0.0144	0.6809	1.0736
	2011年小型微型企业数量	0.2192	0.0125	0.5447	0.7764
2012年度	2012年各类企业数量	0.5729	0.0208	1.0432	1.6369
	2012年小型微型企业数量	0.3319	0.0181	0.8345	1.1838
2013年一季度	2013年一季度各类企业数量	0.5793	0.0211	1.1008	1.7012
	2013年一季度小型微型企业数量	0.3357	0.0183	0.8806	1.2303

(二)

行业	小型微型企业标准	占各类企业的比例（%）	其中		占各类企业的比例（%）	2011年小型微型企业数量（万户）	2012年小型微型企业数量（万户）	2013年一季度小型微型企业数量（万户）
(1)农、林、牧、渔业	营业收入500万元以下	1.41	小型	营业收入50万元及以上	0.45	0.0048	0.0073	0.0076
			微型	营业收入50万元以下	0.96	0.0103	0.0157	0.0163
(2)工业	从业人员300人以下，或营业收入2000万元以下	4.15	小型	从业人员20人及以上，且营业收入300万元及以上	1.03	0.0111	0.0169	0.0176
			微型	从业人员20人以下或营业收入300万元以下	3.12	0.0335	0.0511	0.0531
(3)建筑业	营业收入6000万元以下，或资产总额5000万元以下	8.74	小型	营业收入300万元及以上，且资产总额300万元及以上	3.40	0.0365	0.0557	0.0578
			微型	营业收入300万元以下或资产总额300万元以下	5.34	0.0573	0.0874	0.0908

续表

行业	小型微型企业标准	占各类企业的比例(%)	其中		占各类企业的比例(%)	2011年小型微型企业数量(万户)	2012年小型微型企业数量(万户)	2013年一季度小型微型企业数量(万户)
(4)批发业	从业人员20人以下,或营业收入5000万元以下	8.96	小型	从业人员5人及以上,且营业收入1000万元及以上	2.10	0.0225	0.0343	0.0357
			微型	从业人员5人以下或营业收入1000万元以下	6.86	0.0737	0.1124	0.1168
(5)零售业	从业人员50人以下,或营业收入500万元以下	15.48	小型	从业人员10人及以上,且营业收入100万元及以上	2.20	0.0236	0.0360	0.0374
			微型	从业人员10人以下或营业收入100万元以下	13.28	0.1426	0.2174	0.2260
(6)交通运输业	从业人员300人以下,或营业收入3000万元以下	1.15	小型	从业人员20人及以上,且营业收入200万元及以上	0.30	0.0032	0.0049	0.0051
			微型	从业人员20人以下或营业收入200万元以下	0.85	0.0091	0.0139	0.0144
(7)仓储业	从业人员100人以下,或营业收入1000万元以下	0.14	小型	从业人员20人及以上,且营业收入100万元及以上	0.05	0.0005	0.0008	0.0008
			微型	从业人员20人以下或营业收入100万元以下	0.09	0.0010	0.0015	0.0016
(8)邮政业	从业人员300人以下,或营业收入2000万元以下	0.44	小型	从业人员20人及以上,且营业收入100万元及以上	0.05	0.0005	0.0008	0.0008
			微型	从业人员20人以下或营业收入100万元以下	0.39	0.0042	0.0064	0.0067

续表

行业	小型微型企业标准	占各类企业的比例（%）	其中		占各类企业的比例（%）	2011年小型微型企业数量（万户）	2012年小型微型企业数量（万户）	2013年一季度小型微型企业数量（万户）
(9)住宿业	从业人员100人以下,或营业收入2000万元以下	2.99	小型	从业人员10人及以上,且营业收入100万元及以上	1.31	0.0141	0.0215	0.0223
			微型	从业人员10人以下或营业收入100万元以下	1.68	0.0180	0.0274	0.0285
(10)餐饮业	从业人员100人以下,或营业收入2000万元以下	0.91	小型	从业人员10人及以上,且营业收入100万元及以上	0.27	0.0029	0.0044	0.0046
			微型	从业人员10人以下或营业收入100万元以下	0.64	0.0069	0.0105	0.0109
(11)信息传输业	从业人员100人以下,或营业收入1000万元以下	2.71	小型	从业人员10人及以上,且营业收入100万元及以上	0.31	0.0033	0.0050	0.0052
			微型	从业人员10人以下或营业收入100万元以下	2.40	0.0258	0.0393	0.0409
(12)软件和信息技术服务业	从业人员100人以下,或营业收入1000万元以下	1.41	小型	从业人员10人及以上,且营业收入50万元及以上	0.11	0.0012	0.0018	0.0019
			微型	从业人员10人以下或营业收入50万元以下	1.29	0.0139	0.0212	0.0220
(13)房地产开发经营	营业收入1000万元以下,或资产总额5000万元以下	0.97	小型	营业收入100万元及以上,且资产总额2000万元及以上	0.30	0.0032	0.0049	0.0051
			微型	营业收入100万元以下或资产总额2000万元以下	0.67	0.0072	0.0110	0.0114

续表

行业	小型微型企业标准	占各类企业的比例（%）	其中		占各类企业的比例（%）	2011年小型微型企业数量（万户）	2012年小型微型企业数量（万户）	2013年一季度小型微型企业数量（万户）
（14）物业管理	从业人员300人以下，或营业收入1000万元以下	0.22	小型	从业人员100人及以上，且营业收入500万元及以上	0.02	0.0002	0.0003	0.0003
			微型	从业人员100人以下或营业收入500万元以下	0.20	0.0022	0.0034	0.0035
（15）租赁和商务服务业	从业人员100人以下，或资产总额8000万元以下	9.51	小型	从业人员10人及以上，且资产总额100万元及以上	1.73	0.0186	0.0284	0.0295
			微型	从业人员10人以下或资产总额100万元以下	7.78	0.0835	0.1273	0.1323
（16）其他未列明行业	从业人员100人以下	13.13	小型	从业人员10人及以上	6.12	0.657	0.1002	0.1041
			微型	从业人员10人以下	7.01	0.0753	0.1148	0.1193
所有行业汇总		72.32	小型		19.74	0.2119	0.3231	0.3358
			微型		52.58	0.5645	0.8607	0.8945

统计说明：按照工信部等四部委《中小企业划型标准规定》，根据2011年度企业年检数据，统计本地区2011年度小型微型企业数及在企业总数所占比例，并根据数据测算本地区2012年度和2013年一季度小型微型企业数及在企业总数中的比例。

陕西省小型微型企业发展情况报告

陕西省工商行政管理局

一、我省中小型微型企业发展的基本情况

截至今年一季度末,全省实有各类市场主体(包括国有、集体企业、外商投资企业、私营企业、个体工商户、农民专业合作社)户数为128.51万户,其中各类企业35.67万户,个体工商户90.97万户,农民专业合作社1.67万户。

按照工信部、国家统计局、国家发改委、财政部2011年6月联合印发的《中小企业划型标准规定》及《国家工商总局关于请报送小型微型企业发展情况的通知》(办字[2013]29号)附件(二)小型微型企业标准,我们综合利用2011年度企业年检数据,根据从业人员、营业收入、资产总额三项指标,对我省小型微型企业数量进行了分析测算。在各类企业中,小型微型企业约占82.76%,其中,在国有集体企业中,小型微型企业约占76%;外资企业中,小型微型企业约占51.2%;私营企业中,小型微型企业约占88%。截至今年一季度末,我省小型微型企业约为29.53万户,其中,国有集体小型微型企业约为8.5万户,外资小型微型企业约为0.11万户,私营小型微型企业约为21.08万户。全省个体工商户每年新增12万户左右(部分个体户转型升级为企业以及歇业等因素,所以总量递增有所减缓)。农民专业合作社也由2008年的3443户增加到目前的16686户,成为有史以来发展最快的时期。中小型微型企业的快速发展为社会提供了更多的就业岗位。在吸纳社会人员就业方面,发挥了不可替代的作用。

当前,我省小型微型企业主要有以下特点:一是微型企业数量占绝对多数。

在各类企业中,小型微型企业约占 82.78%,其中小型企业占 15%、微型企业约占 68%,小型与微型企业的比例约为 1:22。二是私营小型微型企业是小型微型企业的主体。从我省小型微型企业的所有制结构看,私营小型微型企业的数量占我省小型微型企业数量的 71%。三是行业分布相对集中,市场主体投资重点依然是第三产业。四是外资企业增长放缓。随着产业结构的调整和全球经济不景气及金融危机负面效应的持续蔓延,外资企业登记量呈下降趋势。通过统计分析,我省小型微型企业相对集中的行业为:批发业占 24.74%,约为 7.59 万户;零售业占 15.79%,约为 4.4 万户;工业占 7.96%,约为 2.18 万户;农、林、牧、渔业占 6.80%,约为 1.63 万户。这四大行业中的小型微型企业总计 15.8 万户,占到小型微型企业总数的一半以上。

二、主要工作及做法

一是优化产业结构,放宽准入门槛,引导小型微型企业转型升级。全省各级工商行政管理机关充分发挥工商职能作用,继续坚持"增加总量、扩大规模、鼓励先进、淘汰落后"方针,按照"非禁即入"的原则,在名称登记、准入登记、商标、广告、合同方面给予小型微型企业专门的扶持措施,使小型微型企业与国有企业享受同等待遇,不断深化登记注册效能建设,利用登记、年检、工商人员日常巡查,全面掌握小型微型企业经营情况及基本信息,积极引导小型微型企业转型升级。

二是进一步完善工商部门促进小型微型企业发展的政策措施。近年来,我省相继出台了一系列旨在促进小型微型企业发展的政策措施,如《关于促进中小企业健康发展的实施意见》、《关于支持民间投资健康发展的实施意见》、《陕西省关于支持民办高校及助学机构发展的意见》等。省工商局也出台了支持小型微型企业发展的相关政策措施,如支持《关于鼓励全民创业、支持和引导个体私营经济等非公有制经济发展的意见》(32 条),特别是从今年元月起注册资本 50 万元以下小型微型公司可"免首付",对小型微型企业登记注册"免收费",为广大投资者营造了良好的市场主体准入环境和投资发展环境。使我省中小型微型企业持续快速健康发展。

三是努力打造服务型工商,积极开展惠企便民活动。紧紧围绕鼓励全民创业、服务地方经济和促进社会和谐的目标,营造良好的发展环境,积极鼓励、支持和引导中小型微型企业又好又快发展。今年以来,全系统先后通过问卷调查,走访中小型微型企业活动,对全省中小型微型企业的生产经营等情况进行了一次全面调研,基本掌握了中小型微型企业的发展现状。允许公司股权、商标权、采矿权、林权出资,允许债权转为股权。推动民间资本创办小额贷款公司及融资性担保公司,有效缓解了小型微型企业资金短缺的现实困难。

三、当前我省小型微型企业发展存在的主要问题

一是在规模、产业结构和布局方面还不尽合理。我省小型微型企业不仅总体规模与发达省份相比明显较少且单个企业规模普遍偏小,在产业结构上,小型微型企业在能源、交通、通信、金融、市政公用、基础设施等领域涉足不够,批发零售业、居民服务和其他服务业、住宿和餐饮业仍是小型微型企业从事的主要行业,截至目前,我省小型微型企业户数在批发零售业和住宿餐饮业所占的比重达到了近一半,从布局来看,区域分布很不均衡,我省小型微型企业主要集中在关中地区,陕南、陕北滞后。全省的小型微型企业中,关中地区占72%,陕南地区占16%,陕北地区占12%。

二是小型微型企业的金融服务环境依然有待完善。金融服务仍然是影响其进一步发展的突出问题。据省2012年的调研资料,在资金运营方面,有72%的个体工商户是自有资金,20%是民间贷款,银行贷款的很少;小型微型企业有28%是增资扩股,21%是银行贷款,46%是民间借贷,1.3%是上市融资。因此,融资难或者资金短缺问题,影响了小型微型企业增长方式的转变,制约了小型微型企业自主创新能力和"走出去"战略的实施。

三是小型微型企业的市场准入仍然还存在歧视性政策问题。尽管省委、省政府在政策层面为小型微型企业发展出台了一些政策措施,但在具体落实中,市场开放还存在"真开放"和"假开放"的问题,比较突出的是以资本实力、技术水平和从业资历等各种理由抬高行业准入门槛,使小型微型企业进不去。从我省注册登记企业的行业分布来看,这种现象主要表现在一些垄断行业、公用事业和

基础设施领域,如仅有0.019%的个体工商户和0.33%的小型微型企业从事电力、燃气及水的供应业,0.014%的个体工商户和0.43%的小型微型企业从事金融服务业,小型微型企业从事邮政、电信行业的更是寥寥无几。

四、进一步加快小型微型企业发展的主要措施

一是认真落实国务院和省政府关于支持小型微型企业发展的政策措施。进一步放宽市场准入,按照"非禁即入"的原则,支持民间资本进入所有法律法规和政策未明确禁入的行业和领域。加强对小型微型企业免收登记注册费用政策落实情况的督查,确保各项政策落实到位。

二是实施我省小型微型企业发展追赶战略。我省小型微型企业发展同发达省份相比,在发展规模以及数量、质量等方面仍存在一定差距,要不断学习兄弟省市先进经验,立足我省实际,制定和完善支持小型微型企业发展的优惠政策及目标规划,进一步调整优化我省转变小型微型企业发展结构,支持小型微型企业增量提质,提高竞争能力。

三是建立和完善创业扶持机制。结合西部大开发制定有关扶持政策,引导小型微型企业积极参与"关中—天水经济区"建设和"宝鸡副中心城市建设,使小型微型企业在区域经济建设中得到发展壮大,使区域经济建设在小型微型企业的参与下得到全面、持续、协调和健康发展。深化商标实施战略,促进小型微型企业品牌化经营。着力构筑小型微型企业的创业承载、创业融资和创业辅导平台,强化创业支撑,为创业资金要求较低、经营条件要求不高的"微型企业"营造更加宽松的创业环境,推动以创业带动就业工作,打造全民创业的"成本洼地"和"政策高地"。

四是进一步提高工商部门服务小型微型企业发展的能力和水平。要强化服务意识,坚持定期对小型微型企业的登记数量、行业分布、发展趋势进行分析,为党委政府决策和小型微型企业投资提供参考服务。要加强调查研究,增强工作的针对性、有效性。围绕小型微型企业发展,明确目标任务,加强工作考核,全力促进小型微型企业快速健康发展。

附件：

填报单位：陕西省工商局

小型微型企业数量分析测算表

（一）

类型		国有集体企业（万户）	外资企业（万户）	私营企业（万户）	各类企业合计（万户）
小型微型企业占比		76%	51.2%	88.50%	82.76%
2011年度	2011年各类企业数量	12.19	0.2	21.63	34.1
	2011年小型微型企业数量	8.8	0.1	16.9	25.80
2012年度	2012年各类企业数量	11.63	0.2	23.78	35.61
	2012年小型微型企业数量	8.2	0.1	19.53	27.83
2013年一季度	2013年一季度各类企业数量	11.1	0.2	23.93	35.67
	2013年一季度小型微型企业数量	8.3	0.1	21.08	29.53

（二）

行业	小型微型企业标准	占各类企业的比例（%）	其中		占各类企业的比例（%）	2011年小型微型企业数量（万户）	2012年小型微型企业数量（万户）	2013年一季度小型微型企业数量（万户）
(1)农、林、牧、渔业	营业收入500万元以下	6.80	小型	营业收入50万元及以上	2.20	0.69	0.77	0.78
			微型	营业收入50万元以下	4.60	1.60	1.63	1.64
(2)工业	从业人员300人以下，或营业收入2000万元以下	7.96	小型	从业人员20人及以上，且营业收入300万元及以上	1.65	0.49	0.53	0.59
			微型	从业人员20人以下或营业收入300万元以下	6.31	1.98	2.18	2.25
(3)建筑业	营业收入6000万元以下，或资产总额5000万元以下	4.95	小型	营业收入300万元及以上，且资产总额300万元及以上	1.28	0.45	0.45	0.46
			微型	营业收入300万元以下或资产总额300万元以下	3.67	1.20	1.25	1.31

续表

行业	小型微型企业标准	占各类企业的比例(%)	其中		占各类企业的比例(%)	2011年小型微型企业数量(万户)	2012年小型微型企业数量(万户)	2013年一季度小型微型企业数量(万户)
(4)批发业	从业人员20人以下,或营业收入5000万元以下	24.74	小型	从业人员5人及以上,且营业收入1000万元及以上	3.34	1.08	1.16	1.19
			微型	从业人员5人以下或营业收入1000万元以下	21.40	7.10	7.59	7.63
(5)零售业	从业人员50人以下,或营业收入3000万元以下	15.79	小型	从业人员10人及以上,且营业收入100万元及以上	3.40	1.09	1.19	1.21
			微型	从业人员10人以下或营业收入100万元以下	12.39	3.99	4.4	4.44
(6)交通运输业	从业人员300人以下,或营业收入1000万元以下	1.42	小型	从业人员20人及以上,且营业收入200万元及以上	0.56	0.15	0.19	0.2
			微型	从业人员20人以下或营业收入200万元以下	0.86	0.25	0.29	0.3
(7)仓储业	从业人员100人以下,或营业收入1000万元以下	0.28	小型	从业人员20人及以上,且营业收入100万元以上	0.09	0.02	0.03	0.03
			微型	从业人员20人以下或营业收入100万元及以下	0.19	0.06	0.07	0.07
(8)邮政业	从业人员300人以下,或营业收入2000万元以下	0.71	小型	从业人员20人及以上,且营业收入100万元及以上	0.01	0	0.01	0.01
			微型	从业人员20人以下或营业收入100万元以下	0.70	0.21	0.24	0.25

续表

行业	小型微型企业标准	占各类企业的比例（%）	其中		占各类企业的比例（%）	2011年小型微型企业数量（万户）	2012年小型微型企业数量（万户）	2013年一季度小型微型企业数量（万户）
（9）住宿业	从业人员100人以下，或营业收入2000万元以下	1.35	小型	从业人员10人及以上，且营业收入100万元及以上	0.12	0.03	0.04	0.04
			微型	从业人员10人以下或营业收入100万元以下	1.23	0.3	0.4	0.44
（10）餐饮业	从业人员100人以下，或营业收入2000万元以下	2.28	小型	从业人员10人及以上，且营业收入100万元及以上	0.10	0.03	0.04	0.04
			微型	从业人员10人以下或营业收入100万元以下	2.18	0.7	0.77	0.78
（11）信息传输业	从业人员100人以下，或营业收入1000万元以下	2.10	小型	从业人员10人及以上，且营业收入100万元及以上	0.10	0.02	0.03	0.04
			微型	从业人员10人以下或营业收入100万元以下	2.00	0.68	0.71	0.71
（12）软件和信息技术服务业	从业人员100人以下，或营业收入1000万元以下	3.20	小型	从业人员10人及以上，且营业收入50万元及以上	0.15	0.05	0.06	0.06
			微型	从业人员10人以下或营业收入50万元以下	3.05	0.10	0.11	0.11
（13）房地产开发经营	营业收入1000万元以下，或资产总额5000万元以下	2.26	小型	营业收入100万元及以上，且资产总额2000万元及以上	0.37	0.10	0.12	0.13
			微型	营业收入100万元以下或资产总额2000万元以下	1.89	0.61	0.66	0.67

续表

行业	小型微型企业标准	占各类企业的比例（%）	其中		占各类企业的比例（%）	2011年小型微型企业数量（万户）	2012年小型微型企业数量（万户）	2013年一季度小型微型企业数量（万户）
（14）物业管理	从业人员300人以下，或营业收入1000万元以下	2.00	小型	从业人员100人及以上，且营业收入500万元及以上	0.01	0.002	0.003	0.003
			微型	从业人员100人以下或营业收入500万元以下	1.99	0.68	0.7	0.71
（15）租赁和商务服务业	从业人员100人以下，或营业收入8000万元以下	4.98	小型	从业人员10人及以上，且营业收入100万元及以上	0.52	0.14	0.18	0.19
			微型	从业人员10人以下或营业收入100万元以下	4.46	1.51	1.59	1.61
（16）其他未列明行业	从业人员100人以下	4.60	小型	从业人员10人及以上	1.20	0.36	0.42	0.43
			微型	从业人员10人以下	3.40	1.10	1.2	1.21
所有行业汇总		82.76	小型		15	4.0	5.22	5.40
			微型		18	22.777	23.79	24.13

甘肃省小型微型企业发展情况报告

甘肃省工商行政管理局

近年来,我省工商系统紧紧围绕"加快发展、转型跨越"这一主题,深入贯彻省委、省政府《关于推进全省非公有制经济跨越式发展意见》和甘肃省人民政府《关于促进小型微型企业发展的指导意见》,突出"循环经济"和"统筹发展"两大特色,积极开展"增量提质"工程,优化投资环境,鼓励全民创业,提升服务水平,使我省的小型微型企业取得了较快发展,小型微型企业市场主体的比重逐步加大。

一、我省小型微型企业基本情况

目前我省小型微型企业经营领域涉及冶金化工、金属材料、采矿选矿、装备制造、农产品加工、建筑建材、医药食品、交通运输、商业饮食、金融服务、社会中介等多种行业。

截至2013年一季度,全省实有各类注册登记的小型微型企业7.58万户,其中小型企业2.04万户,微型企业5.52万户,其中,国有集体企业中小型微型企业1.41万户,私营企业中有小型微型企业6.12万户,外资企业中有小型微型企业0.0407万户。

二、我省小型微型企业发展主要特点

一是私营小型微型企业数量占小型微型企业总数增大。从我省小型微型企业的所有制结构来看,全省目前共有私营企业中有小型微型企业6.12万户,占总数的80.8%,国有集体中小型微型企业占总数的18.67%。二是第三产业在小型微型企业中户数最多。在全部小型微型企业中,属于第三产业的小型微型企业户数5.3857万户,约占小型微型企业总户数的71.13%。三是微型企业数量占优。在各类企业中,小型微型企业约占全省企业总数的39.47%。微型企业与小型企业户数之比是2.76:1。

三、主要工作

（一）落实各项优惠政策。

放宽企业准入。全省各级工商登记机关认真落实省委、省政府《关于推进全省非公有制经济跨越式发展意见》和甘肃省人民政府《关于促进小型微型企业发展指导意见》,坚持"非禁即入"的原则,着力拓宽小型微型企业投资领域。除涉及前置审批的和法律法规明令禁止的,允许创业人员自主选择经营项目。落实收费减免,从2013年1月1日起,在全省统一停征企业注册登记费、个体工商户注册登记费。对大中专毕业生、城镇失业人员、退役士兵、残疾人等困难群体初次创业申办企业的,实行注册资本零首期缴纳。不断为企业发展创造宽松环境,进一步支持小型微型企业加快发展。

（二）开辟绿色登记通道,提升服务质量。

全省各级工商登记机关专门开辟了小型微型企业"绿色通道",倡导主动服务、限时服务、预约服务、延时服务等方式为小型微型企业提供优质、高效、方便、快捷的注册登记服务。指定专人负责与小型微型企业进行联系,提供法律政策咨询,采取提前介入和主动上门,为小型微型企业登记提供现场帮助指导,实行近距离、无障碍服务。对符合条件,符合法定形式,材料齐全的,及时办理工商营业执照。

（三）定期走访小型微型企业,提升服务水平。

今年以来,全省工商系统围绕助力小型微型企业发展,开展帮扶活动,深入企业开展调研帮扶。建立工商联络员制度,定期回访小型微型企业,采取跟踪服务的方式,在商标注册、法律服务、经营转制等多方面开展行政指导,督促小型微型企业依法经营。通过开展走访企业活动，了解企业的经营状况，积极帮助协调解决企业经营中遇到的实际问题，帮助小型微型企业做大做强。

（四）利用工商部门职能，助推企业发展。

一是对小型微型企业经营领域涉及其他部门的，主动加强沟通协调，及时进行移交并跟踪掌握进展情况，实现了一对一、多对一联系服务，努力促进小型微型企业稳健经营发展。二是积极与劳动就业局、工会等部门联合，加强对小型微型企业从业人员的培训，开展政策法规、职业道德、职业技能等培训，提高小型微型企业创业和从业人员的综合素质、职业技能。三是有序组织小型微型企业座谈会等活动，为小型微型企业创业发展牵线搭桥，促进小型微型企业健康有序发展。

（五）出台非公有制经济发展政策，改善小型微型企业发展环境。

2012年10月，省委、省政府出台了《关于推动非公有制经济跨越式发展的意见》，省政府办公厅印发了《推动全省非公有制经济跨越发展十大工程实施方案》，要求各级政府要把发展非公经济纳入重要议事日程，制定推动非公经济发展尤其是小型微型企业发展实施办法。省直各部门、各单位也相继制定出台支持非公经济跨越发展的具体措施，齐心协力推进小型微型企业发展。相继建立完善考核激励机制，层层落实目标责任制，强化绩效考核。目前已有52个部门和单位出台了促进非公经济发展的政策措施。同时发改、交通、商务等部门还推出了一批支持民营经济投资建设的重大项目。全省推动小型微型企业跨越发展的政策环境明显改善。

（六）积极开展行动，加大招商引资工作力度。

省政府把开展招商引资作为促进非公经济发展尤其是小型微型企业发展的重大举措来抓，积极行动，全力招商引资。2012年，省工商局借力"兰洽会"引进项目149个，涉及22个行业和领域，投资总额207亿元，合同金额182亿元，比上届"兰洽会"增长了47.1%。2013年5月27日，省工商局积极配合省工商联，依托全国工商联在兰州召开常委会的契机，策划组织开展"民企陇上行"专项行动。该项活动得到了国家工商总局和全国个体私营企业协会的大力支持和帮助，目前已与13个省区市签订项目引进协议30个、协议金额317.74亿元。通过招商引资，引导国内大型民营企业融入甘肃新一轮社会经济跨越式发展，有效拓展了小型微型企业依托大型民营企业集团在甘肃经济发展的空间,小型微型企业在经济转变方式、调结构,培育经济增长等方面呈现出了更多新亮点。

四、存在的问题

一是小型微型企业市场主体总量小、发展缓慢。我省小型微型企业只占全省企业总数的54.4%,小型微型企业总量偏小,整体发展缓慢。

二是小型微型企业抵御市场风险能力弱。小型微型企业总体投资规模小,起点低,科技含量不高,新型产业少,现代服务业发展缓慢;特别是民营经济中小型微型企业经济行业结构不合理,在市场竞争中,抵御风险的能力不强。

三是小型微型企业融资难。由于信贷资金供给的结构性矛盾突出,小型微型企业融资仍然十分困难。特别是部分商业银行对小型微型企业领域的信贷,在准入政策上虽无固定约定,但实际对信贷进入资格设置过高门槛。

五、促进我省小型微型企业发展的建议

基于目前小型微型企业的发展现状及存在的问题,今后我省小型微型企业发展既要增加总量,又要提高质量,需要做好以下几项工作。

(一)深化认识,为小型微型企业发展创造宽松环境。

要大力宣传支持小型微型企业发展的方针、政策,使全社会形成关心、支持、参与小型微型企业发展的浓厚氛围。要进一步清理和取消阻碍小型微型企业发展的政策和规定,继续放宽市场准入,毫不动摇地巩固和发展小型微型企业,把鼓励和支持小型微型企业发展作为一项长期坚持的基本方针,创造小型微型企业发展的宽松环境。

(二)多管齐下,为小型微型企业发展拓展融资渠道。

一是要发挥工商部门协调服务功能,选择具有良好发展前景的小型微型企业,组织"银企"对接、"牵线搭桥"。解决小型微型企业贷款难问题。二是要积极开展动产抵押、股权质押和注册商标专用权质押登记,指导小型微型企业利用抵押、质押担保进行融资,为小型微型企业进一步拓宽融资渠道。三是要稳妥推

动民间资本创办小额贷款公司,为金融机构提供企业的工商注册和抵押登记、出质登记信息查询服务,支持建立面向小型微型企业的金融服务体系和信用担保体系。积极建立和试行非全额担保和非完全抵押的贷款服务和信用贷款。要按照《中小企业促进法》,积极探索适合市场需求的中小企业担保体系发展模式。

(三)创新服务机制,引导小型微型企业做优做大做强。

一是积极鼓励符合国家产业政策、具有竞争优势的小型微型企业做大、做强、做活,引导规模较大的个体工商户升级为小型微型企业。从现有的小型微型企业中筛选出一批已初具规模,有较好发展前途的企业进行重点扶持,领导重点包帮,有关部门定向扶持,给予宽松政策,促其快速发展。二是支持服务业小型微型企业开展连锁经营,实现规模化、集约化发展。三是根据不同行业、不同规模小型微型企业的特点,研究制定针对"微型企业"的扶持措施。四是引导小型微型企业要向加工业进军。紧紧围绕工业强省发展战略,着力发展特色型、规模型、群体型小型微型企业工业,鼓励小型微型企业投资开发性农业、生态农业和特色农业,大力培育和发展绿色食品生产项目、产业化龙头企业、各类加工小区,进一步提高小型微型企业在第二产业中的比重。七是鼓励和引导小型微型企业开发建设各类农村产品特别是绿色食品、地工产品、生产资料等专业批发、商品交易市场,同时涉足劳动力、人才、科技、信息等生产要素市场。

(四)实施商标品牌战略,助推小型微型企业发展壮大。

一是鼓励小型微型企业争创中国驰名商标、甘肃省著名商标,制定创商标发展规划,定期上门走访,组织培训,引导小型微型企业增强商标品牌意识。二是鼓励小型微型企业加大科技创新和产品研发力度,提高自主创新能力。三是扩大企业影响。指导和教育广大小型微型企业积极开展广告宣传,扩大产品市场占有率。强化营销手段。采取专卖、超市、连锁、网络等现代营销手段,最大限度地开拓市场,获取更大的效益。

(五)不断拓展职能优势,推动小型微型企业增量提质。

一是充分利用工商职能覆盖市场主体准入、退出和经营行为全过程的职能优势,支持具有自主知识产权的技术作为新能源、新医药等新兴产业公司的出资,允许公司股权、商标权、采矿权、林权出资,允许债权转为股权。二是积极引导企业二、三产业分离,对主营业务突出、效益良好的二产企业,引导其采取独资、参股等形式将三产业务剥离设立小型微型三产企业，依托二产企业提升小型微型企业发展质量。三是引导小型微型企业转型升级，调整优化产业结构，鼓励小型微型企业大力发展新能源、新材料、新医药、新信息等战略性新兴产业。

（六）坚持"帮助扶持企业发展、帮助推进企业党建，促进全省非公有制经济平稳较快发展"。

省非公企业工委要求，工商干部要牢记神圣使命，不负党委重托，切实把省委、省政府《关于推进全省非公有制经济跨越式发展意见》和甘肃省人民政府《关于促进小型微型企业发展的指导意见》，贯彻落实到小型微型企业党建工作中，努力通过加强党建工作、履行工商职能，更好地服务全省小型微型企业发展。一要善于运用执法资源，切实做好注册登记、市场监管、行政执法、消费维权、商标广告等工作，引导和帮助非公有制企业在转变经济发展方式中捕捉商机，从国务院办公厅《关于进一步支持甘肃经济社会发展的若干意见》和批准设立甘肃循环经济示范区等重大政策中寻找新的投资领域，培育新的经济增长点。二要充要分发挥工商部门的职能、队伍、经验等优势，重点抓好个体工商户、专业市场和小型微型企业三个领域的党建工作，通过扩大党组织覆盖面、发挥党组织作用，带动小型微型企业发展。

附件：

填报单位：甘肃省工商局

小型微型企业数量分析测算表

行业	小型微型企业标准	占各类企业的比例（%）	其中		占各类企业的比例（%）	2011年小型微型企业数量（万户）	2012年小型微型企业数量（万户）	2013年一季度小型微型企业数量（万户）
(1)农、林、牧、渔业	营业收入500万元以下	2.99	小型	营业收入50万元及以上	1.07	0.1343	0.1516	0.1516
			微型	营业收入50万元以下	1.92	0.2423	0.2989	0.3147
(2)工业	从业人员300人以下，或营业收入2000万元以下	9.77	小型	从业人员20人及以上，且营业收入300万元及以上	2.89	0.3646	0.356	0.3582
			微型	从业人员20人以下或营业收入300万元以下	6.88	0.8676	0.9147	0.9299
(3)建筑业	营业收入6000万元以下，或资产总额5000万元以下	3.25	小型	营业收入300万元及以上，且资产总额300万元及以上	1.27	0.1603	0.1662	0.1466
			微型	营业收入300万元以下或资产总额300万元以下	1.98	0.2492	0.2873	0.2848
(4)批发业	从业人员20人以下，或营业收入5000万元以下	10.41	小型	从业人员5人及以上，且营业收入1000万元及以上	2.58	0.3258	0.3324	0.3424
			微型	从业人员5人以下或营业收入1000万元以下	7.83	0.9861	1.0164	1.1479
(5)零售业	从业人员50人以下，或营业收入500万元以下	12.30	小型	从业人员10人及以上，且营业收入100万元及以上	3.12	0.3929	0.3954	0.4207
			微型	从业人员10人以下或营业收入100万元以下	9.18	1.1582	1.2153	1.1884

续表

行　业	小型微型企业标准	占各类企业的比例(%)	其　中		占各类企业的比例(%)	2011年小型微型企业数量(万户)	2012年小型微型企业数量(万户)	2013年一季度小型微型企业数量(万户)
(6)交通运输业	从业人员300人以下,或营业收入3000万元以下	1.83	小型	从业人员20人及以上,且营业收入200万元及以上	0.29	0.0364	0.0417	0.0407
			微型	从业人员20人以下或营业收入200万元以下	1.54	0.1944	0.2118	0.2164
(7)仓储业	从业人员100人以下,或营业收入1000万元以下	0.35	小型	从业人员20人及以上,且营业收入100万元及以上	0.09	0.0119	0.0119	0.014
			微型	从业人员20人以下或营业收入100万元以下	0.26	0.0326	0.0352	0.0354
(8)邮政业	从业人员300人以下,或营业收入2000万元以下	0.31	小型	从业人员20人及以上,且营业收入100万元及以上	0.05	0.0065	0.0064	0.0078
			微型	从业人员20人以下或营业收入100万元以下	0.26	0.0332	0.0377	0.0372
(9)住宿业	从业人员100人以下,或营业收入2000万元以下	0.63	小型	从业人员10人及以上,且营业收入100万元及以上	0.24	0.0297	0.0308	0.0322
			微型	从业人员10人以下或营业收入100万元以下	0.39	0.0495	0.0578	0.0613
(10)餐饮业	从业人员100人以下,或营业收入2000万元以下	1.20	小型	从业人员10人及以上,且营业收入100万元及以上	0.48	0.0608	0.0659	0.0692
			微型	从业人员10人以下或营业收入100万元以下	0.72	0.0902	0.1005	0.1083
(11)信息传输业	从业人员100人以下,或营业收入1000万元以下	0.97	小型	从业人员10人及以上,且营业收入100万元及以上	0.14	0.0179	0.0196	0.0136
			微型	从业人员10人以下或营业收入100万元以下	0.83	0.1043	0.1177	0.1128

续表

行业	小型微型企业标准	占各类企业的比例（%）	其中		占各类企业的比例（%）	2011年小型微型企业数量（万户）	2012年小型微型企业数量（万户）	2013年一季度小型微型企业数量（万户）
（11）信息传输业	从业人员100人以下，或营业收入1000万元以下	0.97	小型	从业人员10人及以上，且营业收入100万元及以上	0.14	0.0179	0.0196	0.0136
			微型	从业人员10人以下或营业收入100万元以下	0.83	0.1043	0.1177	0.1128
（12）软件和额信息技术服务业	从业人员100人以下，或营业收入1000万元以下	0.70	小型	从业人员10人及以上，且营业收入50万元及以上	0.16	0.0208	0.0224	0.0175
			微型	从业人员10人以下或营业收入50万元以下	0.54	0.0675	0.0792	0.0758
（13）房地产开发经营	营业收入1000万元以下，或资产总额5000万元以下	1.32	小型	营业收入100万元及以上，且资产总额2000万元及以上	0.33	0.0413	0.0471	0.0483
			微型	营业收入100万元以下或资产总额2000万元以下	0.99	0.1251	0.1402	0.1495
（14）物业管理	从业人员300人以下，或营业收入1000万元以下	0.90	小型	从业人员100人及以上，且营业收入500万元及以上	0.09	0.0114	0.0135	0.0065
			微型	从业人员100人以下或营业收入500万元以下	0.81	0.1026	0.1144	0.1018
（15）租赁和商务服务业	从业人员100人以下，或资产总额8000万元以下	3.37	小型	从业人员10人及以上，且资产总额100万元及以上	1.13	0.1423	0.1529	0.1232
			微型	从业人员10人以下或资产总额100万元以下	2.24	0.2829	0.3096	0.3931
（16）其他未列明行业	从业人员100人以下	4.11	小型	从业人员10人及以上	0.96	0.1215	0.1395	0.1469
			微型	从业人员10人以下	3.15	0.3968	0.4608	0.4748

续表

行业	小型微型企业标准	占各类企业的比例(%)	其中		占各类企业的比例(%)	2011年小型微型企业数量（万户）	2012年小型微型企业数量（万户）	2013年一季度小型微型企业数量（万户）
所有行业汇总		54.41	小型	小型	14.94	1.8784	1.9533	2.0394
			微型	微型	39.47	4.9825	5.3975	5.5321

统计说明：1. 按照工信部等四部委《中小企业划型标准规定》，根据2011年度企业年检数据，统计本辖区2011年度小型微型企业数及在企业总数所占比例，并根据数据测算本辖区2012年度和2013年度一季度小型微型企业数及在企业总数中的比例。2. 本表统计户数均不含分支机构。

青海省小型微型企业发展情况报告

青海省工商行政管理局

自 2011 年以来,青海省工商局紧紧围绕全省经济发展大局,立足工商行政管理职能,以"调结构、保增长、促发展"为重点,积极营造更加宽松的政策环境、更加高效的登记服务、更加公平的市场环境,全力服务全省各类市场主体发展,全省市场主体数量不断增加,规模不断扩张,结构不断优化,呈现出了强劲的发展势头。

一、基本情况

截至 2013 年一季度末,全省各类企业(含农牧民专业合作社)累计达到 38726 户(其中,分支机构 8400 户),注册资本 2535.68 亿元。与 2012 年年底相比,全省企业户数、注册资本分别增长 5.01%、2.15%。

按照工信部、国家统计局、国家发改委、财政部 2011 年 6 月联合印发的《中小企业划分标准规定》,我们综合利用 2011 年、2012 年企业年检数据,根据从业人员、营业收入、资产总额三项指标,对全省小型企业数量进行了分析测算。截至 2013 年一季度,全省各类企业中,小型微型企业约 34584 户、占全省企业总数的 93.78%,其中,国有集体企业中,小型微型企业约 8565 户、占国有集体企业总数的 78.89%;外商投资企业中,小型微型企业约 343 户、占外商投资企业的 97.98%;私营企业中,小型微型企业约 21248 户、占私营企业的 94.68%。

二、我省小型微型企业的特点

(一)微型企业占到九成以上。

从(表一)可以看出,截至2013年一季度末,全省小型微型企业约为34584户,占全省企业总数的93.78%,较上年增加3.79个百分点,小型微型企业占全省企业的绝大多数。小型微型企业中,小型企业约为1006户,仅占小型微型企业总数的2.91%,小型微型企业比为1∶33.65,我省企业中绝大多数为微型企业,发展规模仍然较小。

(二)小型微型企业主要以私营企业类型存在。

从(表一)可以看出,截至2013年一季度末,内资企业中小型微型企业约为8565户,占内资企业总数的91.21%;外资企业约为343户,占97.98%;私营企业约为21248户,占94.68%,虽然在外商投资企业中小型微型企业占比较高,但由于私营企业数量较大,小型微型私营企业占绝大多数。

(三)小型微企业主要分布在第三产业。

从(表二)可以看出,截至2013年一季度末,全省小型微型企业在农林牧副渔业中,约有1185户,占全省企业总数的3.06%;工业企业中约3691户,占全省企业总数的9.53%;服务业企业中约有30867户,占全省企业总数的81.19%,小型微型企业主要集中在第三产业。从2011年年底与2012年年底的对比情况看,第一产业小型微型企业净增加52户,第二产业小型微型企业净增加603户,第三产业小型微型企业净增加6442户,说明我省小微型服务业企业随着其他产业企业的发展而大幅增加。

三、主要工作

(一)加大政策支持力度,营造宽松的发展环境。

去年我局先后制定了《青海省工商局扶持服务小型微型企业发展的意见》(青工商[2012]54号)、《青海省工商局关于支持文化产业市场主体的意见》(青工商[2012]84号)、《青海省工商局关于鼓励和引导民间投资健康发展的意见》

（青工商[2012]147号）、《青海省工商局关于促进园区经济发展的若干意见》（青工商[2012]200号）等放宽市场准入条件、减轻企业发展负担、提升市场竞争力、营造良好发展环境的政策措施，充分发挥了工商行政管理职能作用，为全省经济发展提供了强有力的支持。省委、省政府主要领导分别作出重要批示，充分肯定了工商部门在全省经济社会发展中的带头作用。

（二）认真开展企业帮扶，切实解决市场主体发展困难。

一是针对小型微型企业融资难的问题，我局充分挖掘职能优势，将小型微型企业可以抵押的动产、商标专用权以及公司股权作为获得金融机构贷款的担保标的，并主动进位，积极搭建工商、银行、企业互通的快速融资渠道，帮助企业贷款融资。二是针对小型微型企业市场竞争力比较弱的问题，加强小型微型企业商标培育，扩大注册商标总量，扶持一批知名商标和著名商标，加大小型微型企业商标品牌培育和奖励力度。同时，及时查处侵犯小型微型企业注册商标专用权和严厉打击非法印制小型微型企业商标的违法行为，切实保护小型微型企业的合法权益。三是针对小型微型企业管理水平较低的问题，全面推行行政指导联系点和行政指导联络员制度，广泛采用行政提示、行政预警、行政告诫、行政约见、行政建议等非强制性手段，指导小型微型企业健康发展；对违法行为轻微，经教育后自觉履行法定义务、及时纠正违法行为，且未造成危害后果的小型微型企业，不予行政处罚；对按期参加企业年检和申请延期参加企业年检的小型微型企业、有轻微违法行为且已及时纠正的小型微型企业均纳入"A"级企业，支持小型微型企业加强诚信建设；积极开展《合同法》宣传教育，免费提供合同示范文本，指导依法签订商品买卖、股权质押、加工承揽、建筑施工、运输仓储、技术转让等合同，有效防止合同欺诈等行为的发生。四是针对小型微型企业信息来源比较窄的问题，进一步加强市场主体信息动态统计分析工作，编写专题调研报告，为小型微型企业发展提供参考。并加强青海省工商局门户网站建设，增设和完善法律法规、企业查询、办事指南、表格下载、政务公开、消费警示、业务咨询等栏目，方便小型微型企业的信息查询。五是针对小型微型企业缺乏人才的问题，通过"企业管理人员培训班"、"专业技术职称评定培训班"、"职业技能培训班"等形式，加大对小型微型企业人员的培训力度。精选10家具有一定知名度和发展潜力的小型微型企业，到省外优秀知名企业进行考察调研，学习质量管理、营销与品牌战略、现代经营管理技术等方面的宝贵经验,进一步开阔眼界,增长阅历。

期间,结合工商行政管理职能,在全系统组织开展了"访千企助发展"帮扶活动。活动中,确定不同行业不同地区不同规模的1000多户企业作为走访对象,层层下达任务,明确责任,认真开展帮扶活动。各地局集中三个多月时间,深入企业进行集中走访,通过走访、座谈,了解企业的基本情况、发展现状以及发展中遇到的一些突出问题,认真制定帮扶计划,狠抓责任落实,去年9月,省局组成6个调研组分赴西宁、海东、海南、海西、海北、黄南、果洛及四个园区开展了"下基层、掌实情、出实招、促落实"调研活动,在深入解决40多户走访企业困难的同时,督促和指导基层局认真研究解决走访中了解到的困难和问题,确保了帮扶活动取得实效。

(三)加强登记窗口建设,继续优化市场主体发展环境。

以提高服务水平、工作效率、工作质量,进一步改进工作作风等为重点,2012年11月,在全省工商系统企业登记"窗口"组织开展了行政效能群众评议活动。通过设置意见簿、发放评议卡、开通评议电话等形式,对窗口办事效率、服务水平、文明程度,以及对企业登记人员业务能力、言行举止、仪容仪表、工作作风等进行评议,认真找出登记窗口存在的问题和不足,有针对性地提出措施,努力加以改进,继续打造热情文明、公平公正、廉洁奉公、爱岗敬业的"窗口"形象,为全省市场主体发展提供了良好的发展环境。今年,我局又在全系统企业登记"窗口"组织开展"岗位学雷锋,履职做贡献"活动,以认真落实企业登记文明服务三项制度为重点,层层开展"文明示范窗口"、"人民满意窗口"、"党员先锋岗"等丰富多彩的载体活动,擦亮企业登记窗口,提升企业登记效能,努力打造公开承诺、亲切服务、依法行政、文明办事的文明服务"窗口"。

(四)完善企业登记制度,不断提高企业登记行政效能。

一是认真推行企业登记"一审一核"制。将传统的受理、预审、审核、核准4个环节改变为审查受理、核准两个环节,并建立重大疑难登记问题审议会议制度,及时研究解决登记中遇到的突出问题,有效提高了工作效率。二是认真落实了《立足企业登记管理职能服务全省经济发展若干措施》(青工商[2008]99号)。从政务信息公开、首办责任、一次性告知、限时办结、跟踪上门等七项服务措施上,为各类市场主体提供了高效便捷、温馨周到的服务。三是实施了限时办结制。为了节省市场主体的准入时间，依照《行政许可法》、《企业登记程序规定》等法律法规，按照不同登记业务，规定登记时限，限时办理申请，进一步缩短了办事时间，为申请人提供了高效便捷的服务。

四、今后工作打算

（一）围绕调结构增后劲，积极开展"三帮三促"活动。

紧紧围绕全省经济社会改革发展大局，以稳增长、调结构、增后劲为重点，以不同行业特色企业为重点，有针对性地帮助企业提高用法能力，促进依法规范经营；帮助企业发挥股权效益，促进融资渠道畅通；帮助企业挖掘登记信息，促进产业结构调整的"三帮三促"活动，与市场主体共同应对发展速度放缓、经济效益下滑的困难期。

（二）围绕扩总量提质量，积极促进全省服务业发展。

以扩大第三产业市场主体总量、提高发展质量为重点，发挥优惠政策的鼓励和引导作用，在省内外深入调研的基础上，探索制定《青海省工商局支持服务业发展的意见》，从市场主体准入、股权效益发挥、商标品牌培育、发展环境优化等方面，制定扶持全省服务业发展的具体政策措施，支持服务业加快发展。

（三）围绕转作风增效能，深入推进"岗位学雷锋，履职做贡献"活动。

以企业登记"窗口"行政效能建设为重点，扎实开展"岗位学雷锋，履职做贡献"活动，进一步调动企业登记人员积极性、主动性和创造性，努力打造热情服务、优质高效、清正廉洁的企业登记服务"窗口"，为小型微型企业发展提供优质高效的登记服务。

（四）围绕抓落实促发展，继续优化企业发展环境。

以落实好各项优惠政策措施为重点，进一步完善企业登记管理机制，优化企业发展环境，服务全省经济社会发展。一是优化企业发展的政策环境。层层建立联系点制度，逐级加大贯彻政策措施的督促检查力度，进一步督促指导基层企业登记机关认真落实国家工商总局、省委、省政府和省局制定的一系列支持市场主体发展的优惠政策。二是优化企业发展的登记环境。以企业登记工作效率、工作作风、服务水平为重点，进一步完善企业登记工作管理机制，加大对企业登记"窗口"的群众监督力度，为各类市场主体营造宽松的发展环境。三是优化企业发展的信息环境。结合区域经济发展规划，以不同区域、不同行业市场主体动态发展情况为重点，编写年度企业发展情况分析报告，并通过发放宣传手册、视频播放、咨询解答和行政指导等方式，主动宣传区域经济发展规划，招商引资项目信息，各类优惠政策措施，促进企业优势互补。四是优化企业发展的服务环境。严格执行限时办结服务有关规定，凡材料齐全，符合法定形式的，当天受理，当天登记。对一些特急项目、特急需求，本着特事先办、特事特办的原则，加班加点，延时服务。五是优化企业发展的融资环境。严格按照法律法规和省局出台的一系列优惠政策，放宽企业出资方式，拓宽企业融资渠道。实行重点项目、重点企业跟踪服务制度，及时指导企业做好注册资本、股东股权等事项的变更登记和登记档案规范工作，支持企业通过股权出资、股权出质、上市融资、发行票据等形式进一步拓宽融资渠道。

附件：

填报单位：青海省工商局

小型微型企业数量分析测算表

(一)

类型		内资企业(万户) 总数(万户)	其中:国有集体企业(万户)	外资企业(万户)	私营企业(万户)	各类企业合计(万户)
2011年度	2011年各类企业数量	0.8876	0.3476	0.0471	1.7378	3.0545
	2011年小型微型企业数量	0.7894	0.2570	0.0309	1.5964	2.7487
	小型微型企业占比	88.94	73.94	65.61	91.86	89.99
2012年度	2012年各类企业数量	0.9422	0.3444	0.0347	2.1691	3.6878
	2012年小型微型企业数量	0.8594	0.2717	0.0340	2.0537	3.4584
	小型微型企业占比	91.21	78.89	97.98	94.68	93.78
2013年一季度	2013年一季度各类企业数量	0.9391	0.3318	0.0350	2.2442	3.8726
	2013年一季度小型微型企业数量	0.8565	0.2617	0.0343	2.1248	3.5473
	小型微型企业占比	91.21	78.89	97.98	94.68	93.78

(二)

行业	小型微型企业标准	占各类企业的比例(%)	其中		占各类企业的比例(%)	2011年小型微型企业数量(万户)	2012年小型微型企业数量(万户)	2013年一季度小型微型企业数量(万户)
(1)农、林、牧、渔业	营业收入500万元以下	3.06	小型	营业收入50万元及以上	0.82	0.0250	0.0302	0.0318
			微型	营业收入50万元以下	2.24	0.0684	0.0826	0.0867
(2)工业	从业人员300人以下，或营业收入2000万元及以下	9.53	小型	从业人员20人及以上，且营业收入300万元及以上	0.03	0.0009	0.0011	0.0012
			微型	从业人员20人以下，且营业收入300万元以下	9.50	0.2901	0.3502	0.3679

续表

行业	小型微型企业标准	占各类企业的比例(%)	其中		占各类企业的比例(%)	2011年小型微型企业数量(万户)	2012年小型微型企业数量(万户)	2013年一季度小型微型企业数量(万户)
(3)建筑业	营业收入6000万元以下。或资产总额5000万元以下	5.21	小型	营业收入300万元及以上,且资产总额300万元及以上	1.27	0.0388	0.0468	0.0492
			微型	营业收入300万元以下,且资产总额300万元以下	3.94	0.1203	0.1453	0.1526
(4)批发业	从业人员20人以下,或营业收入5000万元以下	17.17	小型	从业人员5人及以上,且营业收入1000万元及以上	0.02	0.0006	0.0007	0.0008
			微型	从业人员5人以下,且营业收入1000万元以下	17.15	0.5238	0.6325	0.6642
(5)零售业	从业人员50人以下,或营业收入500万元以下	16.8	小型	从业人员10人及以上,且营业收入100万元及以上	0.05	0.0015	0.0018	0.0019
			微型	从业人员10人以下,且营业收入100万元以下	16.75	0.5116	0.6177	0.6487
(6)交通运输业	从业人员300人以下,或营业收入3000万元以下	1.89	小型	从业人员20人及以上,且营业收入200万元及以上	0	0	0	0
			微型	从业人员20人以下,且营业收入200万元以下	1.89	0.0577	0.0697	0.0732
(7)仓储业	从业人员100人以下,或营业收入1000万元以下	0.3	小型	从业人员20人及以上,且营业收入100万元及以上	0.01	0.0003	0.0004	0.0004
			微型	从业人员20人以下,且营业收入100万元以下	0.3	0.0092	0.0111	0.0116

续表

行业	小型微型企业标准	占各类企业的比例（％）	其中		占各类企业的比例（％）	2011年小型微型企业数量（万户）	2012年小型微型企业数量（万户）	2013年一季度小型微型企业数量（万户）
(8)邮政业	从业人员300人以下，或营业收入2000万元以下	0.68	小型	从业人员20人及以上，且营业收入100万元及以上	0	0	0	0
			微型	从业人员20人以下，且营业收入100万元以下	0.68	0.0208	0.0251	0.0263
(9)住宿业	从业人员100人以下，或营业收入2000万元以下	1.54	小型	从业人员10人及以上，且营业收入100万元及以上	0.01	0.0003	0.0004	0.0004
			微型	从业人员10人以下，且营业收入100万元以下	1.53	0.0467	0.0564	0.0593
(10)餐饮业	从业人员100人以下，或营业收入2000万元以下	0.68	小型	从业人员10人及以上，且营业收入100万元及以上	0.01	0.0003	0.0004	0.0004
			微型	从业人员10人以下，且营业收入100万元以下	0.66	0.0202	0.0243	0.0256
(11)信息传输业	从业人员100人以下，或营业收入1000万元以下	2.85	小型	从业人员10人及以上，且营业收入100万元及以上	0	0	0	0
			微型	从业人员10人以下，且营业收入100万元以下	2.85	0.0871	0.1051	0.1104
(12)软件和信息技术服务业	从业人员100人以下，或营业收入1000万元以下	1.49	小型	从业人员10人及以上，且营业收入50万元及以上	0	0	0	0
			微型	从业人员10人以下，且营业收入50万元以下	1.49	0.0455	0.0549	0.0577

续表

行业	小型微型企业标准	占各类企业的比例（%）	其中		占各类企业的比例（%）	2011年小型微型企业数量（万户）	2012年小型微型企业数量（万户）	2013年一季度小型微型企业数量（万户）
（13）房地产开发经营	营业收入1000万元以下，或资产总额5000万元以下	2.73	小型	营业收入100万元及以上，且资产总额2000万元及以上	0.26	0.0079	0.0096	0.0101
			微型	营业收入100万元以下，且资产总额2000万元以下	2.47	0.0754	0.0911	0.0957
（14）物业管理	从业人员300人以下，或营业收入1000万元以下	1.25	小型	从业人员100人及以上，且营业收入500万元及以上	0	0	0	0
			微型	从业人员100人以下，且营业收入500万元以下	1.25	0.0382	0.0461	0.0484
（15）租赁和商务服务业	从业人员100人以下，或资产总额8000万元以下	7.17	小型	从业人员10人及以上，且营业收入100万元及以上	0.25	0.0076	0.0092	0.0097
			微型	从业人员10人以下，且营业收入100万元以下	6.92	0.2114	0.2552	0.2680
（16）其他未列明行业	从业人员100人及以下	18.59	小型	从业人员10人及以上	0.19	0.0058	0.0070	0.0074
			微型	从业人员10人以下	18.40	0.5620	0.6786	0.7126
所有行业汇总		93.78	小型	从业人员10人及以上				
			微型	从业人员10人以下				

宁夏回族自治区小型微型企业
发展情况报告

宁夏回族自治区工商行政管理局

近年来,宁夏各级工商局紧紧围绕自治区党委、政府的中心工作,牢牢把握"发展、改革、服务、监管"的主题,创新举措,完善机制,放宽准入条件,降低准入门槛、提高准入效率,推进公平竞争,进一步优化我区小型微型企业的发展环境,激发小型微型企业的创业热情和活力,促进了我区小型微型企业快速发展。根据总局办公厅《关于请报送小型微型企业发展情况的通知》要求,现将近三年宁夏小型微型企业发展情况报告如下:

一、基本情况

2011年年底,全区共有各类市场主体(包括国有、集体企业、外商投资企业、私营企业、个体工商户、农民专业合作社)户数21.12万户,其中各类企业4.87万户,个体工商户15.87万户,农民专业合作社0.38万户;2012年年底全区共有各类市场主体户数26.47万户,其中各类企业5.52万户,个体工商户20.42万户,农民专业合作社0.53万户;截至2013年一季度,全区共有各类市场经营主体户数为27.91万户,其中各类企业5.67万户,个体工商户21.65万户,农民专业合作社0.59万户。

按照工信部、国家统计局、国家发改委、财政部印发的《中小企业划型标准规定》,我们根据2011年度企业年检数据,对我区小型微型企业数量进行了测算,在各类企业中小型微型企业约占93.3%,其中,国有集体企业中,小型微型企业约占89%,外资企业中,小型微型企业约占90%,私营企业中,小型微型企业约占94%。据此比例,截至2013年一季度,全区小型微型企业约为5.29万户,其中,国有集体小型微型企业约为0.56万户,外资小型微型企业约为0.04万户,私营小型微型企业约为4.69万户。

我区小型微型企业主要有以下特点:一是微型企业占绝对多数。在各类企业中,小型微型企业约占93.3%,其中小型企业占6.62%,微型企业占86.6%,小型与微型企业的比例约为1:13。二是私营企业是小型微型企业的主体。从我区小型微型企业的所有制结构看,私营小型微型企业的数量占全区小型微型企业数量的88.7%。三是行业分布相对集中,第三产业是主导产业。我区第一、二、三产业小型微型企业的比重为1:27:49。小型微型企业相对集中的行业为:工业占各类小型微型企业的28%,约为1.48万户;批发业占17%,约为0.89万户;零售业占19.8%,约为1.05万户;租赁和商务服务业占8.1%,约为0.43万户。这四大行业中的小型微型企业总计3.85万户,占小型微型企业总数的73%。

二、主要工作及成效

(一)立足区情,制定鼓励政策促发展。

近年来,宁夏区工商局陆续出台了《关于进一步鼓励支持全民创业的意见》(46条)、《关于深入实施西部大开发战略,鼓励支持民间投资,促进非公有制经济加快发展的意见》、《鼓励支持个体工商户转型升级为企业的意见》等促进非公企业发展的配套文件,各市、县工商局也结合实际分别制定了一系列具有很强操作性、实效性扶持政策,进一步完善了服务各类市场主体尤其是小型微型企业发展的政策服务体系。与此同时,宁夏各级工商局和个私协会充分发挥体制优势,注重加强对小型微型企业法律法规和国家政策的宣传培训。联合举办了中小企业法规政策培训班,宣传党中央、国务院出台的一系列扶持私营企业和中小企业的相关政策文件,解读自治区党委政府新出台的《关于加快发展非公有制经济的若干意见》。各级协会法律维权中心专门委派专业律师为会员企业开展

"法律大走访"活动,为中小企业提供法律咨询、规范财务制度、代理诉讼以及保护科技专利等服务。

(二)强化服务,改进服务方式促发展。

一是健全工作机制,创新工作方式,为小型微型企业发展当好"向导",为政府决策当好"参谋"。宁夏各级工商机关按照"非禁即入、非禁即可"的原则,进一步放宽名称登记、经营范围、企业住所、注册资本交付方式等限制;建立登记信息数据分析平台,定期发布《市场主体发展报告》、《商标发展报告》和《广告业发展报告》等,为党委、政府了解企业发展动态、研判经济发展形势、促进经济结构调整提供准确的信息,为小型微型企业理性投资提供参考。二是发挥网络优势,开展窗口标准化建设,不断提升服务效能。各级工商部门按照"五办四通"和"五个不让"的服务要求,深入推进企业名称远程核准和"审、核合一"制度,不断完善全区跨地区企业注册登记绿色通道。深入推行网上企业年检,企业通过登录"宁夏红盾信息网"进行在线申报、查询,初审通过后打印年检材料,进行复审,就可完成全部年检。着力加强窗口"规范化、专业化、标准化"建设,设立并使用服务质量电子评价器,编写了16个大项,26个小项的登记注册办事指南,将办理条件、审批时限及申报材料等一次性告知,切实保障企业的知情权、参与权、表达权和监督权,规范了窗口工作人员的操作流程,真正把"高效、便民、规范、廉洁"的服务宗旨落到实处。三是拓宽融资渠道,帮助中小企业缓解融资困难。积极搭建工商服务、银企牵手、合作共赢的快速融资渠道,鼓励中小企业以动产抵押、商标专用权质押、股权出质、债权转股权等方式,进行贷款融资。截至2013年5月,全区工商系统共办理股权出质登记284件,股权质押数额72.95亿元,通过股权出质融资137亿元;扶持小额贷款公司127家,注册资金67亿元,累计发放贷款突破200亿元;办理债权转股权10件,涉及股权金额7.5亿元。为进一步拓宽中小企业融资渠道,先后与邮储银行、宁夏银行、石嘴山银行等金融部门沟通协调,为中小企业贷款穿针引线、铺路搭桥,有效缓解了中小企业的资金短缺问题,受到了社会各界和企业的高度关注和好评。

(三)加强监管,营造公平竞争环境促发展。

一是建立和完善查处取缔无证无照经营工作机制。积极协调自治区政府办公厅下发了《关于建立查处取缔无证无照经营监管机制的实施意见》,建立了

"政府统一领导、工商牵头协调、相关职能部门齐抓共管"的"查无"工作机制,先后制定实施了查处取缔无证无照经营联席会议制度、信息互通制度、考核办法、预警提示制度,进一步明确了相关部门工作职责,建立了长效监管工作机制。全区 26 个市县政府全部建立了查处取缔无证无照经营监管机制,有效地维护了市场秩序净化了市场环境。二是建立了规范市场中介组织工作机制。自治区工商局在深入调研基础上,起草了《宁夏回族自治区市场中介组织管理办法》,以主席令颁布实施。自治区政府办公厅转发《关于建立规范市场中介组织联席会议制度的通知》,形成以"政府牵头、部门负责、齐抓共管"工作格局,建立了工商负责,自治区发改委、财政、商务、金融办等 18 家单位组成规范中介组织联席会议,建立了会议制度、信息互通制度和监督考核机制。强化了相关单位职责,推进了市场中介组织的规范经营。三是加强行政指导,规范执法行为,切实维护小型微型企业权益。坚持"突出重点、区别对待、堵疏结合、分类规范"的方针,将查处取缔无照经营与扶持、引导社会弱势群体实现就业有机结合起来,把监管与发展、监管与服务、监管与维权、监管与执法有机地结合起来,全面推行行政指导制度,运用非强制性手段,引导行政相对人知法遵法守法,努力变"罚"为"导",变"堵"为"疏",变"推"为"扶",做到善施行政告诫,慎定行政处罚,着力解决制约发展、影响民生及社会和谐稳定的突出问题,更加高效地加强市场监管,提高社会管理能力和水平。

三、存在问题及下一步工作打算

在小型微型企业发展取得一定成绩的同时,我们也应清醒地看到,与经济发达省区相比,我区小型微型企业发展还存在以下问题:一是小型微型企业重复投资、重复建设严重,规模小、产值低、能耗高、环境差等现象普遍存在。二是专业技术和管理人才紧缺,制约企业创新发展。三是部分小型微型企业规模较小,经营管理、财务制度不健全,导致融资难度较大,发展动力不足。四是资金融通、信用担保、管理咨询、人才培训、中介服务等社会化服务体系还不够发达,发展环境还有待于进一步完善。

2013 年 2 月 18 日,宁夏区党委、政府召开了"全区非公有制经济工作会议",出台了《关于加快发展非公有制经济的若干意见》,从扶持政策、体制机制、转变作风、服务措施等方面,做了非常明确的规定。这为我区非公有制企业特别是小型微型企业发展带来了新的机遇。下一步,宁夏各级工商机关将进一步发挥职能作用,多措并举,鼓劲实干,在政策引导、维护秩序、提供服务上为中小企业快速发展提供有力保障。

(一)改革登记制度,进一步放宽市场准入条件。

《自治区党委人民政府关于加快发展非公有制经济的若干意见》从创新出资方式、允许延长出资期限、鼓励个体工商户转为企业、放开经营范围四个方面,进一步降低了创业门槛,最大限度地为非公企业营造宽松的市场准入条件,促进其健康快速发展。宁夏各级工商机关将尽快适应机构改革、职能调整的新形势,实现对市场主体从原有管理模式到"宽进严管"的转变,用"宽进"激发市场主体创业活力,增强经济发展内生动力。

(二)加强行政指导,促进小型微型企业增量提质。

宁夏各级工商机关将确立"大服务"理念,充分发挥行政执法"预防、警示、教育"的功能,积极实施以行政提醒、行政预警、行政劝导和行政建议为主要内容的行政指导,对重点发展区域、重点建设项目和招商引资项目,尤其是涉及"两区"建设的项目,要给予宽松的政策扶持,提前介入,跟踪办理,全程指导,促进小型微型企业数量不断增多。积极宣传并鼓励企业用股权、债权等非货币形式质押入股融资;协调金融部门拓宽抵押物登记种类,支持小型微型企业以机器设备、产成品或原辅材料等作抵押融资;指导企业相互间以动产抵押间接融资,拓宽企业融资渠道。并积极与商业银行、担保公司、小额贷款公司沟通协调,为中小企业融资"牵线搭桥"。指导帮助企业树立自主商标意识,培育和争创驰名、著名商标,以商标整合企业技术、管理营销等优势,形成自身的核心竞争力。帮助、指导企业以商标许可、质押等方式开展经营活动,充分利用商标权的市场价值。通过拓展和深化职能优势,不断推动小型微型企业质量提升。

(三)创新监管方式,进一步完善小型微型企业发展环境。

要逐步建立和完善企业信用体系建设。认真开展非公有制企业特别是小型微型企业信用分类监管工作,建立企业信用档案,定期向社会公示企业信用等级,确立诚实守信的信用观念。鼓励小型微型企业参与"守合同重信用"评选活动,提高企业市场契约意识。加大对商业贿赂、合同欺诈、"傍名牌"、商标侵权、虚假宣传等违法行为的查处力度;依法严厉打击传销和严格规范直销,努力营造规范有序、风清气正的市场竞争环境。加大对市场中介组织的规范与管理,进一步完善市场中介组织联席会议制度,建立中介组织信用评价、信息披露、投诉举报等机制,各地要探索建立中介组织考核机制。加强相关部门间的信用资源共享与整合,建立健全市场中介组织和执业人员的资质等级、执业质量、执业诚信等基础信用档案,开展市场中介组织信用等级评定,形成良好的市场信用环境。

(四)加强宣传教育,积极引导小型微型企业树立社会责任意识。

利用个体工商户例会等平台,大力宣传中央、自治区关于鼓励、支持和引导非公有制经济发展的方针、政策和措施。充分发挥个私协会、广告协会、消费者协会"教育引导、提供服务、反映诉求、规范自律"的作用,积极开展维权保障、宣传教育、培训学习、经贸交流等活动,为非公有制市场主体搭建招商引资、信息交流、管理培训、人才引进等服务平台。向社会公众积极宣传诚信经营、热心公益事业的民营企业家及非公企业的先进事迹,树立先进典型,切实营造有利于非公经济发展的良好社会舆论氛围。

附件：

填报单位：宁夏回族自治区工商局

小型微型企业数量分析测算表

（一）

类型		国有集体企业（万户）	外资企业（万户）	私营企业（万户）	各类企业合计（万户）
小型微型企业占比		89%	90%	94%	93.3%
2011年度	2011年各类企业数量	0.62	0.06	4.19	4.87
	2011年小型微型企业数量	0.55	0.05	3.94	4.54
2012年度	2012年各类企业数量	0.63	0.05	4.84	5.52
	2012年小型微型企业数量	0.56	0.04	4.55	5.15
2013年一季度	2013年一季度各类企业数量	0.63	0.05	4.99	5.67
	2013年一季度小型微型企业数量	0.56	0.04	4.69	5.29

（二）

行业	小型微型企业标准	占各类企业的比例（%）	其中		占各类企业的比例（%）	2011年小型微型企业数量（万户）	2012年小型微型企业数量（万户）	2013年一季度小型微型企业数量（万户）
(1)农、林、牧、渔业	营业收入500万元以下	1.2	小型	营业收入50万元及以上	0.32	0.016	0.018	0.019
			微型	营业收入50万元以下	0.88	0.043	0.048	0.050
(2)工业	从业人员300人以下，或营业收入2000万元以下	26.1	小型	从业人员20人及以上，且营业收入300万元及以上	2.06	0.100	0.114	0.117
			微型	从业人员20人以下或营业收入300万元以下	24.04	1.169	1.326	1.364
(3)建筑业	营业收入6000万元以下，或资产总额5000万元以下	6.1	小型	营业收入300万元及以上，且资产总额300万元及以上	1.41	0.069	0.078	0.080
			微型	营业收入300万元以下或资产总额300万元以下	4.99	0.243	0.275	0.283

续表

行业	小型微型企业标准	占各类企业的比例（%）	其中		占各类企业的比例（%）	2011年小型微型企业数量（万户）	2012年小型微型企业数量（万户）	2013年一季度小型微型企业数量（万户）
(4)批发业	从业人员20人以下，或营业收入5000万元以下	15.7	小型	从业人员5人及以上，且营业收入1000万元及以上	0.46	0.023	0.025	0.026
			微型	从业人员5人以下或营业收入1000万元以下	15.24	0.741	0.841	0.865
(5)零售业	从业人员50人以下，或营业收入500万元以下	18.5	小型	从业人员10人及以上，且营业收入100万元及以上	0.53	0.026	0.029	0.030
			微型	从业人员10人以下或营业收入100万元以下	17.97	0.874	0.991	1.020
(6)交通运输业	从业人员300人以下，或营业收入3000万元以下	2.1	小型	从业人员20人及以上，且营业收入200万元及以上	0.12	0.006	0.007	0.007
			微型	从业人员20人以下或营业收入200万元以下	1.98	0.096	0.109	0.112
(7)仓储业	从业人员100人以下，或营业收入1000万元以下	0.3	小型	从业人员20人及以上，且营业收入100万元及以上	0.01	0.0005	0.0006	0.0007
			微型	从业人员20人以下或营业收入100万元以下	0.29	0.014	0.016	0.017
(8)邮政业	从业人员300人以下，或营业收入2000万元以下	0.5	小型	从业人员20人及以上，且营业收入100万元及以上	0.01	0.0005	0.0006	0.0007
			微型	从业人员20人以下或营业收入100万元以下	0.49	0.024	0.027	0.028

续表

行业	小型微型企业标准	占各类企业的比例(%)	其中		占各类企业的比例(%)	2011年小型微型企业数量(万户)	2012年小型微型企业数量(万户)	2013年一季度小型微型企业数量(万户)
(9)住宿业	从业人员100人以下,或营业收入2000万元以下	1.2	小型	从业人员10人及以上,且营业收入100万元及以上	0.21	0.010	0.011	0.012
			微型	从业人员10人以下或营业收入100万元以下	0.99	0.048	0.055	0.056
(10)餐饮业	从业人员100人以下,或营业收入2000万元以下	1.4	小型	从业人员10人及以上,且营业收入100万元及以上	0.07	0.003	0.004	0.004
			微型	从业人员10人以下或营业收入100万元以下	1.33	0.065	0.073	0.076
(11)信息传输业	从业人员100人以下,或营业收入1000万元以下	1.5	小型	从业人员10人及以上,且营业收入100万元及以上	0.07	0.003	0.004	0.004
			微型	从业人员10人以下或营业收入100万元以下	1.43	0.070	0.079	0.081
(12)软件和信息技术服务业	从业人员100人以下,或营业收入1000万元以下	0.8	小型	从业人员10人及以上,且营业收入50万元及以上	0.02	0.0010	0.0011	0.0012
			微型	从业人员10人以下或营业收入50万元以下	0.78	0.038	0.043	0.044
(13)房地产开发经营	营业收入1000万元以下,或资产总额5000万元以下	3.2	小型	营业收入100万元及以上,且资产总额2000万元及以上	0.32	0.016	0.018	0.018
			微型	营业收入100万元以下或资产总额2000万元以下	2.88	0.140	0.159	0.163

续表

行业	小型微型企业标准	占各类企业的比例（%）	其中		占各类企业的比例（%）	2011年小型微型企业数量（万户）	2012年小型微型企业数量（万户）	2013年一季度小型微型企业数量（万户）
（14）物业管理	从业人员300人以下，或营业收入1000万元以下	0.8	小型	从业人员100人及以上，且营业收入500万元及以上				
			微型	从业人员100人以下或营业收入500万元以下	0.8	0.039	0.044	0.045
（15）租赁和商务服务业	从业人员100人以下，或资产总额8000万元以下	7.5	小型	从业人员10人及以上，且资产总额100万元及以上	0.31	0.015	0.017	0.018
			微型	从业人员10人以下或资产总额100万元以下	7.19	0.350	0.397	0.408
（16）其他未列明行业	从业人员100人以下	6.1	小型	从业人员10人及以上	0.7	0.034	0.039	0.040
			微型	从业人员10人以下	5.4	0.263	0.298	0.306
所有行业汇总		93.3	小型		6.62	0.323	0.367	0.374
			微型		86.68	4.217	4.778	4.918

统计说明：按照工信部等四部委《中小企业划型标准规定》，根据2011年度企业年检数据，统计本省（自治区、直辖市）2011年度小型微型企业数及在企业总数所占比例，并根据数据测算本省（自治区、直辖市）2012年度和2013年一季度小型微型企业数及在企业总数中的比例。

新疆维吾尔自治区小型微型企业发展情况报告

新疆维吾尔自治区工商行政管理局

近年来,新疆自治区党委和人民政府始终把推动科学发展作为解决一切问题的基础,带领全区各族人民科学跨越、后发赶超,新疆工商系统围绕科学发展的总体要求全面贯彻落实中央和我区推进小型微型企业发展的政策措施,本着"提前介入、全程服务、因企制宜、分类指导"的原则,大力推进小型微型企业发展。现将有关情况报告如下:

一、基本情况

截至2012年12月31日,全疆共登记各类企业(不含个体工商户和外商投资企业)158472户,注册资本总额9698.8亿元;其中内资企业30849户,总注册资本5001.3亿元;私营企业117633户,总注册资本4561.0亿元;国有企业17672户,总注册资本2239.8亿元。

截至2012年12月31日,全疆共登记外商投资企业1596户,投资总额68.2亿美元,注册资本52.6亿美元,外方认缴27.7亿美元。

截至2012年12月31日,全疆共登记个体工商户582815户,注册资本总额215.3亿元,与去年同期相比分别增加3.48%、23.66%。

按照《中小企业划型标准规定》,新疆工商局综合利用2011年度企业年检数据,根据从业人员、营业收入、资产总额三项指标,对全区小型微型企业数量进行了分析测算。在各类企业中,小型微型企业约占78%,其中,在国有集体企业中,小型微型企业约占70.87%;外资企业中,小型微型企业约占44.94%;私营企业中,小型微型企业约占80.64%。截至2013年3月底,全区小型微型企业约为11.87万户,其中国有小型微型企业为2.17万户,外资小型微型企业约为0.07万户,私营小型微型企业约为9.66万户。

新疆小型微型企业主要特点:一是规模普遍较小,整体实力不强,区域分布不均衡。疆内小型微型企业主要分布在乌鲁木齐和昌吉地区及天山北坡经济带,区域分布有待优化。二是产业结构不合理。小型微型企业主要集中在第三产业,发展层次低,大多从事批发、零售和住宿、餐饮等行业,普遍处于产业链的低端,进入工业领域的相对较少,龙头企业更少,缺乏引导行业发展的骨干力量,产业集群度低。三是发展方式粗放特征比较明显。小型微型企业主要分布在一般加工业领域,产品档次低,市场竞争力弱,经济效益不佳,资金短缺,人才匮乏,技术装备落后,品牌效益不明显等。

二、立足职能、优化服务、鼓励扶持引导发展

新疆工商系统始终坚持将"一手抓执法,一手促发展"的理念作为工作的出发点和落脚点,以发展为重,以服务为先,不断增强服务意识,大局意识,创新服务机制,提升服务水平,千方百计为促进发展献策出力,坚定不移地服务经济社会发展。先后出台《站在新的历史起点 立足工商职能服务新疆跨越式发展和长治久安的意见45条意见》、《自治区工商行政管理局立足职能 积极主动帮扶小型微型企业加快发展的17条措施》等一系列举措。从市场准入、年检验照、商标战略、信用建设、充分利用工商职能和人才优势,帮助小型微型企业排疑解惑,通过一帮一、结对子等方式,实施重点培育,促进小型微型企业健康快速发展。

(一)强化服务,全面放宽市场准入。

1. 在行政服务大厅实行强化服务,将小型微型企业的登记、变更纳入绿色通道上,实行优先解答咨询、优先核准名称、优先登记变更、优先发放营业执照的服务措施,按照"非禁即入"的原则,凡法律法规未禁入的所有行业和领域,一律对小型微型企业开放。

2. 积极支持放宽小型微型企业非货币出资方式,试行以债权转股权的方式

增加公司注册资本,试行以矿业权出资设立公司或增加公司注册资本。利用股权出质、股权出资、动产抵押等融资方式,帮助微小企业拓展资金渠道,有效牵线银行企业进行对接,推动企业做大做强。实行初次创业"零首付"。对大中专毕业生、城镇失业人员、退役士兵、返乡创业农民、残疾人等困难群体初次创业申办企业的,实行注册资本零首期缴纳,自领取营业执照后2年内缴足出资人认缴的注册资本(注册资本不得低于法定最低注册资本)。

3. 放宽企业名称预先核准和登记条件。降低企业集团的注册资本,大力支持各级政府建立创业市场、创业园区,实行创业跟踪联系制度,落实专人担任创业联系人,提供事前指导、快速办结、定期联系等全程服务。实行初次创业"备案制",困难群体初次申请办理个体登记的,在1年的"备案期"内不收取费用;创办企业的,实行注册资本"零首期缴纳"。支持个体工商户转型升级。个体工商户转为企业时,其名称符合企业名称登记相关规定的,允许继续使用原个体工商户名称、字号。

4. 放宽住所登记条件。对无法提交经营场所证明的小型微型企业,申请人可持市场开办单位、居委会、村委会、物业部门出具的同意该场所可从事经营活动的相关证明,办理注册登记。

5. 放宽企业年检条件。小型微型企业年度检验,免予提交审计报告,实施绿色通道快捷服务;生产经营正常,因特殊原因不能按要求提交材料按时参加年检的,经企业申请,可延期90天年检;企业成立后超过6个月未开业,或者开业后自行停业连续6个月以上,或者资产负债表、损益表中未体现生产经营活动情况,但企业仍有生产经营意愿,经企业书面说明情况后,可予以通过年检。

6. 支持农民创办专业合作社。县级工商局可以委托工商所开展农民专业合作社登记,实行"零收费、近距离、无障碍"服务。允许农民专业合作社利用自身设施资源从事农村特色旅游、休闲度假、开办农家乐等经营项目。

(二)促进企业转型升级,加大企业改制力度。

认真贯彻国务院《关于鼓励支持和引导个体私营等非公有制经济发展的若干意见》,引导民营经济和外资企业参与国企改制,鼓励多种所有制、多种组织形式、多种经营方式组建、发展和壮大企业。完善法人治理结构。帮助企业建立政企分开、产权明晰、权责分明、管理科学的现代企业制度,发挥企业权力机构、决策机构、监督机构、经营管理机构的作用，提高企业素质，运用好人才、技术、资金和资源等优势，加快发展。按照归属清晰、权责明确、保护严格、流转顺畅的要求，建立现代产权制度，通过登记理顺投资关系，引导资本合法流动，保护投资人的合法财产权。

（三）实施名牌战略。

积极推动政府出台《新疆商标战略发展规划》，培育发展一批在全国乃至在国际上有影响力的驰名著名商标、地理标志和农产品商标。鼓励企业以自主商标参与市场竞争，帮助企业提高竞争力和商标意识。宣讲商标知识和商标法律法规，帮助企业和合作社设计商标样件，提供申请注册商标查询服务，鼓励、引导、帮助企业和农民专业合作社申请注册商标和申报认定驰名、著名商标。目前，全区有效注册商标已达4.4万余件，其中自治区著名商标381件，中国驰名商标28件。

（四）施行"以大带小战略"。

加大招商引资工作力度，为我区市场经济增添活力，以引进知名品牌、引进投资强度大的项目带动小型微型企业的发展，自治区工商局与中国个体劳动者协会、内地工商部门联合，组织内地私营企业代表团到新疆考察、商务洽谈，并组织新疆私营企业参加"西洽会"、"广交会"、"中国中小企业洽谈会"、"厦交会"和"亚欧博览会"等国内展会以及在中西亚、俄罗斯举办的各种展会和商务洽谈活动。与浙江省工商局签订《促进经济发展战略合作协议》，先后承办了中国民营企业西部（乌鲁木齐）峰会、"全国工商支持新疆非公企业合作投资项目对接大会"等，签订招商引资项目近200个，签约总额达184.7亿元。多次组织全疆规模以上私营企业的高层管理人员到上海、浙江、江苏等内地发达省市考察，与当地知名企业家座谈交流、洽谈合作事宜。

（五）多措并举打造"服务型工商"。

牵头组织自治区有关行业管理部门，建立了市场准入互联审批联席会议制度，理顺了工作关系，简化了办事程序，提高了办事效率，公开了收费标准、有效解决企业办理相关证、照难的问题。充分运用掌握的市场主体登记信息，发布市场主体信息数据分析报告，为政府决策、投资者和社会公众提供了有效服务。提供"一站式服务"，做到接待咨询一人清，告知内容一口清，表格发放一次清。健全和落实首问负责、公开承诺、一审一核、限时办结、定期回访、责任追究等工作制度。开展引导、延时、预约、提醒、上门、跟踪、绿色通道等服务,做到急事急办、特事特办、难事帮办、常事快办、手续齐全立即办、重大项目专人办、多头管理协调办,最大限度地满足企业和群众的办事需求。

三、今后工作

在今后的工作中,我们将认真贯彻十八大和中央新疆工作座谈会、自治区党委七届九次全委(扩大)会议精神,紧密结合新疆实际,从经济发展的大局着眼,突出"更新发展理念,体现新疆效率,转变工作作风,优化政府为企业服务的发展环境"这个主题,进一步转变思想观念、工作作风,牢固树立"淡化权力、强化服务"的权力观,"职能有限、服务无限"的履职观,"多设路标、不设路障"的服务观,"经济发展我发展,经济繁荣我光荣"的政绩观,把服务作为一种政治责任、一种精神境界、一种职业追求、一种工作习惯,让服务发展成为每一名新疆工商人的自觉行动。立足工商行政管理职能,从传统的服务方式中解脱出来,用新举措、新机制、新办法、新作为,积极服务新疆经济跨越式发展。

(一)立足新疆实际,引导小型微型企业发展壮大。

要充分用足用活国家工商总局赋予我们的各项优惠政策,积极扶持引导小型微型企业参与优势资源转换和新型工业化建设,扶持其做大做强,要积极主动服务各级政府的发展项目,建立重点企业、重点项目的联络员制度,积极主动地靠上去,为企业提供现场指导和咨询服务,帮助企业解决实际困难。利用我们所掌握的经济主体数据、经济结构情况向经济主体提供投资导向。要充分利用全国工商支援新疆所搭建的平台,利用掌握经济主体实际、经济具体发展现状的优势,有针对性地与内地牵线搭桥,积极服务招商引资工作,并使之成为常态。

(二)鼓励全民创业,促进各类市场主体加快发展。

积极推动各级政府建立"创业市场"、"创业园区",并充分利用社会公用资源,开办早市、夜市等,提供"创业跟踪联系"服务,创造更加宽松的创业环境,引导培育和扶持鼓励高校毕业生、城镇失业人员、退役士兵、农村剩余劳动力、残疾人等创业,让更多的人和资本参与到市场经济活动中来,创造更多的就业岗位继续加大放宽企业和个体工商户的住所登记条件、非货币出资方式，允许以债权、矿业权、知识产权或其他技术出资的力度。特别是要开辟绿色通道，重点扶持有实力的个体工商户转型为企业，加快发展。要在科学监管的基础上，对轻微违法行为，采取行政指导方式，实行"责改式监管"，引导其规范经营。同时，要大力维护小型微型企业合法权益，积极组织社会法律专家为小型微型企业提供法律咨询和援助服务。

（三）推进实施商标战略，提高企业市场竞争力。

要积极鼓励小型微型企业以自主商标开发市场，指导企业进行商标注册，以适应企业的发展趋势。加大对商标，特别是著名商标、驰名商标专用权保护力度，不断增强企业的市场竞争力。积极发挥职能作用，积极培育发展一批在全国乃至在国际上有影响力的驰名著名商标、地理标志和农产品商标。

（四）积极培育发展新兴市场，激发潜在经济活力。

要采取有效措施大力培育、扶持、促进网络商品交易市场的发展，特别是推动中小企业发展电子商务，支持建立新疆粮食、棉花、特色林果等重点农产品网络交易平台，引导小型微型企业利用国内知名网络交易平台开展交易活动。按照自治区的统一部署，积极为在乌鲁木齐、喀什、霍尔果斯、阿拉山口等重点地区建成起点高、规模大、辐射强的商贸物流中心、物流基地做好支持服务工作。鼓励支持企业运用高科技和先进的营销手段，坚持以市场为导向、以效益为目标、以依靠科技进步为基本抓手创造多元化的销售渠道，开拓各种新兴市场。

附件：

填报单位：新疆维吾尔自治区工商局

小型微型企业数量分析测算表

（一）

类 型		国有集体企业（万户）	外资企业（万户）	私营企业（万户）	各类企业合计（万户）
小型微型企业占比		70.87%	44.94%	80.64%	78.00%
2011年度	2011年各类企业数量	2.8575	0.1364	9.4151	12.409
	2011年小型微型企业数量	2.0251	0.0613	7.5926	9.679
2012年度	2012年各类企业数量	3.0358	0.1536	11.4722	14.6616
	2012年小型微型企业数量	2.1515	0.0690	9.2515	11.4360
2013年一季度	2013年一季度各类企业数量	3.0752	0.1559	11.9908	15.2219
	2013年一季度小型微型企业数量	2.1794	0.0701	9.6697	11.8731

（二）

行业	小型微型企业标准	占各类企业的比例（%）	其中		占各类企业的比例（%）	2011年小型微型企业数量（万户）	2012年小型微型企业数量（万户）	2013年一季度小型微型企业数量（万户）
(1)农、林、牧、渔业	营业收入500万元以下	0.51	小型	营业收入50万元及以上	0.14	0.0179	0.0311	0.0362
			微型	营业收入50万元以下	0.36	0.0452	0.0528	0.0531
(2)工业	从业人员300人以下，或营业收入2000万元以下	2.99	小型	从业人员20人及以上，且营业收入300万元及以上	2.14	0.2655	0.338	0.362
			微型	从业人员20人以下，或营业收入300万元以下	0.85	0.1054	1.2202	1.217
(3)建筑业	营业收入6000万元以下，或资产总额5000万元以下	0.37	小型	营业收入300万元及以上，且资产总额300万元及以上	0.13	0.0164	0.034	0.052
			微型	营业收入300万元以下，或资产总额300万元以下	0.24	0.0299	0.0606	0.0695

续表

行业	小型微型企业标准	占各类企业的比例(%)	其中		占各类企业的比例(%)	2011年小型微型企业数量(万户)	2012年小型微型企业数量(万户)	2013年一季度小型微型企业数量(万户)
(4)批发业	从业人员20人以下，或营业收入5000万元以下	19.42	小型	从业人员5人及以上,且营业收入1000万元以上	0.45	0.0562	0.0864	0.0922
			微型	从业人员5人以下,或营业收入1000万元以下	18.97	2.3537	2.7757	2.836
(5)零售业	从业人员50人以下，或营业收入500万元以下	11.07	小型	从业人员10人及以上,且营业收入100万元及以上	0.15	0.0183	0.025	0.065
			微型	从业人员10人以下,或营业收入100万元以下	10.92	1.3549	1.4526	1.961
(6)交通运输业	从业人员300人以下，或营业收入3000万元以下	2.61	小型	从业人员20人及以上,且营业收入200万元及以上	0.04	0.005	0.0068	0.0073
			微型	从业人员20人以下或营业收入100万元以下	2.57	0.3185	0.3576	0.3551
(7)仓储业	从业人员100人以下，或营业收入1000万元以下	0.29	小型	从业人员20人及以上,且营业收入100万元及以上	0.01	0.001	0.0012	0.0019
			微型	从业人员20人以下或营业收入100万元以下	0.29	0.0355	0.0402	0.0419
(8)邮政业	从业人员300人以下，或营业收入2000万元以下	1.06	小型	从业人员20人及以上,且营业收入100万元及以上	0.02	0.0023	0.0015	0.0017
			微型	从业人员20人以下或营业收入100万元以下	1.04	0.1288	0.1308	0.1325

续表

行业	小型微型企业标准	占各类企业的比例（%）	其中		占各类企业的比例（%）	2011年小型微型企业数量（万户）	2012年小型微型企业数量（万户）	2013年一季度小型微型企业数量（万户）
（9）住宿业	从业人员100人以下，或营业收入2000万元以下	1.04	小型	从业人员10人及以上，且营业收入100万元及以上	0.02	0.0029	0.0018	0.0025
			微型	从业人员10人以下或营业收入100万元以下	1.02	0.1265	0.1284	0.1623
（10）餐饮业	从业人员100人以下，或营业收入2000万元以下	0.51	小型	从业人员10人及以上，且营业收入100万元及以上	0.07	0.0089	0.0105	0.0114
			微型	从业人员10人以下或营业收入100万元以下	0.43	0.0538	0.0562	0.0621
（11）信息传输业	从业人员100人以下，或营业收入1000万元以下	2.16	小型	从业人员10人及以上，且营业收入100万元及以上	0.02	0.0025	0.0023	0.0024
			微型	从业人员10人以下或营业收入100万元以下	2.14	0.2656	0.3037	0.3052
（12）软件和信息技术服务业	从业人员100人以下，或营业收入1000万元以下	1.22	小型	从业人员10人及以上，且营业收入50万元及以上	0.00	0.0006	0.0018	0.0025
			微型	从业人员10人以下或营业收入50万元以下	1.22	0.1508	0.1699	0.1722
（13）房地产开发经营	营业收入1000万元以下，或资产总额5000万元以下	2.30	小型	营业收入100万元及以上，且资产总额2000万元及以上	0.06	0.0071	0.0154	0.0162
			微型	营业收入100万元以下，或资产总额2000万元以下	2.24	0.2777	0.3388	0.3731

续表

行业	小型微型企业标准	占各类企业的比例（%）	其中		占各类企业的比例（%）	2011年小型微型企业数量（万户）	2012年小型微型企业数量（万户）	2013年一季度小型微型企业数量（万户）
（14）物业管理	从业人员300人以下，或营业收入1000万元以下	0.82	小型	从业人员100人及以上，且营业收入500万元及以上	0.00	0.0001	0.0002	0.0002
			微型	从业人员100人以下或营业收入500万元以下	0.82	0.1013	0.1197	0.1152
（15）租赁和商务服务业	从业人员100人以下，或资产总额8000万元以下	7.15	小型	从业人员10人及以上，且资产总额100万元及以上	0.43	0.0529	0.0684	0.0695
			微型	从业人员10人以下或资产总额100万元以下	6.73	0.8347	0.9987	0.913
（16）其他未列明行业	从业人员100人以下	24.49	小型	从业人员10人及以上	1.51	0.1869	0.1979	0.2154
			微型	从业人员10人以下	22.98	2.8522	2.4015	2.165
所有行业汇总		78.00	小型		5.19	0.6445	0.8223	0.9384
			微型		72.81	9.0345	10.6074	10.9342

统计说明：按照工信部等四部委《中小企业划型标准规定》，根据2011年度企业年检数据，统计本省（自治区、直辖市）2011年度小型微型企业数及在企业总数所占比列，并根据数据测算本省（自治区、直辖市）2012年度和2013年一季度小型微型企业数及在企业总数中的比例。

附 录
APPENDIX

关于印发中小企业划型标准规定的通知

工信部联企业[2011]300号

各省、自治区、直辖市人民政府,国务院各部委、各直属机构及有关单位:

  为贯彻落实《中华人民共和国中小企业促进法》和《国务院关于进一步促进中小企业发展的若干意见》(国发[2009]36号),工业和信息化部、国家统计局、发展改革委、财政部研究制定了《中小企业划型标准规定》。经国务院同意,现印发给你们,请遵照执行。

工业和信息化部　国家统计局
国家发展和改革委员会　财政部
二〇一一年六月十八日

中小企业划型标准规定

  一、根据《中华人民共和国中小企业促进法》和《国务院关于进一步促进中小企业发展的若干意见》(国发[2009]36号),制定本规定。

  二、中小企业划分为中型、小型、微型三种类型,具体标准根据企业从业人员、营业收入、资产总额等指标,结合行业特点制定。

  三、本规定适用的行业包括:农、林、牧、渔业,工业(包括采矿业,制造业,电力、热力、燃气及水生产和供应业),建筑业,批发业,零售业,交通运输业(不含铁路运输业),仓储业,邮政业,住宿业,餐饮业,信息传输业(包括电信、互联网和相关服务），软件和信息技术服务业，房地产开发经营，物业管理，租赁和商务服务业，其他未列明行业（包括科学研究和技术服务业，水利、环境和公共设施管理业，居民服务、修理和其他服务业，社会工作，文化、体育和娱乐业等）。

四、各行业划型标准为：

（一）农、林、牧、渔业。营业收入20000万元以下的为中小型微型企业。其中，营业收入500万元及以上的为中型企业，营业收入50万元及以上的为小型企业，营业收入50万元以下的为微型企业。

（二）工业。从业人员1000人以下或营业收入40000万元以下的为中小型微型企业。其中，从业人员300人及以上，且营业收入2000万元及以上的为中型企业；从业人员20人及以上，且营业收入300万元及以上的为小型企业；从业人员20人以下或营业收入300万元以下的为微型企业。

（三）建筑业。营业收入80000万元以下或资产总额80000万元以下的为中小型微型企业。其中，营业收入6000万元及以上，且资产总额5000万元及以上的为中型企业；营业收入300万元及以上，且资产总额300万元及以上的为小型企业；营业收入300万元以下或资产总额300万元以下的为微型企业。

（四）批发业。从业人员200人以下或营业收入40000万元以下的为中小型微型企业。其中，从业人员20人及以上，且营业收入5000万元及以上的为中型企业；从业人员5人及以上，且营业收入1000万元及以上的为小型企业；从业人员5人以下或营业收入1000万元以下的为微型企业。

（五）零售业。从业人员300人以下或营业收入20000万元以下的为中小型微型企业。其中，从业人员50人及以上，且营业收入500万元及以上的为中型企业；从业人员10人及以上，且营业收入100万元及以上的为小型企业；从业人员10人以下或营业收入100万元以下的为微型企业。

（六）交通运输业。从业人员1000人以下或营业收入30000万元以下的为中小型微型企业。其中，从业人员300人及以上，且营业收入3000万元及以上的为中型企业；从业人员20人及以上，且营业收入200万元及以上的为小型企业；从业人员20人以下或营业收入200万元以下的为微型企业。

（七）仓储业。从业人员200人以下或营业收入30000万元以下的为中小型微型企业。其中，从业人员100人及以上，且营业收入1000万元及以上的为中型企业；从业人员20人及以上，且营业收入100万元及以上的为小型企业；从业人员20人以下或营业收入100万元以下的为微型企业。

（八）邮政业。从业人员1000人以下或营业收入30000万元以下的为中小型微型企业。其中，从业人员300人及以上，且营业收入2000万元及以上的为中型企业；从业人员20人及以上，且营业收入100万元及以上的为小型企业；从业人员20人以下或营业收入100万元以下的为微型企业。

（九）住宿业。从业人员300人以下或营业收入10000万元以下的为中小型微型企业。其中，从业人员100人及以上，且营业收入2000万元及以上的为中型企业；从业人员10人及以上，且营业收入100万元及以上的为小型企业；从业人员10人以下或营业收入100万元以下的为微型企业。

（十）餐饮业。从业人员300人以下或营业收入10000万元以下的为中小型微型企业。其中，从业人员100人及以上，且营业收入2000万元及以上的为中型企业；从业人员10人及以上，且营业收入100万元及以上的为小型企业；从业人员10人以下或营业收入100万元以下的为微型企业。

（十一）信息传输业。从业人员2000人以下或营业收入100000万元以下的为中小型微型企业。其中，从业人员100人及以上，且营业收入1000万元及以上的为中型企业；从业人员10人及以上，且营业收入100万元及以上的为小型企业；从业人员10人以下或营业收入100万元以下的为微型企业。

（十二）软件和信息技术服务业。从业人员300人以下或营业收入10000万元以下的为中小型微型企业。其中，从业人员100人及以上，且营业收入1000万元及以上的为中型企业；从业人员10人及以上，且营业收入50万元及以上的为小型企业；从业人员10人以下或营业收入50万元以下的为微型企业。

（十三）房地产开发经营。营业收入200000万元以下或资产总额10000万元以下的为中小型微型企业。其中，营业收入1000万元及以上，且资产总额5000万元及以上的为中型企业；营业收入100万元及以上，且资产总额2000万元及以上的为小型企业；营业收入100万元以下或资产总额2000万元以下的为微型企业。

（十四）物业管理。从业人员1000人以下或营业收入5000万元以下的为中小型微型企业。其中，从业人员300人及以上，且营业收入1000万元及以上的为中型企业；从业人员100人及以上，且营业收入500万元及以上的为小型企业；从业人员100人以下或营业收入500万元以下的为微型企业。

（十五）租赁和商务服务业。从业人员300人以下或资产总额120000万元以下的为中小型微型企业。其中，从业人员100人及以上，且资产总额8000万元及以上的为中型企业；从业人员10人及以上，且资产总额100万元及以上的为小型企业；从业人员10人以下或资产总额100万元以下的为微型企业。

（十六）其他未列明行业。从业人员300人以下的为中小型微型企业。其中，从业人员100人及以上的为中型企业；从业人员10人及以上的为小型企业；从业人员10人以下的为微型企业。

五、企业类型的划分以统计部门的统计数据为依据。

六、本规定适用于在中华人民共和国境内依法设立的各类所有制和各种组织形式的企业。个体工商户和本规定以外的行业，参照本规定进行划型。

七、本规定的中型企业标准上限即为大型企业标准的下限，国家统计部门据此制定大中小型微型企业的统计分类。国务院有关部门据此进行相关数据分析，不得制定与本规定不一致的企业划型标准。

八、本规定由工业和信息化部、国家统计局会同有关部门根据《国民经济行业分类》修订情况和企业发展变化情况适时修订。

九、本规定由工业和信息化部、国家统计局会同有关部门负责解释。

十、本规定自发布之日起执行，原国家经贸委、原国家计委、财政部和国家统计局2003年颁布的《中小企业标准暂行规定》同时废止。

国务院关于进一步支持
小型微型企业健康发展的意见

国发[2012]14号

各省、自治区、直辖市人民政府，国务院各部委、各直属机构：

  小型微型企业在增加就业、促进经济增长、科技创新与社会和谐稳定等方面具有不可替代的作用，对国民经济和社会发展具有重要的战略意义。党中央、国务院高度重视小型微型企业的发展，出台了一系列财税金融扶持政策，取得了积极成效。但受国内外复杂多变的经济形势影响，当前，小型微型企业经营压力大、成本上升、融资困难和税费偏重等问题仍很突出，必须引起高度重视。为进一步支持小型微型企业健康发展，现提出以下意见。

  一、充分认识进一步支持小型微型企业健康发展的重要意义。

  （一）增强做好小型微型企业工作的信心。各级政府和有关部门对当前小型微型企业发展面临的新情况、新问题要高度重视，增强信心，加大支持力度，把支持小型微型企业健康发展作为巩固和扩大应对国际金融危机冲击成果、保持经济平稳较快发展的重要举措，放在更加重要的位置上。要科学分析，正确把握，积极研究采取更有针对性的政策措施，帮助小型微型企业提振信心，稳健经营，提高盈利水平和发展后劲，增强企业的可持续发展能力。

  二、进一步加大对小型微型企业的财税支持力度

  （二）落实支持小型微型企业发展的各项税收优惠政策。提高增值税和营业税起征点；将小型微利企业减半征收企业所得税政策，延长到2015年底并扩大范围；将符合条件的国家中小企业公共服务示范平台中的技术类服务平台纳

入现行科技开发用品进口税收优惠政策范围;自2011年11月1日至2014年10月31日,对金融机构与小型微型企业签订的借款合同免征印花税,将金融企业涉农贷款和中小企业贷款损失准备金税前扣除政策延长至2013年底,将符合条件的农村金融机构金融保险收入减按3%的税率征收营业税的政策延长至2015年底。加快推进营业税改征增值税试点,逐步解决服务业营业税重复征税问题。结合深化税收体制改革,完善结构性减税政策,研究进一步支持小型微型企业发展的税收制度。

(三)完善财政资金支持政策。充分发挥现有中小企业专项资金的支持引导作用,2012年将资金总规模由128.7亿元扩大至141.7亿元,以后逐年增加。专项资金要体现政策导向,增强针对性、连续性和可操作性,突出资金使用重点,向小型微型企业和中西部地区倾斜。

(四)依法设立国家中小企业发展基金。基金的资金来源包括中央财政预算安排、基金收益、捐赠等。中央财政安排资金150亿元,分5年到位,2012年安排30亿元。基金主要用于引导地方、创业投资机构及其他社会资金支持处于初创期的小型微型企业等。鼓励向基金捐赠资金。对企事业单位、社会团体和个人等向基金捐赠资金的,企业在年度利润总额12%以内的部分,个人在申报个人所得税应纳税所得额30%以内的部分,准予在计算缴纳所得税税前扣除。

(五)政府采购支持小型微型企业发展。负有编制部门预算职责的各部门,应当安排不低于年度政府采购项目预算总额18%的份额专门面向小型微型企业采购。在政府采购评审中,对小型微型企业产品可视不同行业情况给予6%～10%的价格扣除。鼓励大中型企业与小型微型企业组成联合体共同参加政府采购,小型微型企业占联合体份额达到30%以上的,可给予联合体2%～3%的价格扣除。推进政府采购信用担保试点,鼓励为小型微型企业参与政府采购提供投标担保、履约担保和融资担保等服务。

(六)继续减免部分涉企收费并清理取消各种不合规收费。落实中央和省级财政、价格主管部门已公布取消的行政事业性收费。自2012年1月1日至2014年12月31日三年内对小型微型企业免征部分管理类、登记类和证照类行政事业性收费。清理取消一批各省(区、市)设立的涉企行政事业性收费。规范涉及行政许可和强制准入的经营服务性收费。继续做好收费公路专项清理工作,降低企业物流成本。加大对向企业乱收费、乱罚款和各种摊派行为监督检查的力度,严格执行收费公示制度,加强社会和舆论监督。完善涉企收费维权机制。

三、努力缓解小型微型企业融资困难

(七)落实支持小型微型企业发展的各项金融政策。银行业金融机构对小型微型企业贷款的增速不低于全部贷款平均增速,增量高于上年同期水平,对达到要求的小金融机构继续执行较低存款准备金率。商业银行应对符合国家产业政策和信贷政策的小型微型企业给予信贷支持。鼓励金融机构建立科学合理的小型微型企业贷款定价机制,在合法、合规和风险可控前提下,由商业银行自主确定贷款利率,对创新型和创业型小型微型企业可优先予以支持。建立小企业信贷奖励考核制度,落实已出台的小型微型企业金融服务的差异化监管政策,适当提高对小型微型企业贷款不良率的容忍度。进一步研究完善小企业贷款呆账核销有关规定,简化呆账核销程序,提高小型微型企业贷款呆账核销效率。优先支持符合条件的商业银行发行专项用于小型微型企业贷款的金融债。支持商业银行开发适合小型微型企业特点的各类金融产品和服务,积极发展商圈融资、供应链融资等融资方式。加强对小型微型企业贷款的统计监测。

(八)加快发展小金融机构。在加强监管和防范风险的前提下,适当放宽民间资本、外资、国际组织资金参股设立小金融机构的条件。适当放宽小额贷款公司单一投资者持股比例限制。支持和鼓励符合条件的银行业金融机构重点到中西部设立村镇银行。强化小金融机构主要为小型微型企业服务的市场定位,创新金融产品和服务方式,优化业务流程,提高服务效率。引导小金融机构增加服务网点,向县域和乡镇延伸。符合条件的小额贷款公司可根据有关规定改制为村镇银行。

(九)拓宽融资渠道。搭建方便快捷的融资平台,支持符合条件的小企业上市融资、发行债券。推进多层次债券市场建设,发挥债券市场对微观主体的资金支持作用。加快统一监管的场外交易市场建设步伐,为尚不符合上市条件的小型微型企业提供资本市场配置资源的服务。逐步扩大小型微型企业集合票据、集合债券、集合信托和短期融资券等发行规模。积极稳妥发展私募股权投资和创业投资等融资工具,完善创业投资扶持机制,支持初创型和创新型小型微型企业发展。支持小型微型企业采取知识产权质押、仓单质押、商铺经营权质押、商业信用保险保单质押、商业保理、典当等多种方式融资。鼓励为小型微型企业提供设备融资租赁服务。积极发展小型微型企业贷款保证保险和信用保险。加快小型微型企业融资服务体系建设。深入开展科技和金融结合试点,为创新型小型微型企业创造良好的投融资环境。

（十）加强对小型微型企业的信用担保服务。大力推进中小企业信用担保体系建设,继续执行对符合条件的信用担保机构免征营业税政策,加大中央财政资金的引导支持力度,鼓励担保机构提高小型微型企业担保业务规模,降低对小型微型企业的担保收费。引导外资设立面向小型微型企业的担保机构,加快推进利用外资设立担保公司试点工作。积极发展再担保机构,强化分散风险、增加信用功能。改善信用保险服务,定制符合小型微型企业需求的保险产品,扩大服务覆盖面。推动建立担保机构与银行业金融机构间的风险分担机制。加快推进企业信用体系建设,切实开展企业信用信息征集和信用等级评价工作。

（十一）规范对小型微型企业的融资服务。除银团贷款外,禁止金融机构对小型微型企业贷款收取承诺费、资金管理费。开展商业银行服务收费检查。严格限制金融机构向小型微型企业收取财务顾问费、咨询费等费用,清理纠正金融服务不合理收费。有效遏制民间借贷高利贷化倾向以及大型企业变相转贷现象,依法打击非法集资、金融传销等违法活动。严格禁止金融从业人员参与民间借贷。研究制定防止大企业长期拖欠小型微型企业资金的政策措施。

四、进一步推动小型微型企业创新发展和结构调整

（十二）支持小型微型企业技术改造。中央预算内投资扩大安排用于中小企业技术进步和技术改造资金规模,重点支持小型企业开发和应用新技术、新工艺、新材料、新装备,提高自主创新能力、促进节能减排、提高产品和服务质量、改善安全生产与经营条件等。各地也要加大对小型微型企业技术改造的支持力度。

（十三）提升小型微型企业创新能力。完善企业研究开发费用所得税前加计扣除政策,支持企业技术创新。实施中小企业创新能力建设计划,鼓励有条件的小型微型企业建立研发机构,参与产业共性关键技术研发、国家和地方科技计划项目以及标准制定。鼓励产业技术创新战略联盟向小型微型企业转移扩散技术创新成果。支持在小型微型企业集聚的区域建立健全技术服务平台，集中优势科技资源，为小型微型企业技术创新提供支撑服务。鼓励大专院校、科研机构和大企业向小型微型企业开放研发试验设施。实施中小企业信息化推进工程，重点提高小型微型企业生产制造、运营管理和市场开拓的信息化应用水平，鼓励信息技术企业、通信运营商为小型微型企业提供信息化应用平台。加快新技术和先进适用技术在小型微型企业的推广应用，鼓励各类技术服务机构、技术市场和研究院所为小型微型企业提供优质服务。

（十四）提高小型微型企业知识产权创造、运用、保护和管理水平。中小企业知识产权战略推进工程以培育具有自主知识产权优势小型微型企业为重点，加强宣传和培训，普及知识产权知识，推进重点区域和重点企业试点，开展面向小型微型企业的专利辅导、专利代理、专利预警等服务。加大对侵犯知识产权和制售假冒伪劣产品的打击力度，维护市场秩序，保护创新积极性。

（十五）支持创新型、创业型和劳动密集型的小型微型企业发展。鼓励小型微型企业发展现代服务业、战略性新兴产业、现代农业和文化产业，走"专精特新"和与大企业协作配套发展的道路，加快从要素驱动向创新驱动的转变。充分利用国家科技资源支持小型微型企业技术创新，鼓励科技人员利用科技成果创办小型微型企业，促进科技成果转化。实施创办小企业计划，培育和支持3000家小企业创业基地，大力开展创业培训和辅导，鼓励创办小企业，努力扩大社会就业。积极发展各类科技孵化器，到2015年，在孵企业规模达到10万家以上。支持劳动密集型企业稳定就业岗位，推动产业升级，加快调整产品结构和服务方式。

（十六）切实拓宽民间投资领域。要尽快出台贯彻落实国家有关鼓励和引导民间投资健康发展政策的实施细则，促进民间投资便利化、规范化，鼓励和引导小型微型企业进入教育、社会福利、科技、文化、旅游、体育、商贸流通等领域。各类政府性资金要对包括民间投资在内的各类投资主体同等对待。

（十七）加快淘汰落后产能。严格控制高污染、高耗能和资源浪费严重的小型微型企业发展，防止落后产能异地转移。严格执行国家有关法律法规，综合运用财税、金融、环保、土地、产业政策等手段，支持小型微型企业加快淘汰落后技术、工艺和装备，通过收购、兼并、重组、联营和产业转移等获得新的发展机会。

五、加大支持小型微型企业开拓市场的力度

（十八）创新营销和商业模式。鼓励小型微型企业运用电子商务、信用销售和信用保险，大力拓展经营领域。研究创新中国国际中小企业博览会办展机制，促进在国际化、市场化、专业化等方面取得突破。支持小型微型企业参加国内外展览展销活动，加强工贸结合、农贸结合和内外贸结合。建设集中采购分销平台，支持小型微型企业通过联合采购、集中配送，降低采购成本。引导小型微型企业采取抱团方式"走出去"。培育商贸企业集聚区，发展专业市场和特色商业街，推广连锁经营、特许经营、物流配送等现代流通方式。加强对小型微型企业出口产品标准的培训。

（十九）改善通关服务。推进分类通关改革，积极研究为符合条件的小型微型企业提供担保验放、集中申报、24小时预约通关和不实行加工贸易保证金台账制度等便利通关措施。扩大"属地申报，口岸验放"通关模式适用范围。扩大进出口企业享受预归类、预审价、原产地预确定等措施的范围，提高企业通关效率，降低物流通关成本。

（二十）简化加工贸易内销手续。进一步落实好促进小型微型加工贸易企业内销便利化相关措施，允许联网企业"多次内销、一次申报"，并可在内销当月内集中办理内销申报手续，缩短企业办理时间。

（二十一）开展集成电路产业链保税监管模式试点。允许符合条件的小型微型集成电路设计企业作为加工贸易经营单位开展加工贸易业务，将集成电路产业链中的设计、芯片制造、封装测试企业等全部纳入保税监管范围。

六、切实帮助小型微型企业提高经营管理水平

（二十二）支持管理创新。实施中小企业管理提升计划，重点帮助和引导小型微型企业加强财务、安全、节能、环保、用工等管理。开展企业管理创新成果推广和标杆示范活动。实施小企业会计准则，开展培训和会计代理服务。建立小型微型企业管理咨询服务制度，支持管理咨询机构和志愿者面向小型微型企业开展管理咨询服务。

（二十三）提高质量管理水平。落实小型微型企业产品质量主体责任，加强质量诚信体系建设，开展质量承诺活动。督促和指导小型微型企业建立健全质量管理体系，严格执行生产许可、经营许可、强制认证等准入管理，不断增强质量安全保障能力。大力推广先进的质量管理理念和方法，严格执行国家标准和进口国标准。加强品牌建设指导，引导小型微型企业创建自主品牌。鼓励制定先进企业联盟标准，带动小型微型企业提升质量保证能力和专业化协作配套水平。充分发挥国家质检机构和重点实验室的辐射支撑作用，加快质量检验检疫公共服务平台建设。

（二十四）加强人力资源开发。加强对小型微型企业劳动用工的指导与服务，拓宽企业用工渠道。实施国家中小企业银河培训工程和企业经营管理人才素质提升工程，以小型微型企业为重点，每年培训50万名经营管理人员和创业者。指导小型微型企业积极参与高技能人才振兴计划，加强技能人才队伍建设工作，国家专业技术人才知识更新工程等重大人才工程要向小型微型企业倾斜。围绕《国家中长期人才发展规划纲要（2010—2020年）》确定的重点领域，开展面向小型微型企业创新型专业技术人才的培训。完善小型微型企业职工社会保障政策。

（二十五）制定和完善鼓励高校毕业生到小型微型企业就业的政策。对小型微型企业新招用高校毕业生并组织开展岗前培训的，按规定给予培训费补贴，并适当提高培训费补贴标准，具体标准由省级财政、人力资源和社会保障部门确定。对小型微型企业新招用毕业年度高校毕业生，签订1年以上劳动合同并按时足额缴纳社会保险费的，给予1年的社会保险补贴，政策执行期限截至2014年底。改善企业人力资源结构，实施大学生创业引领计划，切实落实已出台的鼓励高校毕业生自主创业的税费减免、小额担保贷款等扶持政策，加大公共就业服务力度，提高高校毕业生创办小型微型企业成功率。

七、促进小型微型企业集聚发展

（二十六）统筹安排产业集群发展用地。规划建设小企业创业基地、科技孵化器、商贸企业集聚区等，地方各级政府要优先安排用地计划指标。经济技术开发区、高新技术开发区以及工业园区等各类园区要集中建设标准厂房，积极为小型微型企业提供生产经营场地。对创办三年内租用经营场地和店铺的小型微型企业，符合条件的，给予一定比例的租金补贴。

（二十七）改善小型微型企业集聚发展环境。建立完善产业集聚区技术、电子商务、物流、信息等服务平台。发挥龙头骨干企业的引领和带动作用，推动上下游企业分工协作、品牌建设和专业市场发展,促进产业集群转型升级。以培育农村二、三产业小型微型企业为重点,大力发展县域经济。开展创新型产业集群试点建设工作。支持能源供应、排污综合治理等基础设施建设,加强节能管理和"三废"集中治理。

八、加强对小型微型企业的公共服务。

(二十八)大力推进服务体系建设。到 2015 年,支持建立和完善 4000 个为小型微型企业服务的公共服务平台,重点培育认定 500 个国家中小企业公共服务示范平台,发挥示范带动作用。实施中小企业公共服务平台网络建设工程,支持各省(区、市)统筹建设资源共享、服务协同的公共服务平台网络,建立健全服务规范、服务评价和激励机制,调动和优化配置服务资源,增强政策咨询、创业创新、知识产权、投资融资、管理诊断、检验检测、人才培训、市场开拓、财务指导、信息化服务等各类服务功能,重点为小型微型企业提供质优价惠的服务。充分发挥行业协会(商会)的桥梁纽带作用,提高行业自律和组织水平。

(二十九)加强指导协调和统计监测。充分发挥国务院促进中小企业发展工作领导小组的统筹规划、组织领导和政策协调作用,明确部门分工和责任,加强监督检查和政策评估,将小型微型企业有关工作列入各地区、各有关部门年度考核范围。统计及有关部门要进一步加强对小型微型企业的调查统计工作,尽快建立和完善小型微型企业统计调查、监测分析和定期发布制度。

各地区、各部门要结合实际,研究制定本意见的具体贯彻落实办法,加大对小型微型企业的扶持力度,创造有利于小型微型企业发展的良好环境。

国务院
二〇一二年四月十九日

国务院办公厅关于印发进一步支持小型微型企业健康发展重点工作部门分工方案的通知

国办函[2012]141号

国务院有关部门：

《进一步支持小型微型企业健康发展重点工作部门分工方案》(以下简称《分工方案》)已经国务院同意，现印发给你们，请认真落实。

有关部门要认真贯彻落实《国务院关于进一步支持小型微型企业健康发展的意见》(国发[2012]14号)精神，按照《分工方案》要求，对涉及本部门的工作进一步分解细化，制定具体措施，明确进度安排，认真抓好落实。对工作分工中涉及多个部门的工作，部门间要密切协作，牵头部门要负总责，加强协调，其他有关部门要积极配合，形成工作合力。工业和信息化部要积极发挥职能作用，认真做好统筹协调，会同有关部门加强对有关工作落实情况的监督检查，重要情况及时向国务院报告。

国务院办公厅
2012年8月2日

进一步支持小型微型企业健康发展
重点工作部门分工方案

一、进一步加大对小型微型企业的财税支持力度

(一)落实支持小型微型企业发展的各项税收优惠政策。

1. 加快推进营业税改征增值税试点,逐步解决服务业营业税重复征税问题。(财政部、税务总局负责)

2. 结合深化税收体制改革,完善结构性减税政策,研究进一步支持小型微型企业发展的税收制度。(财政部、税务总局负责)

(二)完善财政资金支持政策。

3. 充分发挥现有中小企业专项资金的支持引导作用,2012年将资金总规模由128.7亿元扩大至141.7亿元,以后逐年增加。(财政部负责)

4. 专项资金要体现政策导向,增强针对性、连续性和可操作性,突出资金使用重点,向小型微型企业和中西部地区倾斜。(财政部会同工业和信息化部、科技部、商务部负责)

(三)依法设立国家中小企业发展基金。

5. 中央财政安排资金150亿元,分5年到位,2012年安排30亿元。基金主要用于引导地方、创业投资机构及其他社会资金支持处于初创期的小型微型企业等。(财政部、工业和信息化部会同发展改革委、科技部等部门负责)

6. 利用税收政策鼓励企事业单位、社会团体和个人等向基金捐赠资金。(财政部、税务总局负责)

(四)政府采购支持小型微型企业发展。

7. 安排不低于年度政府采购项目预算总额18%的份额专门面向小型微型企业采购。在政府采购评审中,对小型微型企业产品可视不同行业情况给予6%~10%的价格扣除。鼓励大中型企业与小型微型企业组成联合体共同参加政府采购,小型微型企业占联合体份额达到30%以上的,可给予联合体2%~3%的价格扣除。(财政部、工业和信息化部会同有关部门负责)

8. 推进政府采购信用担保试点,鼓励为小型微型企业参与政府采购提供投标担保、履约担保和融资担保等服务。(财政部、工业和信息化部负责)

(五)继续减免部分涉企收费并清理取消各种不合规收费。

9. 落实中央和省级财政、价格主管部门已公布取消的行政事业性收费。自2012年1月1日至2014年12月31日三年内对小型微型企业免征部分管理类、登记类和证照类行政事业性收费。清理取消一批各省(区、市)设立的涉企行政事业性收费。规范涉及行政许可和强制准入的经营服务性收费。继续做好收费公路专项清理工作,降低企业物流成本。加大对向企业乱收费、乱罚款和各种摊派行为监督检查的力度,严格执行收费公示制度,加强社会和舆论监督。完善涉企收费维权机制。(财政部、发展改革委、工业和信息化部、审计署、交通运输部、农业部等国务院减轻企业负担部际联席会议成员单位负责)

二、努力缓解小型微型企业融资困难

(六)落实支持小型微型企业发展的各项金融政策。

10. 银行业金融机构对小型微型企业贷款的增速不低于全部贷款平均增速,增量高于上年同期水平,对达到要求的小金融机构继续执行较低存款准备金率。商业银行应对符合国家产业政策和信贷政策的小型微型企业给予信贷支持。鼓励金融机构建立科学合理的小型微型企业贷款定价机制,在合法、合规和风险可控前提下,由商业银行自主确定贷款利率,对创新型和创业型小型微型企业可优先予以支持。建立小企业信贷奖励考核制度,落实已出台的小型微型企业金融服务的差异化监管政策,适当提高对小型微型企业贷款不良率的容忍度。优先支持符合条件的商业银行发行专项用于小型微型企业贷款的金融债。(银监会、人民银行负责)

11. 进一步研究完善小企业贷款呆账核销有关规定,简化呆账核销程序,提高小型微型企业贷款呆账核销效率。(财政部、人民银行、银监会负责)

12. 积极发展商圈融资、供应链融资等融资方式。(商务部、银监会负责)

13. 加强对小型微型企业贷款的统计监测。(人民银行、银监会负责)

(七)加快发展小金融机构。

14. 在加强监管和防范风险的前提下,适当放宽民间资本、外资、国际组织资金参股设立小金融机构的条件。(银监会、人民银行负责)

15. 适当放宽小额贷款公司单一投资者持股比例限制。（银监会、人民银行负责）

16. 支持和鼓励符合条件的银行业金融机构重点到中西部设立村镇银行。强化小金融机构主要为小型微型企业服务的市场定位,创新金融产品和服务方式,优化业务流程,提高服务效率。引导小金融机构增加服务网点,向县域和乡镇延伸。（银监会、人民银行负责）

17. 符合条件的小额贷款公司可根据有关规定改制为村镇银行。（银监会、人民银行负责）

（八）拓宽融资渠道。

18. 搭建方便快捷的融资平台,支持符合条件的小企业上市融资。加快统一监管的场外交易市场建设步伐,为尚不符合上市条件的小型微型企业提供资本市场配置资源的服务。（证监会负责）

19. 支持符合条件的小企业发行债券,推进多层次债券市场建设,发挥债券市场对微观主体的资金支持作用。积极稳妥发展私募股权投资和创业投资等融资工具,完善创业投资扶持机制,支持初创型和创新型小型微型企业发展。（发展改革委牵头）

20. 逐步扩大小型微型企业集合票据、集合债券、集合信托和短期融资券等发行规模。（人民银行、发展改革委、银监会按照职责分工负责）

21. 支持小型微型企业采取知识产权质押、仓单质押、商铺经营权质押、商业信用保险保单质押、商业保理、典当等多种方式融资。鼓励为小型微型企业提供设备融资租赁服务。（银监会、人民银行、科技部、财政部、工业和信息化部、商务部、工商总局、知识产权局按照职责分工负责）

22. 积极发展小型微型企业贷款保证保险和信用保险。加快小型微型企业融资服务体系建设。（保监会牵头,人民银行、银监会参加）

23. 深入开展科技和金融结合试点,为创新型小型微型企业创造良好的投融资环境。（科技部、人民银行、银监会、证监会、保监会负责）

（九）加强对小型微型企业的信用担保服务。

24. 加大中央财政资金的引导支持力度,鼓励担保机构提高小型微型企业担保业务规模,降低对小型微型企业的担保收费。继续执行对符合条件的信用

担保机构免征营业税政策。(财政部、工业和信息化部、税务总局负责)

25. 引导外资设立面向小型微型企业的担保机构,加快推进利用外资设立担保公司试点工作。(发展改革委、银监会、商务部、工业和信息化部负责)

26. 积极发展再担保机构,强化分散风险、增加信用功能。(银监会、工业和信息化部负责)

27. 改善信用保险服务,定制符合小型微型企业需求的保险产品,扩大服务覆盖面。(商务部、保监会负责)

28. 推动建立担保机构与银行业金融机构间的风险分担机制。(银监会、人民银行、工业和信息化部、人力资源社会保障部负责)

29. 加快推进企业信用体系建设,切实开展企业信用信息征集和信用等级评价工作。(人民银行、发展改革委牵头,工商总局、银监会、税务总局等部门参加)

(十)规范对小型微型企业的融资服务。

30. 除银团贷款外,禁止金融机构对小型微型企业贷款收取承诺费、资金管理费。开展商业银行服务收费检查。严格限制金融机构向小型微型企业收取财务顾问费、咨询费等费用,清理纠正金融服务不合理收费。(发展改革委、银监会按照职责分工分别牵头,人民银行、纠风办等部门参加)

31. 有效遏制民间借贷高利贷化倾向以及大型企业变相转贷现象,依法打击非法集资、金融传销等违法活动。严格禁止金融从业人员参与民间借贷。(银监会、人民银行、工商总局负责)

32. 研究制定防止大企业长期拖欠小型微型企业资金的政策措施。(工业和信息化部、工商总局、商务部、国资委负责)

三、进一步推动小型微型企业创新发展和结构调整

(十一)支持小型微型企业技术改造。

33. 中央预算内投资扩大安排用于中小企业技术进步和技术改造资金规模,重点支持小型企业开发和应用新技术、新工艺、新材料、新装备,提高自主创新能力、促进节能减排、提高产品和服务质量、改善安全生产与经营条件等。(发展改革委、工业和信息化部负责)

(十二)提升小型微型企业创新能力。

34. 完善企业研究开发费用所得税前加计扣除政策,支持企业技术创新。(财政部、税务总局牵头,科技部、发展改革委、工业和信息化部参加)

35. 实施中小企业创新能力建设计划。(工业和信息化部负责)

36. 鼓励有条件的小型微型企业建立研发机构,参与产业共性关键技术研发、国家和地方科技计划项目以及标准制定。鼓励产业技术创新战略联盟向小型微型企业转移扩散技术创新成果。支持在小型微型企业集聚的区域建立健全技术服务平台,集中优势科技资源,为小型微型企业技术创新提供支撑服务。鼓励大专院校、科研机构和大企业向小型微型企业开放研发试验设施。(发展改革委、科技部、工业和信息化部、农业部、教育部按照职责分工负责)

37. 实施中小企业信息化推进工程,重点提高小型微型企业生产制造、运营管理和市场开拓的信息化应用水平,鼓励信息技术企业、通信运营商为小型微型企业提供信息化应用平台。(工业和信息化部负责)

38. 加快新技术和先进适用技术在小型微型企业的推广应用,鼓励各类技术服务机构、技术市场和研究院所为小型微型企业提供优质服务。(工业和信息化部、科技部、发展改革委、农业部按照职责分工负责)

(十三)提高小型微型企业知识产权创造、运用、保护和管理水平。

39. 中小企业知识产权战略推进工程以培育具有自主知识产权优势小型微型企业为重点,加强宣传和培训,普及知识产权知识,推进重点区域和重点企业试点,开展面向小型微型企业的专利辅导、专利代理、专利预警等服务。(知识产权局、工业和信息化部、工商总局、商务部负责)

40. 加大对侵犯知识产权和制售假冒伪劣产品的打击力度,维护市场秩序,保护创新积极性。(全国打击侵犯知识产权和制售假冒伪劣商品工作领导小组办公室牵头)

(十四)支持创新型、创业型和劳动密集型的小型微型企业发展。

41. 鼓励小型微型企业发展现代服务业、战略性新兴产业、现代农业和文化产业,走"专精特新"和与大企业协作配套发展的道路,加快从要素驱动向创新驱动的转变。(发展改革委、工业和信息化部、科技部、商务部、农业部按照职责分工负责)

42. 充分利用国家科技资源支持小型微型企业技术创新,鼓励科技人员利用

科技成果创办小型微型企业,促进科技成果转化。(科技部、发展改革委负责)

43. 实施创办小企业计划,培育和支持 3000 家小企业创业基地。(工业和信息化部、人力资源社会保障部、商务部、农业部按照职责分工负责)

44. 大力开展创业培训和辅导,鼓励创办小企业,努力扩大社会就业。(人力资源社会保障部、工业和信息化部、商务部、农业部按照职责分工负责)

45. 积极发展各类科技孵化器,到 2015 年,在孵企业规模达到 10 万家以上。(科技部负责)

46. 支持劳动密集型企业稳定就业岗位。(人力资源社会保障部负责)

(十五)切实拓宽民间投资领域。

47. 尽快出台贯彻落实国家有关鼓励和引导民间投资健康发展政策的实施细则,促进民间投资便利化、规范化,鼓励和引导小型微型企业进入教育、社会福利、科技、文化、旅游、体育、商贸流通等领域。各类政府性资金要对包括民间投资在内的各类投资主体同等对待。(发展改革委会同相关部门负责)

(十六)加快淘汰落后产能。

48. 严格控制高污染、高耗能和资源浪费严重的小型微型企业发展,防止落后产能异地转移。严格执行国家有关法律法规,综合运用财税、金融、环保、土地、产业政策等手段,支持小型微型企业加快淘汰落后技术、工艺和装备,通过收购、兼并、重组、联营和产业转移等获得新的发展机会。(工业和信息化部牵头,发展改革委、环境保护部、财政部等淘汰落后产能工作部际协调小组成员单位参加)

四、加大支持小型微型企业开拓市场的力度

(十七)创新营销和商业模式。

49. 鼓励小型微型企业运用电子商务、信用销售和信用保险,大力拓展经营领域。支持小型微型企业参加国内外展览展销活动,加强工贸结合、农贸结合和内外贸结合。建设集中采购分销平台,支持小型微型企业通过联合采购、集中配送,降低采购成本。引导小型微型企业采取抱团方式"走出去"。(商务部牵头,发展改革委、工业和信息化部、财政部、农业部、工商总局、质检总局参加)

50. 研究创新中国国际中小企业博览会办展机制,促进在国际化、市场化、专业化等方面取得突破。(工业和信息化部、发展改革委、财政部、商务部、工商总局、质检总局、银监会负责)

51. 培育商贸企业集聚区,发展专业市场和特色商业街,推广连锁经营、特许经营、物流配送等现代流通方式。(商务部牵头,发展改革委参加)

52. 加强对小型微型企业出口产品标准的培训。(商务部、质检总局负责)

(十八)改善通关服务。

53. 推进分类通关改革,积极研究为符合条件的小型微型企业提供担保验放、集中申报、24小时预约通关和不实行加工贸易保证金台账制度等便利通关措施。扩大"属地申报,口岸验放"通关模式适用范围。扩大进出口企业享受预归类、预审价、原产地预确定等措施的范围,提高企业通关效率,降低物流通关成本。(海关总署牵头,商务部、质检总局参加)

(十九)简化加工贸易内销手续。

54. 进一步落实好促进小型微型加工贸易企业内销便利化相关措施,允许联网企业"多次内销、一次申报",并可在内销当月内集中办理内销申报手续,缩短企业办理时间。(海关总署负责)

(二十)开展集成电路产业链保税监管模式试点。

55. 允许符合条件的小型微型集成电路设计企业作为加工贸易经营单位开展加工贸易业务,将集成电路产业链中的设计、芯片制造、封装测试企业等全部纳入保税监管范围。(海关总署牵头,工业和信息化部参加)

五、切实帮助小型微型企业提高经营管理水平

(二十一)支持管理创新。

56. 实施中小企业管理提升计划,重点帮助和引导小型微型企业加强财务、安全、节能、环保、用工等管理。开展企业管理创新成果推广和标杆示范活动。(工业和信息化部、财政部、科技部负责)

57. 实施小企业会计准则,开展培训和会计代理服务。(财政部牵头)

58. 建立小型微型企业管理咨询服务制度,支持管理咨询机构和志愿者面向小型微型企业开展管理咨询服务。(工业和信息化部、财政部负责)

(二十二)提高质量管理水平。

59. 落实小型微型企业产品质量主体责任,加强质量诚信体系建设,开展质量承诺活动。督促和指导小型微型企业建立健全质量管理体系,严格执行生产许可、经营许可、强制认证等准入管理,不断增强质量安全保障能力。大力推广先进的质量管理理念和方法,严格执行国家标准和进口国标准。加强品牌建设指导,引导小型微型企业创建自主品牌。鼓励制定先进企业联盟标准,带动小型微型企业提升质量保证能力和专业化协作配套水平。充分发挥国家质检机构和重点实验室的辐射支撑作用,加快质量检验检疫公共服务平台建设。(质检总局牵头,工业和信息化部、农业部参加)

(二十三)加强人力资源开发。

60. 加强对小型微型企业劳动用工的指导与服务,拓宽企业用工渠道。指导小型微型企业积极参与高技能人才振兴计划,加强技能人才队伍建设工作,国家专业技术人才知识更新工程等重大人才工程要向小型微型企业倾斜。围绕《国家中长期人才发展规划纲要(2010—2020年)》确定的重点领域,开展面向小型微型企业创新型专业技术人才的培训。(人力资源社会保障部会同相关部门负责)

61. 实施国家中小企业银河培训工程和企业经营管理人才素质提升工程,以小型微型企业为重点,每年培训50万名经营管理人员和创业者。(工业和信息化部、国资委按照职责分工负责)

62. 完善小型微型企业职工社会保障政策。(人力资源社会保障部、财政部负责)

(二十四)制定和完善鼓励高校毕业生到小型微型企业就业的政策。

63. 对小型微型企业新招用高校毕业生并组织开展岗前培训的,按规定给予培训费补贴,并适当提高培训费补贴标准,具体标准由省级财政、人力资源和社会保障部门确定。对小型微型企业新招用毕业年度高校毕业生,签订1年以上劳动合同并按时足额缴纳社会保险费的,给予1年的社会保险补贴,政策执行期限截至2014年底。(人力资源社会保障部、财政部负责)

64. 改善企业人力资源结构,实施大学生创业引领计划,切实落实已出台的鼓励高校毕业生自主创业的税费减免、小额担保贷款等扶持政策,加大公共就业服务力度,提高高校毕业生创办小型微型企业成功率。(人力资源社会保障部、税务总局负责)

六、促进小型微型企业集聚发展

(二十五)统筹安排产业集群发展用地。

65. 规划建设小企业创业基地、科技孵化器、商贸企业集聚区等,地方各级政府要优先安排用地计划指标。(国土资源部负责)

66. 经济技术开发区、高新技术开发区以及工业园区等各类园区要集中建设标准厂房,积极为小型微型企业提供生产经营场地。(商务部、科技部、工业和信息化部、发展改革委、农业部按照职责分工负责)

67. 对创办三年内租用经营场地和店铺的小型微型企业,符合条件的,给予一定比例的租金补贴。(人力资源社会保障部、商务部按照职责分工负责)

(二十六)改善小型微型企业集聚发展环境。

68. 建立完善产业集聚区技术、电子商务、物流、信息等服务平台。发挥龙头骨干企业的引领和带动作用,推动上下游企业分工协作、品牌建设和专业市场发展,促进产业集群转型升级。(工业和信息化部、商务部、工商总局按照职责分工负责)

69. 以培育农村二、三产业小型微型企业为重点,大力发展县域经济。(农业部牵头)

70. 开展创新型产业集群试点建设工作。(科技部、工业和信息化部按照职责分工负责)

71. 支持能源供应、排污综合治理等基础设施建设,加强节能管理和"三废"集中治理。(发展改革委、工业和信息化部、环境保护部、能源局按照职责分工负责)

七、加强对小型微型企业的公共服务

(二十七)大力推进服务体系建设。

72. 到2015年,支持建立和完善4000个为小型微型企业服务的公共服务平台,重点培育认定500个国家中小企业公共服务示范平台,发挥示范带动作用。(工业和信息化部、科技部、商务部、质检总局按照职责分工负责)

73. 实施中小企业公共服务平台网络建设工程,支持各省(区、市)统筹建设资源共享、服务协同的公共服务平台网络。(工业和信息化部、财政部负责)

(二十八)加强指导协调和统计监测。

74. 充分发挥国务院促进中小企业发展工作领导小组的统筹规划、组织领导和政策协调作用,明确部门分工和责任,加强监督检查和政策评估,将小型微

型企业有关工作列入各地区、各有关部门年度考核范围。（工业和信息化部会同国务院促进中小企业发展工作领导小组成员单位、政府绩效管理工作部际联席会议成员单位负责）

75. 进一步加强对小型微型企业的调查统计工作，尽快建立和完善小型微型企业统计调查、监测分析和定期发布制度。（统计局牵头，工商总局、农业部、人民银行、银监会、工业和信息化部参加）

工业和信息化部 财政部 国家工商行政管理总局关于大力支持小型微型企业创业兴业的实施意见

工信部联企业[2012]347号

为贯彻落实《国务院关于进一步支持小型微型企业健康发展的意见》(国发[2012]14号),大力支持小型微型企业创业兴业,努力扩大社会就业,促进经济平稳较快增长,现提出以下实施意见:

一、便捷市场主体准入。支持符合法律法规规定条件的各类人员自主创业,以多种形式设立市场主体,进入法律法规未明确禁止准入的行业和领域。对申请从事法律、行政法规或者国务院决定规定在登记前须取得前置许可的经营项目,并且已取得前置许可的,依法及时予以登记。

二、拓宽创业出资方式。鼓励投资者依法以股权、债权、知识产权等非货币形式评估作价出资和增资,支持以不需要办理权属登记的自有技术作为公司股东的首次出资。

三、放宽对经营场所的限制。按照法律法规规定的条件、程序和合同约定,允许创业者将家庭住所、租借房、临时商业用房等作为创业经营场所。申办个体工商户无法提交经营场所产权证明的,申请人可以持市场主办单位、各类园区的管委会(居委会、村委会)出具的同意在该场所从事经营活动的相关证明,办理注册登记。

四、减免相关费用。落实国家有关规定,对小型微型企业免征企业注册登记费、税务发票工本费、海关监管手续费和货物原产地证明书费等行政事业性收费。

五、进一步优化工商注册登记程序。各级工商行政管理部门要严格执行市场主体登记管理法律法规的规定，按照统一的登记标准、登记程序和登记要求，为投资设立各类市场主体提供公开公平、便捷高效的准入服务。不断完善注册登记"绿色通道"服务，积极推行网上登记服务。

六、加大财政资金支持力度。国家中小企业发展基金重点引导地方、创业投资机构及其他社会资金支持处于初创期的小型微型企业。鼓励有条件的地区设立创业基金。逐年加大中小企业发展专项资金支持力度，重点支持小企业创业基地建设，小型微型企业的创业兴业项目，将资金总规模的 80% 以上用于小型微型企业和改善服务环境。中小企业信用担保资金重点支持中小企业信用担保机构为小型微型企业创业兴业开展的融资担保业务。

七、加强对小型微型企业的信贷支持。以缓解小型微型企业融资难为重点，进一步落实工业和信息化部与工商银行、农业银行、中国银行、建设银行、交通银行和国家开发银行的合作，鼓励各大银行不断提高小型微型企业贷款规模和比重，在合规和风险可控基础上，对创业型小型微型企业优先予以支持。

八、提高融资服务水平。各级中小企业主管部门要积极开展中小企业上市和集合债、集合票据、集合信托发行等中小企业直接融资培训及咨询服务。通过召开融资服务洽谈会、推介会等多种形式，组织小型微型企业与商业银行、券商、风险投资商等各类融资机构进行项目对接，推动融资机构和小型微型企业加强合作。各级工商行政管理部门要积极开展动产抵押、股权出质、注册商标专用权质押登记，完善相关工作机制，提供高效便捷的服务，指导小型微型企业利用抵押、质押担保进行融资，进一步拓宽小型微型企业的融资渠道。

九、加强中小企业信用制度建设。促进适合小型微型企业特点的信用评级制度建设，构建守信受益、失信惩戒的信用约束机制，增强中小企业信用意识，不断提高小型微型企业融资信用等级，提高小型微型企业的融资能力。

十、加强市场主体登记管理信息服务。各级工商行政管理部门要加强市场主体登记管理信息的分析和公开，及时反映市场主体发展动态，为政府决策、部门监管和公众投资创业提供参考。

十一、支持建立小企业创业基地，促进集聚发展。"十二五"期间，重点支持3000家小企业创业基地建设。鼓励各地优先安排小企业创业基地用地指标；鼓励社会各类投资主体参与小企业创业基地建设；鼓励各类专业服务机构进驻小企业创业基地提供服务。

十二、建立健全创业服务体系。各级中小企业主管部门要推动建立健全创业服务体系，搭建创业兴业服务平台。加强创业兴业服务，不断创新服务模式，鼓励开展创业项目开发、风险评估、开业指导、融资服务、跟踪扶持等"一条龙"服务和"一帮一"服务。

十三、强化创业兴业培训服务。在国家中小企业银河培训工程中重点安排创业兴业培训，培育创业人才。"十二五"期间，每年培训5万人，帮助有创业意愿并具备一定创业条件的人员了解创业兴业政策法规，掌握相关创业兴业知识，增强创业兴业能力。

十四、各级中小企业主管部门、财政部门和工商行政管理部门要积极宣传创业兴业扶持政策，加强沟通与配合，组织开展各种创业兴业服务活动，加强对各类创业人员的指导和服务，营造小型微型企业创业兴业的良好环境。

二〇一二年七月十二日

小微企业发展仍有"拦路虎"[①]

郭顺姬 朱菲娜 赵海娟

"今年的生产经营状况和生存环境比去年好。"10月18日,陕西省西安韵达快递长安分公司负责人王枫在接受《中国经济时报》记者采访时做出如是判断。2013年10月,《中国经济时报》小微企业生存状况调研组在走访7省17市、与143家小微企业主面访后发现,与王枫感受相同的小微企业主不在少数。尽管这与去年小微企业主普遍反映经营状况糟糕有所不同,但小微企业经营困局并未得到根本性改善。

据《2013中国经济时报小微企业生存状况调研组调查报告》(以下简称《调查报告》)显示,除环保、科技等一些新兴行业的小微企业出现积极变化外,今年小微企业整体营收增长仍然困难,有半数以上企业预计今年宏观形势不容乐观。

为什么小微企业的整体生存状况仍然较为艰难?对于小微企业来说,它们面临的最大难题是什么?在调查中,小微企业主们选择认为:劳动力成本上升(29.1%,选此项受访企业占比,下同)、市场萎缩(27.6%)、融资难(24.8%);此外,对原材料和其他生产成本上升和政策支持力度不够的反映也比较突出,分别有21.9%和17.7%的受访企业将其列为最大难题。

这个结果与去年本报调查组的调研结果有所不同。据《2012中国经济时报小微企业生存状况调研组调查报告》显示,小微企业面临的最大的问题分别是:劳动力成本上升(69.6%)、原材料和其他生产成本上升(50%)以及税负过高(45.1%)、融资难(38.2%)、政策支持力度不够(31.4%)。

[①] 本文来自《中国经济时报》,2013年12月5日

对比两次调查结果可见,阻碍小微企业发展的"拦路虎"从去年的"三高、两难"变为今年的"两高、两难、一低"。即人工成本高、原材料等生产成本高,融资难、政策落实难和市场萎缩。

人工成本涨势难挡

虽然今年只有29.1%的受访者将劳动力上升列为当前面临的最大难题,与去年69.6%的数字相比下降幅度较大,但不可否认,小微工业企业用工成本上升态势迅猛仍是影响企业成本的最主要因素。

"现在的最大困难就是用工成本太高,今年又增长了20%～25%。"安徽省合肥联家商贸发展有限公司财务经理龚俊成在10月9日接受本报记者采访时谈起"用人贵"有些无奈。

本报记者在各地采访中也发现,与去年不同的是,一部分小微企业主对劳动力成本的上升逐渐呈现理解态度。"现在物价涨得那么厉害,工人们也不容易,都是为了生活。"接受《中国经济时报》记者采访的陕西省西安市书院门步行街青铜馆的老板常女士这样表示。

小微企业主将劳动力成本上升归为以下几个方面:物价上涨,为了生存工人要求高工资;企业要承担社保缴纳以及其他各种员工福利,导致对每一位工人身上的投入越来越高;员工频繁跳槽需要企业投入大量成本维护,这包括招聘员工和培养员工的费用;同时,一部分小微企业主将问题归结到现行的人才供求体制上。

"这是整个社会的问题,而不只是企业的问题。一方面,人才结构失衡;另一方面,年轻人物质需求太高,没有梦想和理想。"长春嵘汇会展服务有限公司总经理寥储毓用这样一句话总结了用工难的问题所在。

据本次调查结果显示,小微企业主一方面期待政府可以建立起相应的信用体系,约束员工的跳槽行为;另一方面希望政府可以提供更多的用工补贴,减轻企业负担。同时,记者发现,与去年不同的是,今年的小微企业主在应对用工难的问题时开始显露出积极性,有一些企业主通过对员工投入感情和资金来稳定员工,还有一些企业主通过机械化的方式逐步降低用工成本。

国内外经济环境变化导致市场低迷

今年的《调查报告》显示,有27.6%的受访企业将市场萎缩选为自己面临的最大难题,排名由去年的第六升为第二,说明自去年以来,市场变化对小微企业的生存发展产生了一定的影响。

从订单情况看,与去年同期相比,超过三分之一的企业订单持平,20%的企业出现了订单下滑,只有7.1%的企业订单量较去年有超过20%的增长。这一数据在去年为13.4%,意味着今年订单增长超过20%的企业几乎缩减一半。

在行业方面,医药、化工和电子产品行业的订单相对平衡,基本持平的占比最多。纺织、服装行业订单量稳中有减。农产品加工和服务业的订单数量呈增长趋势。机械、建材行业订单呈减少趋势。酒店用品相关行业从去年到今年不太景气。10月16日,广东信基会展服务有限公司总经理梁国贤告诉记者,中央有关规定出台后,对餐饮行业、旅游行业的打击比较大,酒店用品行业也受到一定影响。

除了国内经济下行、宏观调控以及部分政策因素影响之外,海外市场需求低迷也是导致外贸小微企业生存艰难的问题之一。

"我们现在面临最大的困难就是市场萎缩,上半年订单与往年同期相比明显减少。"10月22日,江苏南大苏富特计算机设备有限公司总经理秦钧钧接受本报记者采访时表示,据了解,秦钧钧的公司去年营业规模大约是三个亿,今年受国际经济形势不断恶化和我国经济下行的影响有所下滑,大约只能完成两个多亿。

另外,值得注意的是,电商对传统百货冲击很大。这也对传统的行业,如服装和轻工业的市场环境带来了极大的变化。

除了客观外部环境因素以外,小微企业主的创新意识不强,或者对市场发展的前景没有准确的判断等主观因素都会影响到小微型企业的生存和发展。

融资状况依然既难又贵

融资难在本次"小微企业认为最困难的问题"选项中排名第三,与去年相比上升了一个名次。据调研组抽样调查发现,目前小微企业生产经营资金主要是自筹,有79.5%的小微企业主选择自筹的方式解决资金问题。通过银行贷款者为35.9%。

通过调研组走访了解,有66%的受调查企业迫切需要解决融资难问题。但是参与调查的小微企业绝大多数的资金来自于自筹资金。究其原因主要在于当前环境下，小微企业融资难、融资贵状况依然存在。在我国，除了在高新区的小微企业能获得较多的金融创新政策支持外，小微企业普遍存在融资渠道狭窄、融资量少、融资贵等问题。

"我们最大的负担就是贷款利息太高。"10月24日下午，内蒙古鄂尔多斯市蒙纯乳业有限公司董事长淡孝辉在接受本报记者采访时这样表示。"比如说我们在别处贷的3000万元，年利率11%，就是330万元。像农行年利率仅7.7%左右，这就能少100多万元。"淡孝辉说，"但是四大银行的门槛太高，我们根本进不去。"

《调查报告》发现，一方面，受国家宏观调控政策影响，银行总体信贷规模受限，可供小微企业使用的信贷额度更紧张。另一方面小微企业贷款主要是满足流动资金需求，贷款需求较急、频率较高且资金需求一次性量较少，融资的复杂性使其融资成本较高，管理成本较高。再加上相对大企业，小微企业生命周期较短，小企业的破产率更高，银行承担的风险更大。

"虽然每年的银企对接会很多，但银行也是商业化运作，不可能把利润给企业。国家政策再多，银行没有行动也是没用的。仅靠国家出台的一些贷款贴息、担保费用返还，只是杯水车薪，解决不了实际问题。"安徽合肥晟泰克汽车电子有限公司副总经理谢菽芬在10月9日接受本报记者采访时这样表示。

《调查报告》显示，从银行寻求合作的小微企业与去年相比略有提高，本报记者在采访中也发现，一些银行正积极主动地寻求与小微企业的合作，力度比往年有所加大。但除了银行需要做出改变，小微企业自身的问题也值得反思。

陕西省小微企业商会会长、陕西聚隆盛妇幼用品有限公司董事长郑建顺则从企业的角度分析了融资难的原因：一、小微企业缺乏现代经营管理理念，经营风险高。二、小微企业的规模和信用水平低下，制约其融资能力。三、缺少可供担保抵押的财产，融资成本高。

原材料、物流、税费，压力一个都不少

"今年以来，原材料价格上涨了1倍以上。"10月16日，陕西省西安市书院门步行街青铜馆老板常女士指着店里贴着打折红条子的青铜器告诉《中国经济时报》记者，"现在全场的产品都赔本卖，就是为了把积压的货品出售了，要不然占着仓库还要付租金。"

对于吉林省中东信用担保有限责任公司总经理郭卫华来说，主要的困难是物流成本上涨太快。"高速公路过路费高得离谱，能不能降下来？"他问道。

除了劳动力成本，21.9%的受访者对原材料、物流成本等上升反应剧烈，他们认为这使原本就处于产业链低端的小微企业盈利空间被挤压殆尽，导致企业生存艰难。

但值得注意的是，今年将原材料和其他成本上升列为最大难题的企业主减少了将近三成。本报记者在采访中发现，随着煤炭等能源价格的下跌，部分企业的原材料成本有所下降，这也是造成今年企业主对原材料成本上升不满程度降低的主要原因。

另外，近年来，针对小微企业减税的政策层出不穷，今年8月1日起，中央对小微企业中月销售额不超过2万元的，暂免征收增值税和营业税，并暂不规定减免期限。虽然根据官方数据，有超过600万户小微企业因此受益，但是受访过程中，记者发现小微企业主对减税政策并不"感冒"。

"税费支出仍然很大。"广东省佛山市泓尔水处理设备有限公司总经理周锦华说，"很多减税政策我们是享受不到的。"

"今年国家对每月营业额在两万以下的小微企业有税收减免，这个额度十年前可以，现在太少了。建议提高额度，比如一百万或两百万。"吉林省长春嵘汇会展服务有限公司总经理寥储毓说。"如果把税免了，我们每年还有赢利，不免，就几乎没有了。"

政策变化太快、落实仍难

企业家对政策支持力度不满意的反应与去年没有太大变化，仍然排在第五位，不过占比从31.4%降为17.7%。本报记者在走访中也发现，小微企业对政策扶持的认知比去年更乐观。

"我感觉这几年政府对企业的关注度加大了，也干实事了。以前，我们觉得企业和政府没多大关系，但现在政府处处帮我们。我们经常会获得省里、市里、区里的创新基金，虽然没多少钱，但肯定了企业的做法。"安徽省马鞍山天亿机械有限责任公司董事长叶林说。

但是仍有大部分企业表示政策变化太快，"政策变得太快，就像一阵风。"陕西西安书院门步行街青铜馆老板常女士说起对国家各项政策的看法毫不客气。

江苏省南大苏富特计算机设备有限公司总经理秦钧钧也认为政策不够持续稳定，一会紧缩，一会放松。

"最重要的还是落实问题。"与去年一样，政策落实问题仍是小微企业主心中的"痛"，正如吉林省威伟土特产公司总经理王敬威所言，小微企业当前的状况是有政策，但就是执行不到企业来。

另外，本报记者在各省走访中发现，政策落实普遍集中在科技型或创新型企业。总结政策落实难的原因，一方面是因为有些政策的标准不合理。在很多小微企业看来，政府提供支持的限制条件，使真正需要的小微企业根本够不上。这一点安徽省新方舟广告传媒执行董事袁彬感触颇深。"因为很多针对小微企业的政策目标群都是很小的企业或者是科技型企业，我们处境很尴尬，针对小微企业的政策享受不到，针对大企业的政策也靠不上。所以我们习惯于自己解决问题了。"袁彬说。

另一方面，不少小微企业主们反映，政府服务意识弱，导致政府和小微企业之间互动不够也是影响政策效用的原因之一。"不是我们不去了解，每次跟政府部门打交道我们都跟孙子似的，谁愿意去。"陕西省小微企业商会会长、陕西聚隆盛妇幼用品有限公司董事长郑建顺说。

（调研组成员：段树军 赵杰 朱菲娜 李征琴 王小霞 谢建超 张李源清 赵海娟 孟歌 王永群 江宜航 牛福莲 王有军 郭顺姬 汪卉 张宁 尹蓉）

后　记

《中国小型微型企业发展报告》历经一年半时间，终于出版。由于中型小型微型企业划分的标准是根据企业从业人员、营业收入、资产总额等指标，不同行业标准又有所不同，因此，相关数据采集工作中遇到诸多困难。一是企业登记注册和年检采集数据均由企业填报，是否能真实反映企业状况，取决于填报者是否准确提供信息；二是企业在设立阶段，进行工商登记时尚无营业收入、资产总额情况，因而无法进行划型；三是依托年检数据进行划型，涉及指标项复杂，数据量庞大，少数地区统计数据精准度还不够高，疏漏难以避免。课题组同志本着认真负责的态度逐项核对，力求准确。

本书的出版，得到了多方面的支持和帮助。国家工商总局副局长孙鸿志亲自过问指导，财政部企业司、工信部中小企业司有关同志应邀参与课题设计研究，工商总局办公厅、企业注册局、外资注册局、信息中心、个体私营经济监管司领导和同志们给予了许多帮助。31个省(区、市)工商局责成专人进行数据整理，撰写分析报告，保证了课题研究工作的顺利进行。在此一并表示感谢。

由于水平所限，书中难免有疏漏之处，恳请广大读者批评指正。

2014年3月